회복의 신앙

이재철 지음

홍성사

※ 이 책은 저자가 1996년 미국 남가주 주님의교회 사경회에서 설교한 내용(1·4장)과, 1999년 서울 남서울교회 사경회에서 설교한 내용(2·5·6장)을 녹취하여, 편집부에서 정리해 엮은 것입니다. 3장은 1999년 남서울교회 사경회에서 설교한 내용과 1998년 같은 교회 일일부흥회에서 동일한 주제로 설교한 내용을 함께 편집했습니다.

차 례

저자와의 지상 대담

회복 없는 신앙은 미래가 없다

〈회복의 신앙〉은 미국 남가주 주님의교회(96년)와 남서울교회(98·99년)에서 전하신 메시지를 편집부에서 정리한 것입니다. '참믿음'에 대해 여러 곳에서 되풀이하여 설교하시는데, 어떤 계기나 구체적인 이유가 있는지 궁금합니다.

이 책에서 다루고 있는 내용들은, 제가 만약 스위스에 오지 않았더라면 책으로 집필하려던 주제들입니다. 그러나 스위스로 오면서 집필 기회를 상실하는 듯했는데, 이처럼 홍성사 편집부에서 관련 테이프들을 찾아 책으로 편집해 주심을 먼저 감사드립니다.

'참믿음'을 되풀이하는 데에는 분명한 까닭이 있습니다. 목회를 하면서, 거의 대부분의 그리스도인들이 믿는다고 하면서도 믿음이 무엇인지 모르고 있음을 발견했기 때문입니다. 도리어 제가 한번 물어보겠습니다.

믿음이 도대체 무엇입니까? 이 질문에 대해 당신은 단순히 교리적인 단답이 아니라, 한 인간의 심령을 눈 뜨게 할 만큼 깊은 영혼의 답을 갖고 있습니까?

왜 〈회복의 신앙〉인지요? 오히려 회복보다는 신앙의 '정진'이나 '전진'이 중요한 게 아닌가요? 사실, '회복'이라는 말 자체에서 아무래도 과거지향적인 느낌을 받게 됩니다.

회복보다 정진이나 전진이 더 중요하다거나, 혹은 회복은 과거지향적이라는 것은 이 단어들을 방향의 의미로 이해했기 때문이겠지요. 즉 회복의 방향은 뒤쪽이고, 정진이나 전진은 앞쪽인 것으로 말입니다. 이와 같은 방향의 의미 속에서는 확실히 회복보다는 정진이 더 유효할 수 있습니다. 그러나 〈회복의 목회〉에서도 상세하게 밝혔듯이, 저는 방향이 아닌 본질의 의미로 이 단어를 사용합니다.

인간의 죄로 말미암아 하나님과 인간의 관계는 단절되었습니다. 신앙의 본질은 이 단절된 관계의 회복에 있습니다. 이 회복이야말로 참된 신앙의 동기요 과정인 동시에 목표이기도 합니다. 그러므로 신앙의 정진과 전진이란 회복과 별개의 것이 아니라 회복의 완성을 위한 인간의 의무라 할 수 있겠지요. 뿐만 아니라 이 회복 위에서만 진정한 미래가 보장될 것입니다. 첫 단추를 잘못 끼워 놓고서야 아무리 정진한들 그 미래가 계속 어긋나기밖에 더하겠습니까?

새 천년이 얼마 남지 않았습니다. 그리스도인들은 무엇을 준비해야 합니까? 그런 점에서 〈회복의 신앙〉은 어떤 영역의 준비입니까?

새날, 새 시대는 결코 밖에서 주어지지 않습니다. 캘린더가 바뀌거나, 연도의 단위가 새로워진다고 해서 새날이 되는 것은 아닙니다. 새날이란 오직 인간 내부에서 그리스도를 힘입어 가꾸어지는 것입니다. 그렇기에 '올곧은 신앙'보다 더 확실한, 새 천년을 위한 준비는 없습니다.

역사를 되돌아보십시오. 어두운 인간의 역사에 진리의 빛을 발했던 사람들은 늘 올곧은 신앙인들이었습니다. 이런 의미에서 〈회복의 신앙〉은 올곧은 신앙 본질에 대한 준비입니다.

이후에는 어떤 주제의 책을 쓰실 계획이신지요? 역시 '회복'을 키워드(key word)로 쓰실 것인지요?

스위스에서 임무(선교사역)를 마치고 돌아가면 쓰고 싶은 책들이 참 많습니다. 그 모든 주제가 믿음의 본질에 관한 것인 만큼 '회복'이라는 대전제는 변함없는 키워드가 되겠지요.

왜 믿을 것인가?

믿는 동기의 회복

오직 너희는 택하신 족속이요 왕 같은 제사장들이요 거룩한
나라요 그의 소유된 백성이니 이는 너희를 어두운 데서 불러
내어 그의 기이한 빛에 들어가게 하신 자의 아름다운 덕을
선전하게 하려 하심이라   베드로전서 2장 9절

얼마 전에 일본 요코하마에 있는 중앙 사원에 로봇 스님이 등장
했습니다. 기도를 부탁하는 사람들은 많고 스님 숫자는 모자랐기
때문입니다. 신도들이 기도를 부탁하면 녹음기가 장착된 그 로봇
스님이 신도들의 이름을 하나씩 부르면서 기도를 해 줍니다. 참으
로 어이없는 짓이지요. 그런데 우리 역시 그런 짓을 하고 있지는
않습니까?

예루살렘에 가면 유명한 통곡의 벽이 있습니다. 다녀오신 분도
계시겠지만 그 통곡의 벽에 가면 돌멩이와 돌멩이 틈 사이가 새하
얗습니다. 거기에 기도문을 써서 꽂아 놓으면 응답된다고 믿는 사
람들이 저마다 자기 기도문을 꽂아 놓았기 때문입니다. 2년 전에
제가 갔을 때에도 우리 그룹에서 저를 제외한 모든 분들이 기도문
을 꽂았습니다. 심지어 서울에서 출발할 때 부탁받은 것까지 꽂는
이도 있었습니다. 또 어떤 사람은 그 통곡의 벽 아래 있는 책상 위

까지 올라가서 남들보다 높은 데 꽂기도 했습니다. 아마 그렇게 하면 더 잘 응답되리라고 생각했을 것입니다.

더 묘한 일은, 최근에 이스라엘 체신부인 '베제크'에서 통곡의 벽 옆에 팩시밀리를 설치해 놓고 전세계에 그 번호를 선전한 것입니다. 세계 어느 나라 사람이든지 기도 내용을 팩스로 보내면 수수료를 받고 꽂아 주겠다는 뜻입니다. 그 팩스를 보내는 사람이 누구겠습니까? 부처님 믿는 사람이겠습니까? 아닙니다. 하나님 믿는 사람입니다. 그렇다면 이것이 과연 온당한 믿음입니까? 우리 속에는 이런 모습이 없습니까?

잘못된 믿음

지난 4월 말입니다. 새벽기도회를 마치고 나서 제 방으로 가는데 누군가 저를 따라 들어왔습니다. 아주 예쁘게 생긴 처녀였습니다. 무슨 일이냐고 물었더니, 자기는 다른 교단의 신학대학을 졸업한 사람으로서 약 한 달 전부터 기도를 했는데 하나님께서 주님의 교회 전도사로 봉사하라고 명령하셨다는 것입니다. 그래서 저는 '참 좋은 생각이지만 이 교회에서 전도사로 봉사하기 위해서는 일단 우리 교단이 지정하는 신학교를 나와야 하지 않겠는가, 그렇게 본인이 원한다고 해서 될 일은 아니지 않겠는가' 하면서 한 30분 정도 이야기한 끝에 되돌려 보냈습니다. 그런데 그 처녀가 돌아가면서 마지막으로 하는 말이 "참, 믿음이 형편없네"였습니다. 자신을 믿음으로 써 주지 않는 제 믿음이 형편없다는 말이지요. 그분의 믿음이나 제 믿음이나 둘 중에 하나는 분명히 잘못된 것입니다. 어떤 믿음이 잘못되었습니까?

젊은 나이에 남편을 여읜 딸을 하나 둔 어머니가 있습니다. 그 어머니의 기도제목은, 신학교 교수로서 자식 없는 홀아비를 한 사람 구해 달라는 것입니다. 이 기도는 무엇을 의미합니까? 하나님께서 그 기도에 응답하셔서 딸에게 그런 남편감을 주시려면, 신학교 남자 교수 가운데 누군가가 자식을 못 낳아야 하고 그의 아내는 죽어야 한다는 뜻입니다. 내가 하나님께 드리는 기도가 누군가를 죽이는 기도가 되는 셈입니다. 정말 무서운 기도지요.

또 간에 문제가 있어서 병원에 입원한 청년이 있었는데, 남의 간을 이식받지 않으면 살 수 없다는 진단을 받았습니다. 이 청년은 눈만 뜨면 빨리 간 좀 달라고 기도했습니다. 그 기도가 이루어지기 위해서는 어떤 일이 있어야 합니까? 누군가 교통사고를 당하든지 뇌사 상태에 빠져야 합니다. 이런 것이 과연 바른 믿음이겠습니까? 성경에서 말하는 믿음이겠습니까? 이런 이기적인 믿음으로 우리가 빛과 소금의 사명을 다할 수 있겠습니까? 이런 믿음을 위해서 예수 그리스도께서 이 땅에 오셔서 십자가에 못박혀 돌아가셨습니까? 우리는 생각해야 합니다.

에베소서 4장 13절은, 우리의 믿음이 예수 그리스도의 수준에 이르기까지 계속 성숙해 가야 한다고 말씀합니다. 어떤 순간에라도 정체되는 믿음은 바른 믿음, 성숙한 믿음, 옳은 믿음이 될 수 없다는 말입니다. 그렇다면 믿음이라고 해서 다 같은 믿음이 아니라는 것을 알 수 있습니다. 실제로 이단이나 사이비들은 우리보다 더 믿음을 강조합니다. 옳은 믿음이 있는가 하면 그른 믿음이 있을 수 있고, 성숙한 믿음이 있는가 하면 미숙한 믿음이 있을 수 있으며, 하나님께서 기뻐하시는 믿음이 있는가 하면 싫어하시는 믿음도 있을 수 있다는 것을 생각해야 합니다.

믿는 동기: 인간 능력의 한계

정말 그리스도의 장성한 분량이 충만한 데 이르기까지 우리의 믿음이 바르게 성숙하고 원숙해지기 위해서는 무엇보다 시작이 올발라야 합니다. 즉 믿음의 동기가 분명하고 올발라야 하는 것입니다. 동기가 바르지 않은 믿음은 절대로 바른 믿음이 될 수가 없으며, 미신과 구별될 수 없습니다. 그렇다면 예수 그리스도께서 말씀하시는 그 믿음을 갖기 위해 어떤 동기를 가져야 하겠습니까?

첫번째 믿음의 동기는 인간 능력의 한계입니다. 인간은 스스로 무엇이든지 할 수 있는 것처럼 착각하면서 살아갑니다. 그런데 정말 그렇습니까? 정말 모든 것을 할 수 있습니까?

몇 년 전에 서울 주님의교회에서 10주 간 교회학교 교사양성 대학이 열렸습니다. 그 커리큘럼 중 한 시간에 교육학을 전공하신 어떤 젊은 여자 강사분이 와서 자녀교육에 대해 강의했습니다. 그런데 이분이 한 시간 내내 확신에 차서 강의한 요지는 '여러분이 예수를 잘 믿고 본이 되면 자녀가 커 가는 과정 중에 행여 비뚤어지는 경우가 있더라도 반드시 되돌아온다'가 아니라 '이렇게 이렇게만 하면 자녀들이 절대로 속 썩이지 않고 평생을 하루도 허비함 없이 살 것이다. 도대체 어떻게 자식을 키우길래 자식 때문에 속 썩는다고 하느냐?' 는 것이었습니다. 강의가 끝난 후, 모 대학 교수인 한 집사님이 그 강사에게 다가가서 물었습니다.

"강사님, 혹시 자제분이 몇입니까?"

"한 명입니다."

"몇 살입니까?"

"만 두 돌 지났습니다."

물었던 집사님은 아무 말 없이 그냥 고개를 끄덕이며 돌아섰습니다. 무슨 뜻입니까? '네 자식도 커 봐라' 는 말입니다. 두세 살 때 착하지 않은 자식이 어디 있느냐는 말입니다. 자식이 부모 마음대로 됩니까? 단지 엄격하게 키운다고 해서 그 자식이 바로됩니까?

몇 년 전에 어떤 분이 저희 교회에 상담을 해 왔습니다. 그분은 30대 가정주부였는데, 군인 출신 아버지 밑에서 자랐습니다. 이 아버지가 얼마나 엄격했던지, 통금시간을 저녁 7시로 정해 놓고 딸이 그 이후에 들어오면 아주 혼쭐을 냈습니다. 그러니까 7시에 집까지 도착하려면 어디에 있든지 적어도 6시쯤에는 자리를 파하고 집에 들어가야 했던 것입니다. 그런데 이 여자 성도님의 고민은 무엇이었을까요?

이분이 결혼하기 전에 다른 남자와 한 번 정을 통한 일이 있었습니다. 그 때는 아무런 양심의 가책이 없었습니다. 그런데 믿는 집안으로 시집을 가서 예수님을 믿고 나니, 자기가 엄청난 죄를 지었음을 깨닫게 된 것입니다. 이분은 예수님께서 자기의 죄를 사해 주실 것이라는 확신이 서지 않았습니다. 그래서 자꾸 갈등이 생기고, 남편에게 그것을 고백해야 하는지 말아야 하는지 고민하느라 거의 노이로제에 걸릴 지경이 되었다는 것이었습니다.

그 성도의 아버지는 정말 엄격한 사람이었습니다. 그런데 실제로는 어떻게 되었습니까? 아무리 7시에 통금을 정해 놓았어도, 그 시간 이전에 자신이 하고 싶은 대로 다 하지 않았습니까? 우리의 능력으로는 자식이 바로되지 않습니다.

강남에서 여섯 살쯤 되는 어린아이가 유괴당한 일이 있었습니다. 범인을 잡고 보니 아이를 벌써 살해해 버렸습니다. 그래 놓고서도 부모에게 돈을 요구했던 것입니다. 이 범인은 아이를 옷 넣는 트렁크에 넣어서 자동차 뒤에 싣고 다니다가, 검문이 두려워 살아 있는 아이가 들어 있는 채로 트렁크를 한강에 던져 버렸습니다. 경찰이 건져 올린 그 트렁크 안에서 아이가 어떤 자세로 죽어 있었는지 아십니까? 고양이처럼 몸을 웅크리고 트렁크 바닥을 쥐어뜯으며 죽어 있었습니다. 저는 그 이야기를 신문기사에서 읽으면서 얼마나 가슴이 아팠는지 모릅니다. 그 부모의 입장을 한번 생각해 보십시오. 자식이 강물 밑바닥, 트렁크 안에서 절실하게 도움을 구하며 트렁크 바닥을 쥐어뜯고 있을 때, 부모는 아무 도움이 되어 주지 못한 것입니다.

그 아이는 유괴당해서 부모의 손에서 떨어져 있었으니 예외라고 합시다. 얼마 전 서울 강남에 있는 모 고등학교 학생이 자살했습니다. 나중에 밝혀진 이유는, 같은 학급의 폭력 학생들에게 찍혀서 괴롭힘을 당한 데 있었습니다. 각목으로 맞고 린치를 당하다가 너

무나 괴로운 나머지 더 이상 살기 싫다는 쪽지를 남기고 아파트에
서 뛰어내린 것입니다. 그런데 처음에는 하필이면 자동차 위에 떨
어져서 죽지 않았습니다. 정신을 차린 아이는 계단으로 걸어 올라
가서 자기 집 앞에 한동안 앉아 있었습니다. 그러다가 다시 옥상
으로 올라가서 뛰어내렸습니다. 이번에는 시멘트 바닥에 떨어져 즉
사하고 말았습니다. 이 사실은 죽은 아이의 핏자국을 보고 알게 된
것입니다. 피는 자동차 지붕 위에 고여 있었고, 거기서부터 계속
계단을 따라 떨어져 있다가, 그 집 앞에는 흥건히 고여 있었습니
다. 그리고 거기서부터 옥상까지 다시 핏자국이 이어져 있었습니
다. 지금 자식이 아파트 문 밖에서 죽을까 말까 피흘리며 고민하
고 있는데, 부모는 그것을 모르는 것입니다. 자식은 자기 방에 들
어가서 유서를 써 놓고 뛰어내리려 하는데도, 부모는 아무것도 모
르는 채 잘 자라고 인사하고 들어가서 자는 것입니다. 우리의 능
력으로는 절대로 자식을 책임질 수 없습니다.

　제 둘째 아이가 만 네 살이 조금 지났을 때 강남 YMCA 건물 2
층에서 떨어진 적이 있습니다. 그 2층은 보통 건물의 3층에 해당
할 정도로 높았습니다. 떨어져서 피투성이가 된 아이는 응급실로
실려 갔습니다. 당장 응급처치를 해야 하는데, 높은 데서 떨어졌기
때문에 뇌가 상했을 가능성이 있었습니다. 이런 경우에 마취를 하
면 깨어나지 못하고 식물인간이 됩니다. 그래서 마취를 하지 않은
채 침대 시트로 아이를 둘둘 만 후에, 인턴 한 사람이 아이의 이마
를 잡고 다른 사람이 양팔을 위에서 누르고 제가 발을 잡았습니다.
그리고 생살을 꿰맸습니다. 턱이며 잇몸이 얼마나 예민한 부분입

니까? 제가 아이의 발을 잡고 있으니까 아이 눈하고 제 눈이 마주쳤습니다. 이 네 살짜리 아이는 수술을 하는 한 시간 내내 저를 뚫어지게 쳐다보면서 부르짖었습니다.

"아빠, 나 좀 꺼내 주세요! 아빠, 나 좀 살려 주세요!"

그 아이가 가장 애절하게 저의 도움을 필요로 할 때 저는 그 아이를 위해서 해 줄 수 있는 것이 아무것도 없었습니다. 인간은 그처럼 무력합니다.

돈이면 다 될 것 같습니까? 시골에 큰 과수원을 갖고 있던 지주가 있었습니다. 옛날에는 정전이 자주 되었습니다. 그런데 이 지주는 전기만 나가면 아들을 시켜서 초를 사 오게 했습니다. 물론 그 집에는 머슴도 여럿 있었는데 말입니다. 요즈음은 도시가 커져서 과수원이 도시 안에 들어와 있지만, 옛날 과수원은 다 동네에서 떨어져 있었습니다. 그래서 이 아이는 산등성이를 넘어가서 초를 사와야 했습니다. 그렇게 걸어가서 초를 사 오면 아버지가 자식을 앞혀 놓고 성냥으로 촛불을 켭니다. 그러면서 아이에게 말합니다.

"얘야, 돈만 있으면 불도 켠다. 돈이 없으면 아무것도 못 한다."

심지어 너무 오랫동안 정전이 안 될 때는, 그냥 초를 사오라고 시킵니다. 그리고 또 이야기하는 것입니다.

"돈이 있으면 불도 산다. 돈이면 다 된다. 돈 없으면 아무것도 못 한다."

그 아들은 대학교에 들어갔지만 졸업은 하지 않았습니다. 돈이 더 중요했기 때문에 산업전선에 뛰어들어 아주 드물게 성공을 했습니다. 그는 평생을 '돈이면 다 된다'는 그 원칙 속에서 살았습니다. 그런데 몇 해 전에 그 사람이 뭐라고 이야기했는지 아십니까? 이제껏 돈이면 다 되는 줄 알았는데 안 되는 게 있더라는 것입니다. 그것은 자식이었습니다. 그의 자식은 이른바 오렌지족입니다. 한 달에 천만 원, 이천만 원씩 쓰고도 양심의 가책을 느끼지 않을 뿐 아니라 오히려 돈을 주지 않으면 아버지를 죽이겠다고 한다는 것입니다.

우리의 능력으로 가정을 바로 세울 수 있습니까? 서울 강남의 주부들에게 설문조사를 했는데 70%가 이혼하고 싶다고 응답했습니다. 그리고 60%는 결혼 전으로 돌아간다면 지금 남편과 결혼하지 않겠다고 했고, 25%는 결혼의 기회가 다시 주어질 경우 계약결혼을 하고 싶다고 했습니다. 가정이 행복하다면 그런 소리를 하겠습니까?

우리의 능력으로 사업을 마음대로 할 수 있습니까? 오늘도 분명히 많은 기업들이 부도났을 것입니다. 사주가 무능력해서가 아닙니다. 능력도 있고 열심히 뛰었음에도 불구하고 부도나는 업체들이 많습니다. 능력만 가지고서는 절대 사업이 되지 않습니다.

사회는 어떻습니까? 미국 대도시에서는 흑인들이 무서워서 밤에 백인들이 걸어다니지를 못합니다. 몇 년 전에 밤 12시 조금 넘어서 시애틀 도심지를 지나가 본 적이 있습니다. 미국에서 그렇게 밤 늦게 도시 한가운데를 관통해 본 적은 그 때가 처음이었습니다. 길을 가는 사람 중에 백인은 정말 한 명도 없고 전부 흑인이었습니다. 흑인 밀집 지역에서 백인종이나 황인종에 대한 범죄 사건이 일어나면 신고를 해도 출동 자체를 꺼린다고 합니다. 미국이란 나라가 어떤 나라입니까? 세계에서 유일한 초강대국입니다. 미국이 자체적으로 보유하고 있는 폭탄만으로도 이 지구를 완전무결하게 초토화시킬 수 있습니다. 그런데 그런 군사력을 가지고서도 미국의 대도시 밤거리는 정부의 통제 밖에 있는 것입니다. 그것은 군사력으로 해결되지 않습니다.

가정은 제쳐 놓고라도 우리 개인은 어떻습니까? 나 개인의 능력으로 자신의 모든 문제를 해결해 갈 수 있습니까? 내 능력으로 머리에 돋아나는 흰머리를 막을 수 있습니까? 내 능력으로 이마에 패이는 주름살을 막을 수 있습니까? 1년, 2년 지나면서 급격하게 쇠퇴해 가는 기억력을 붙들 수 있습니까?

교인들이 약 300명 정도밖에 없었을 때, 예배를 드린 후에 방에 가서 눈을 감으면 첫줄부터 앉아 계시던 분이 눈앞에 죽 보였습니다. 그러면서 그 날 나오지 않은 사람의 얼굴이 머리에 탁 떠오릅니다. 그래서 전화하면 영낙없습니다. 그 정도로 기억력이 좋았습니다. 그런데 지금은 어떤지 아십니까?

한 번은 어느 호텔에 일이 있어서 갔다가 나오는데, 어떤 분이 자가용에서 내려 호텔로 들어오고 있었습니다. 어디서 많이 뵌 분 같은데 도무지 누군지 모르겠습니다. 그쪽에서도 저를 보고 '많이 본 사람 같다'고 생각하는 표정이었는데, 그냥 서로 스쳐 지나갔습니다. 집에 와서 생각을 해 보아도 누군지 잘 모르겠어요. 그런데 그 다음 주일 아침에 설교하려고 강단에 딱 올라섰는데, 그분이 교인석 한가운데 앉아 있는 것입니다. 그분도 늘 강단에서만 저를 보다가 1미터 앞에서 갑자기 보니까 몰라보았겠지요. 그분은 저보다 연세가 많았습니다. 그래서 예배 후에 제가 먼저 찾아가 못 알아보아서 죄송하다고 사과를 드렸습니다. 그랬더니 그분도 "아이고, 제가 죄송하지요" 하시더군요.

인간의 능력으로 다 될 것 같지만 막상 중요한 것은 아무것도 되지 않습니다. 이 인간 능력의 한계를 알 때 비로소 우리는 하나님을 인격적으로 만나게 되고, 내 자식과 가정과 인생을 하나님께 맡기게 됩니다. 베드로가 예수 그리스도를 인격적으로 만나던 밤은 고기를 한 마리도 못 잡던 밤이었습니다. 프로 어부였음에도 불구하고 자기 능력의 한계를 통감하던 날 밤에 예수님을 만난 것입니다. 만약 그 날 밤에 그물이 찢어지도록 고기를 잡았더라면 예수님을 만나지 못했을 것입니다. 아마 몇 년 더 인생을 탕진하다가 예수님을 만났겠지요.

갓난아이들이 부모를 전폭적으로 의뢰하는 것은 자기 능력으로는 아무것도 되지 않기 때문입니다. 기저귀를 갈거나 젖을 주거나 모든 것을 부모가 해 주어야 하기 때문에 아이는 부모를 100% 신뢰하고 자기를 맡깁니다.

믿는 동기: 인간 생명의 한계

그러나 중요한 것이 있습니다. 인간 능력의 한계를 인식하는 것이 믿음의 동기인 것은 분명하지만 이것만 가지고서는 안 됩니다. 전에 능력의 한계를 느꼈던 사람이라도 이제 능력이 생겼다고 생각하는 순간에 하나님과 멀어지기 때문입니다. 누가복음 17장에는 예수님께서 문둥병 환자 10명을 고쳐 주시는 장면이 나옵니다. 그들이 문둥병 환자인 상태로 있을 때에는 얼마나 열렬히 예수 그리스도를 사모했습니까? 문둥병자가 마을로 나오면 돌에 맞아 죽는데도 불구하고 위험을 무릅쓰고 예수님을 만나러 왔습니다. 그러나 그 중에 아홉 명은 문둥병이 낫는 즉시 예수님을 팽개치고 가 버렸습니다. 그 때부터는 자기 능력으로 살 수 있다고 생각했기 때문입니다.

예전에 제가 하던 성경공부 모임에서, 회원 한 사람이 직장암에 걸렸다가 성경공부를 하는 동안 치유되는 역사가 있었습니다. 물론 모두 기뻐했습니다. 그런데 치유를 받은 그 사람이 가장 먼저 한 일이 무엇이었는지 아십니까? 병을 얻기 전에 자신의 정부(情婦)였던 어떤 가정주부를 찾아가는 일이었습니다. 몸에 암덩어리를 가지고 있었을 때에는 그토록 애절하게 하나님을 부르던 사람이, 낫는 순간 그 여자에게 가 버린 것입니다.

인간 능력의 한계를 믿음의 동기로 삼되, 그것만이 아니라 또 다른 동기가 있을 때 우리의 믿음은 성숙해집니다. 그 다른 동기는 바로 인간 생명의 한계입니다. 이 세상에 태어난 인간은 모두 죽습니다. 태어날 때는 순서가 있지만 죽을 때는 순서가 없습니다. 나이 들었다고 먼저 가는 것이 아니고, 젊었다고 늦게 가는 것이 아닙니다. 그런데 모든 사람들이 마치 자신은 죽지 않을 것처럼 착각하면서 살아갑니다. 중요한 것은 아무리 죽지 않을 것처럼 착각하면서 살아가는 사람도 결국은 죽는다는 사실입니다.

미국 샌디에이고에 꽤 이름을 얻은 여자 디자이너가 있었습니다.

그런데 그 디자이너가 유방암에 걸렸습니다. 수술을 받았지만 암세포가 워낙 많이 퍼져 있었기 때문에 계속해서 인터페론 주사를 맞아야 했습니다. 그 디자이너는 머리카락이 자꾸 빠져 나가는 머리에 가발을 쓰고 예전보다 더 짙게 화장한 채, 자신이 유방암에 걸렸다는 사실을 철저하게 속이면서 사무실을 지켰습니다. 고객의 발길이 끊어질까 봐 두려웠던 것입니다. 무슨 뜻입니까? 다른 사람은 암에 걸리면 다 죽는다 해도 자신은 죽지 않으리라고 착각한 것입니다. 그러나 착각한다고 안 죽겠습니까?

아이다호에 있는 코드레인이라는 도시에 갔을 때의 일입니다. 주일 예배를 드리고 오후에 호텔 방에 돌아와서 교육텔레비전을 켰더니, 어떤 여자가 성형수술하는 장면을 처음부터 끝까지 아주 생생하게 보여 주고 있었습니다. 얼른 보기에 50대 후반에서 60대 초로 보이는 할머니가 수술실에 들어갔습니다. 마취를 한 후, 귀부터 턱 아래쪽까지 찢어서 꺼풀을 들어 올리니 비계덩어리가 나옵니다. 그것을 모조리 긁어 내고 나니 그 부분을 덮고 있던 피부가 남습니다. 의사는 자를 가지고 피부를 재서 사인펜으로 잘라 내야 할 부분을 일일이 표시한 후, 헝겊 자르듯이 잘라 내고 다시 꿰맸습니다. 텔레비전에서는 그 수술 장면을 먼저 보여 준 후, 몇 주가 지나 완전히 회복된 여자의 모습을 보여 주었습니다. 수술실에 들어갈 때는 분명히 60대 정도의 할머니였는데, 다 회복된 후의 모습을 보니 30대 초반이었습니다. 믿기지가 않을 정도였습니다. 사회자가 그 여자에게 소감을 물었더니, 젊음을 되찾아서 너무나 행복하고 인생에 자신감을 갖게 되었다고 대답했습니다. 그런데 중요한 것은 그 다음 장면이었습니다. 그렇게 인터뷰하고 돌아가는 그 사람의 뒷모습을 카메라가 잡았는데, 그 뒷모습은 여전히 할머니였던 것입니다. 그 사람은 고친 얼굴을 가지고 스스로 30대처럼 착각하며 살 것입니다. 그러나 그래도 그 사람은 죽습니다.

우리는 모두 죽습니다. 나이가 적다고 죽지 않는 것이 아닙니다. 주변에 어떤 분이 아이를 낳아서 모두 기뻐했습니다. 그 날이 4월 8일이었는데, 4월 17일에 아이가 죽었습니다. 불과 9일 만에 죽은 것입니다. 또, 무슨 경사일이라고 해서 사람이 안 죽는 줄 아십니까? 어떤 성도님의 회사에 근무하던 직원의 자제분이 지방에서 결혼을 했습니다. 성대하게 결혼식을 올린 다음, 김포공항에서 비행기를 타고 신혼여행을 가기로 했습니다. 그런데 지방에서 고속도로를 타고 서울을 향해 오다가 교통사고가 나서 신랑 신부뿐 아니라 친구들까지 모두 현장에서 즉사했습니다. 그 부모들이 집에 도착하기도 전에 신랑 신부가 먼저 죽은 것입니다. 결혼식에서 남은 음식이 불과 몇 시간 만에 장례식 음식이 되고 말았습니다.

뉴질랜드에 갔을 때 공동묘지를 찾아가 보았더니, 고인의 이름이 적힌 조그마한 비석 같은 판이 바닥에 깔려 있고 사람들이 그 앞을 마음대로 걸어다니고 있었습니다. 그래서 현지인한테 뉴질랜드에서는 관을 세워서 매장하느냐고 물었더니 아니라고 하면서, 그곳에서도 우리처럼 매장한다고 했습니다. 그렇다면 우리가 밟고 서 있는 이 곳 밑에 시체가 누워 있다는 이야기인데, 왜 사람들이 이 위를 마음대로 밟고 다니며 또 그렇게 하는 것을 막지 않느냐고 물었습니다. 제 물음에 그분은 이렇게 대답했습니다.

"그게 모두 흙인데, 밟고 다니면 어떻습니까?"

그 말을 들으면서 '아, 이 사람들은 참인생이 무엇인지를 알면서 살아가는구나!' 하고 생각했습니다.

어떤 장례식을 집례했는데, 고인의 고향 관습은 하관을 한 후에 관 뚜껑을 열고 그 관 안에 흙을 가득 채우는 것이었습니다. 그리고 관 뚜껑을 다시 닫고 흙으로 덮는 것입니다. 어차피 흙으로 돌아가는 것, 빨리 흙으로 돌아가라는 것이지요.

교회에 올 때 우리는 모두 거울을 보면서 얼굴을 가꿉니다. 그러나 아무리 가꾸어도 불과 몇십 년만 지나면 우리는 모두 흙이 될 것입니다. 프랑스에서 출판된 〈일뤼지옹〉(Illusion)이라는 미술 전문서적을 보면 이런 그림이 있습니다. 어떤 귀부인이 거울 앞에서 좋은 보석과 좋은 옷을 입고 화장을 합니다. 그런데 거울 속에는 해골이 비치는 것입니다. 참 대단한 메시지입니다. '네가 아무리 가꾸어도 그 육체는 미래의 해골이라는 것을 알고 살라'는 것이지요.

우리는 모두 죽습니다. 우리가 죽는 존재라는 것, 오늘 저녁에라도 죽을 수 있는 존재라는 것을 알 때에만 생명의 근원 되시는 하나님을 비로소 인격적으로 바로 만날 수 있습니다. 죽음을 나의 것으로 받아들일 때에만 그분이 보내신 생명 되신 예수 그리스도를 우리의 구주로 맞아들일 수 있습니다.

창세기 4장 26절을 보면 "셋도 아들을 낳고 그 이름을 에노스라 하였으며 그 때에 사람들이 비로소 여호와의 이름을 불렀더라"는 말씀이 나옵니다. 하나님께서 사람을 창조하신 이래, 사람들이 자발적으로 여호와 하나님을 찾은 적이 없었습니다. 그러다가 4장 26절에 가서야 비로소 처음으로 여호와를 부른 것입니다. 그 때가 에노스 때입니다. '에노스'라는 단어를 히브리어 사전에서 찾아보면, '죽을 수밖에 없는 존재'라고 되어 있습니다. 인간이 언제 하나님을 찾았습니까? 내가 죽을 수밖에 없는 존재라는 것과 죽음이 남의 것이 아니라 나의 것이며 오늘이라도 죽을 수 있다는 사실을 깨달았을 때 비로소 찾았습니다. 이렇게 인간 생명의 한계를 인식하는 것이 우리 믿음의 동기가 되어야 합니다.

믿는 동기: 인간 의의 한계

그러나 이것만으로도 안 됩니다. 왜냐하면 세상에 있는 모든 종교는 다 죽음 이후를 약속하고 있기 때문입니다. 구태여 예수 그리스도만을 믿어야 할 이유가 하나도 없습니다. 정말 우리가 예수 그리스도를 우리의 구원자로 믿고, 여호와 하나님을 내 믿음의 대상으로 확정하기 위해서는 믿음의 동기가 한 가지 더 있어야 합니다.

그것이 바로 인간 의의 한계입니다. 인간은 결코 스스로 완전한 의에 도달할 수 없습니다. 사회학자이자 신학자인 토니 캄폴로는 "모든 인간은 죽을 때 자기가 못다 이룬 업적을 후회하면서 죽지 않는다. 바르게 살지 못한 것을 후회하면서 죽는다"고 했습니다. 저는 이 말에 전적으로 동의합니다. 저는 목회자이기 때문에 장례도 많이 집례하고 죽어 가는 분도 많이 만납니다. 그런데 지금껏 죽음을 수시간 앞둔 사람이 "아, 그 때 천만 원만 더 벌었어도!" 하며 후회하는 경우를 본 적이 없습니다. "그 때 내가 조금만 더 노력해서 그 정도 직책까지는 올라갔어야 했는데" 하는 사람도 본 적이 없습니다. 사랑해야 할 사람을 사랑하지 못한 것, 해야 할 일을 하지 않은 것, 하지 말아야 할 일을 한 것을 모두 후회하고 괴로워하며, 목사한테 털어놓습니다. 그리고 목사의 입을 통해서 '주께서 사해 주신다'는 말을 듣기 원합니다.

이것은 두 가지를 의미합니다. 첫째로, 인간은 죽음 앞에서 하나님의 심판이 있다는 것을 본능적으로 압니다. 하나님을 믿지 않던 자들도 죽음 앞에서는 두려워합니다. 무언가 심판이 있다는 것을 느끼는 것입니다. 둘째로, 인간은 죽음 앞에서 자기 스스로 결코 완전한 의인이 아니라는 것을 압니다. 그래서 죽을 때 바르게 살지 못한 것을 후회하고 죽음이 임박해질수록 그 때문에 괴로워하는 것입니다.

저희 어머니께서는 오래 자리에 누워 계셨습니다. 저는 태어나서부터 계속 어머니와 함께 살았는데 어머니가 건강하실 때에도 많은 것을 배웠지만, 병석에 누워 계시면서 죽음을 바라보시고 인생을 정리해 가시는 모습을 보면서 더 많은 것을 배웠습니다. 어머니께서는 이렇게 말씀하셨습니다.

"해는 서산에 넘어갈 때 붉게 빛나고 사람은 죽을 때 마음이 착해진다는데, 행여라도 내가 악한 생각을 품고 있을 때 주께서 부르시면 어떻게 주님을 만나지? 내가 선한 마음을 품고 있을 때 주님의 부르심을 받아야 할 텐데……."

그리고는 무언가 당신께서 해결하지 못한 것, 해결할 것이 남아 있는 사람들을 오게 해서 다 해결하셨습니다. 그러다가 어느 날 저를 부르시더니 이렇게 걱정을 하셨습니다.

"하나님께서 십계명에 분명히 네 부모를 공경하라고 하셨는데, 내가 누워서 아무리 생각을 해 봐도 우리 부모님 살아 계실 때 효도를 제대로 못 했다. 그런데 지금 내가 죽기 전에 부모님께 효도를 하고 싶어도 이 세상에 안 계시니 이걸 어떻게 해결해야 되겠니?"

저는 이렇게 대답했습니다.

"어머니, 내리사랑이라고 말하지 않습니까? 세상에 어느 자식이 부모로부터 받은 사랑을 100퍼센트 다 갚겠습니까? 어머니 부모님으로부터 사랑받으신 것을 어머니는 저희들 사랑하시는 것으로 다 갚으신 겁니다. 저희들도 어머니께 효도를 다 못 해 드리지 않습니까? 그러나 저는 또 제 자식을 사랑함으로 어머니의 사랑에 보답하는 것 아니겠습니까?"

그러나 그것이 어머니께 바른 대답이 되지 못했던지 그 이후로 몇 달 동안 저에게 베드로전서 2장 9절을 매일 외우라고 하셨습니다. 어머니 앞에만 가면 "오직 너희는 택하신 족속이요 왕 같은 제사장들이요 거룩한 나라요 그의 소유된 백성이니 이는 너희를 어두운 데서 불러 내어 그의 기이한 빛에 들어가게 하신 자의 아름다운 덕을 선전하게 하려 하심이라"는 말씀을 외우게 하신 것입니다. 하나님께서 우리를 왕 같은 제사장, 거룩한 백성, 그의 소유된 백성으로 불러 주셨는데, 그 이유는 한 가지입니다. 하나님께서 우리를 죄로부터 불러 내서 구원의 빛으로 인도해 주셨기 때문에 우리를 구원해 주신 그 구원의 은총을 선전하게 하기 위해 우리를 불러 내셨다는 것입니다. 그러나 어머니는 매일 이 구절을 외우게 하시면서도 그 이유를 말씀하시지 않았습니다.

몇 달이 지난 어느 날이었습니다. 어머니는 그 날도 저한테 이 구절을 외우라고 하셨습니다. 그래서 그 구절을 외우고 났더니, 그 제서야 비로소 이 구절을 외우게 하신 이유를 말씀하셨습니다. 이 구절을 보면 하나님께서 분명히 '그의 기이한 빛' 속으로 우리를 들어가게 하셨다고 했는데 당신은 팔십 평생 예수를 믿으면서 아직까지도 그 빛을 보지 못했다는 것입니다. 그래서 하나님께 "하나님, 왜 저에게는 이 구원의 빛을 안 보여 주십니까? 저는 구원을 못 받았습니까? 하나님께서 분명히 기이한 빛에 들어가게 하셨다면 제가 이것을 좀 봐야 하지 않겠습니까? 그래야 구원받은 기쁨과 감격을 누리지 않겠습니까?" 하고 기도했는데, 마침내 그 빛을 보셨다는 것입니다. 그러면서 이렇게 말씀하셨습니다.

"그 빛은 햇빛 같은 빛도 아니고 섬광 같은 빛도 아니더라. 내가 예수 그리스도 안에 있을 때 이 세상이 전부 다 빛이더라. 내가 이미 빛 속에 앉아 있더라."

무엇을 의미합니까? 정말 내가 죄인이라는 것을 인식하고, 하나님 앞에 완전한 의인일 수 없다는 것을 통감하며, 내 의로는 하나님 앞에서 죽을 수밖에 없다는 사실을 절실히 느꼈을 때, 예수 그리스도의 구원을 바르게 알고 마음속에 받아들이며 그 구원의 빛을 나의 것으로 삼을 수 있게 되었다는 것입니다. 그 때 어머니는 누우신 채로 옛시조를 읊으셨습니다.

　이 몸이 죽어가서 무엇이 될꼬 하니
　봉래산 제일봉에 낙락장송 되었다가
　백설이 만건곤할 제 독야청청 하리라

　이 몸이 죽고 죽어 일백번 고쳐 죽어
　백골이 진토 되어 넋이라고 있고 없고
　임 향한 일편단심이야 가실 줄이 있으랴

　당신 같은 죄인을 예수 그리스도께서 구원해 주셨으므로 지금 비록 누워 있지만 주님을 향한 그 마음은 변치 않겠다는 뜻이었습니다.
　어떻게 우리 같은 죄인을 구원해 주시고 그의 빛 가운데로 인도해 주십니까? 예수 그리스도께서 우리의 죄값을 치러 주셨기 때문입니다. 세상에 어떤 종교의 창시자도 죄에 대해서 이야기한 이가 없습니다. 남의 죄를 대신해서 값을 치러 준 이는 더더욱 없습니다.
　예수님께서 왜 머리에 가시관을 쓰고 피를 흘리셨습니까? 우리가 머리로 지은 죄를 속죄해 주시기 위함입니다. 왜 그분의 손에 못이 박히고 피를 흘리셨습니까? 우리가 손으로 지은 죄를 용서해 주시기 위함입니다. 왜 그분의 발에 못이 박히고 피를 흘리셨습니까? 가서는 안 될 곳을 걸어다닌 우리 발이 지은 죄를 용서해 주시기 위함입니다. 왜 그분의 옆구리에 창이 찔리고 물과 피를 마지막 한 방울까지 다 쏟아 내셨습니까? 썩어 문드러질 이 육체로 지은 죄를 용서해 주시기 위함입니다.

이처럼 예수 그리스도께서 십자가 위에서 철저하게 형벌받아 주심으로 우리의 모든 죄를 씻어 주신 것입니다. 이 구주를 어떻게 만날 수 있습니까? 내 의로는 절대로 구원받을 수 없다는 이 사실을 깨달을 때에만 만날 수 있습니다.

가장 위대한 유산

우리 능력에는 한계가 있습니다. 우리 생명에는 한계가 있습니다. 우리 의에는 한계가 있습니다. 이 세 가지가 우리 믿음의 동기가 될 때 비로소 우리는 구주 되신 예수 그리스도를 인격적으로 만나고 그분과 더불어 바른 삶을 살아갈 수 있습니다. 뿐만 아니라 그와 같이 바른 삶을 살아갈 때에만 우리의 삶 자체가 이 땅에 남길 수 있는 가장 위대한 유산이 됩니다. 내가 바른 신앙인으로 서지 못할 때 내가 남기는 모든 유산은 사랑하는 자식들의 불화의 원인이 됩니다. 그러나 믿음 자체를, 믿음의 삶 자체를 유산으로 남길 때 내가 남기는 모든 물건들은 신앙의 증표로서 이 땅에서 하나님의 도구로 그 몫을 담당하게 되는 것입니다.

샌프란시스코 밑에 있는 카멜이라는 조그만 도시에 갔더니 수도원이 하나 있었습니다. 그 수도원에서는 여러 가지 물건을 전시해 두었는데, 옛날 수도사가 신던 슬리퍼 하나가 벽에 걸려 있었습니다. 그 슬리퍼를 보면서 저는 큰 감동과 함께 두 가지를 느꼈습니다. 첫째는 인간이 아무리 잘난 척해 봐야 슬리퍼보다 못하다는 것입니다. 슬리퍼는 남았지만 인간은 없었습니다. 둘째는 만약 그 슬리퍼가 아무 의미도 없이 놀러 다니면서 신었던 슬리퍼라면 왜 거기 걸려 있겠는가 하는 것이었습니다. 그 슬리퍼를 신었던 수도사의 이름은 알 수 없었지만, 그 슬리퍼를 신고 다녔을 그의 모습은 내 속에 들어와서 박혔습니다. 그의 신앙과 인격이 내 마음속을 채운 것입니다. 내가 정말 바른 삶을 살아갈 때 내가 쓰던 볼펜 한 자루, 내가 읽던 성경 한 권이 그 어떤 설교보다도 더 위대한 메시지로 남아서 내 자녀들의 삶의 이정표와 길잡이가 될 수 있습니다.

오직 바른 믿음의 동기를 갖고 있을 때, 우리는 바르게 살 수 있으며 믿음의 유산을 남기는 신앙의 성숙자가 될 수 있습니다. 또한 세상을 떠날 때 토니 캄폴로의 말처럼 후회하지 않고 떠날 수 있습니다. 이 땅에서 살다가 마지막 떠나는 순간에 자신의 삶을 용납할 수 없는 것보다 더 비극적인 장면이 어디에 있겠습니까? 사도 바울의 말처럼 나의 달려갈 길을 다 달려갔다고 스스로 말하며 우리 주님 앞에 나아갈 수 있기 위해서는 바른 믿음의 동기로 바르게 살아가야 합니다.

마지막으로, 저와 함께 신앙생활을 하는 어떤 여집사님이 쓰신 글을 소개하겠습니다.

"응급실에 누워 있는 남편을 바라보면서, 나는 이 순간 내가 그를 위하여 할 수 있는 최선의 사랑이 무엇인지를 생각하고 있었다. 우리에게 남아 있는 이 마지막 시간에 내가 그에게 줄 수 있는 사랑을 생각하고 있었다. 3년이라는 투병 생활, 그 기도와 애원, 몸부림, 그리고 바람……. 그러나 모든 것을 주님의 뜻에 순명하며 수용할 수밖에 없다는 결론에 이르러서야 나는 비로소 그를 위해 내가 할 수 있는 최선의 사랑을 생각하기 시작한 미련한 그리스도인이요 아내였다.

나는 문득 나 자신에게 물었다. 아니, 왜 진작 이런 생각을 하지 못했을까? 왜 남편을 위해 최선의 사랑을 다하는 마음으로 살아오지 못했을까? 하나님께서 그것보다 더 분명히 내게 요구하신 명령은 없는 것 같은데, 왜, 무엇 때문에 그렇게 사랑하지를 못했을까? 나는 벽에 머리를 찧고 싶었다.

그렇다. 부질없는 삶의 외적 조건들만 성취하느라고, 눈에 보이는 신앙의 겉껍질들만 가꾸느라고 주님께서 우리에게 보여 주신 사랑의 본질들을 실천하지 못했구나. 그럼에도 모든 것을 이루었다고 다 성취했다고 자만했던 데 대한 자책감이 이별 그 자체보다 더 괴롭고 고통스러웠다. 누구 못지않게 열심히 신앙생활을 하며 하나님을 잘 안다고 생각했는데, 그 동안 내가 추구했던 것은 실은 하나의 허상이었다.

남편을 떠나 보내는 이 순간, 나는 하나님께서 더 이상 내게 오해받고 싶어하지 않으신다는 묘한 생각에 사로잡혔다. 하나님까지도 수단으로밖에 생각하지 못하는 기복적인 신앙에만 사로잡힌 내게 하나님은 더 이상 오해받고 싶어하시지 않는다는 공의로운 두려움이 나를 엄습했다.

참으로 두려웠다. 진실로 삶의 조건을 초월해서 순수하게 한 인간을 사랑하지 못한 것은 곧 하나님을 모독한 것이라는 강한 자책감이 나를 사로잡았다. 결혼생활 14년, 나는 늘 하나님의 의를 먼저 구하면서 살아간다고 생각했다. 그리고 스님이 되기를 원했던 남편과 신학을 하기 원했던 나 사이에, 언제나 그 사람이 문제라고 생각했다. 인간적인 수양과 덕에서 나보다 더 뛰어난 그를 보며 위선이라 평했고, 나 자신의 인격적 결함은 원죄를 인정하는 기독교적 실존의 참모습이라고 스스로 합리화했다. 그러나 이 땅에서 마지막으로 무의식 속을 헤매며 누워 있는 남편의 처참한 모습 속에서 나는 하나님께서 만드신 참 존귀한 그를 새로 만났고 접했다.

우리는 말 없는 대화를 나누었다. 그는 말할 수 없었지만, 나는 그 어느 때보다도 더 분명하게 들을 수 있었다. 나는 미안하다고, 미안하다고 말했고, 그는 이해한다고 대답했다. 그는 사람이었고 남편이었으며 아빠였고 또한 하나님의 것이었다. 그것은 이미 충분한 행복의 조건이었다.

나는 하나님의 임재를 느꼈다. 우리의 눈에서 흘러내리는 눈물 속에서 우리 결혼생활의 가장 아름다운 시간들이 엮이고 있었다. 남편이 마지막으로 말했다.

'우리 아이는 멋있게 살 거야.'

내가 대답했다.

'천국은 아름다울 거예요.'

평소의 대화처럼 동문서답이었지만, 우리의 중심에는 사랑하는 사람을 위한 소망만이 넘치고 있었고, 그것은 우리가 그 동안 경험했던 그 어떤 만족보다 더 진한 행복의 맛이었다. 무대 연주 5분 전과 같이 가슴이 뛰었다. 그러나 가장 위대한 연출가이신 하나님께 우리 세 식구를 맡긴다는 강한 용기가 나를 붙잡고 있었다. 영원 속으로 그를 떠나보내는 그 순간, 비로소 나는 평소에 꿈꾸던 참사랑의 본질을 체험하는 벅찬 감동을 경험하고 있었다.

그는 가야만 했다. 아이와 나는 아빠가 더 이상 고통스럽지 않게 하나님 곁으로 가는 것이 좋겠다는 이야기를 나누었다. 아이는 피가 나지 않는 것이 아빠를 위하는 길이라고 말했다. 아이와 나는 하나님께 아빠를 가장 좋은 길로 인도해 달라고 기도했다.

'먼저 가세요. 천국에서 다시 만나요.'

그는 고개를 끄덕거렸다.

'우리는 하나님 앞에서 너무 고집스러웠지요.'

나의 이 마지막 말에 그 역시 고개를 끄덕거리며 눈물을 흘렸다. 죽음은 참으로 평화스러웠고 비장하게 아름다웠다. 오히려 그 순간 그가 부러웠다. 나는 울 수가 없었다. 너무나도 강한 성령님의 임재가 통탄하지 못하도록 조용히, 조용히 하라고 강권하셨다. 가장 아름다운 길을 가는 사람의 장도를 살아남아 있는 나 자신의 서러움으로 방해하고 싶지가 않았다.

나는 계속 나 자신에게 이야기했다. 아니 그것은 성령님의 명령이었다. '용감해라. 기쁘게 살아라. 기쁘게 고통을 감수해라. 그것만이 영원 속에 거하고 있는 그를 위해 이 세상에서 네가 할 수 있는 너의 사랑이다.' 나는 다시 웃기 시작했다. 속으로 무너져 내리는 것 같을 때마다 하나님을 향하여 미소지었다. 마음속으로 울면

서도 하나님을 향하여 웃었다. 그것은 내 슬픔을 승화시켜 주시는
하나님의 능력을 찬양하는 나의 신앙고백이었다.

오늘도 나는 울면서 또 웃는다. 기가 막힌 이별 속에서 참사랑
의 행복을 느끼게 해 주신 하나님을 향하여 나는 미소를 짓는다."

우리 능력에는 한계가 있습니다. 우리 생명에도 한계가 있습니
다. 우리 의에도 한계가 있습니다. 이 동기 위에서 하나님을 바르
게 만나고 바르게 섬기고 바르게 살다가 사랑하는 사람들을 두고
이 세상을 먼저 떠날 때에, 혹은 사랑하는 사람을 먼저 떠나보낼
그 순간에 후회함이 없는 성숙한 그리스도인들이 되시기를 바랍니
다.

하나님, 우리 능력으로 우리 자식을 책임질 수 없음을
주님 앞에 고백드립니다.
우리의 능력으로 우리 가정의 행복이 보장되지 않음을
우리는 이미 인생의 경험을 통해서 알았습니다.
여호와께서 내 기업의 주인이 되어 주지 아니하시면
우리의 기업이 보장받을 길이 없음을 고백드립니다.
주께서 이 사회와 이 나라와 우리 인생의 주관자가
되어 주지 아니하시면 우리가 무엇을 할 수 있겠습니까?
우리 능력의 한계를 잊지 아니하는 지혜로운 자
삼아 주시옵소서.

우리 생명의 한계를 주님 앞에 고백드립니다.

모든 인생은 풀과 같고 그 모든 영광이 풀의 꽃과 같다고

주님 앞에서 고백드리지만,

그 고백에서 실은 우리 자신을 언제나 제외시키고 있었음을

이 시간 주님 앞에 회개드립니다.

오늘 밤이라도 주께서 부르시면 우리는 이 땅을 떠나가야 할

생명의 한계자들임을 깨닫는 자들이 되게 도와 주셔서

영원한 생명의 근원 되시는 여호와 하나님을

인격적으로 만날 수 있도록 도와 주시옵소서.

하나님, 모든 사람들은 하나님의 심판대 앞에 서야 합니다.

우리의 의로는 그 심판을 결단코 넘어설 수 없다는

이 사실을 꼭 깨닫게 도와 주시옵소서.

세상에서 구원을 약속하는 많은 사람들이 있지만

오직 우리의 죄값을 십자가 위에서 치러 주시고

우리를 위하여 사지를 찢으신 분은 예수 그리스도밖에 없기에

예수 그리스도 — 구원자 되신 그분을

오늘 깊이 만나는 자들이 될 수 있도록 도와 주시옵소서.

이 믿음의 동기 위에서 하나님과 함께 동행하면서

바른 삶을 살게 도와 주시고,

주님께서 우리를 부르실 때,

사랑하는 사람들을 이 땅에 두고 먼저 떠나가게 될 때,

혹은 사랑하는 사람을 먼저 떠나 보내게 될 그 때,

결코 후회함이 없는 성숙한 그리스도인들이 되게

은혜를 더하여 주시옵소서.

예수님의 이름으로 간절히 기도드리옵나이다. 아멘.

무엇을 믿을 것인가?

하나님을 아는 지식의 회복

하늘이여 들으라 땅이여 귀를 기울이라 여호와께서 말씀하시
기를 내가 자식을 양육하였거늘 그들이 나를 거역하였도다
소는 그 임자를 알고 나귀는 주인의 구유를 알건마는 이스라
엘은 알지 못하고 나의 백성은 깨닫지 못하는도다 하셨도다

이사야 1장 2, 3절

점쟁이나 무당을 찾아가서 자신의 소원을 이야기하고 소원을 비
는 사람들의 모습을 보면, 그리스도인들이 하나님 앞에서 기도하
는 것보다 훨씬 더 진지합니다. 그 사람들은 무당이 써 주는 부적
을 그리스도인들이 하나님의 말씀을 소중히 여기는 것보다 더 소
중히 여깁니다.

서울 장안에서 용하다고 소문난 무당을 찾아가서 굿을 한 번 하
기 위해서 그 사람들이 지불하는 액수를 보면, 그리스도인들이 하
나님 앞에 바치는 헌금 액수와는 비교가 되지 않습니다. 그럼에도
불구하고 그들을 가리켜서 '신앙인'이라고는 말하지 않습니다. 무
당 앞에서 아무리 진지하고 아무리 거액을 헌금한다 하더라도, 사
람들은 그런 이들을 가리켜 '미신을 좇고 있다'고 말합니다.

그렇다면 미신과 신앙의 차이는 무엇이겠습니까? 미신은 내게

있는 돈이나 재물이나 달란트나 그 무엇이든 간에 나의 소유로 신을 달래고 어르려고 하는 것입니다. 그럴 때 나는 결코 변화되지 않습니다. 오직 신을 변화시켜서 나의 목적을 성취하고자 하는 것이 바로 미신입니다. 반면에 절대자이신 신을 인간이 좌지우지할 수 없다는 사실을 분명히 알고, 그 신 앞에서 날마다 내가 변화되어 가는 것을 신앙이라고 합니다. 따라서 신앙과 미신의 진정한 차이점은 바로 나의 변화 유무에 있습니다.

아무리 그리스도의 이름으로 예배당에 나와 앉아 있다고 할지라도 삼위일체 하나님 되신 그분을 나의 돈이나 재능으로 달래고 얼러서 내 목적을 성취하려 한다면, 그것은 미신을 좇는 행위에 불과합니다. 그러나 날이면 날마다 그분의 말씀 앞에서 내가 바뀌어 간다면, 우리는 참된 그리스도인이 되는 것입니다. 이 때 바뀌는 것은 단순한 외적 변화(change)가 아니라 내적, 본질적 변화(transformation)를 의미합니다.

믿음의 출발점

참된 신앙인이 되기 위해서는, 다시 말해 주님 앞에서 날마다 변화되는 그리스도인이 되기 위해서는, 우리 믿음의 대상이신 하나님을 바르게 아는 것이 중요합니다. 참된 믿음은 바른 앎에서부터 시작됩니다. 바르게 알아야 바르게 변화될 수 있는 것입니다. 그러므로 우리가 삼위일체 되신 하나님을 믿는다고 할 때 도대체 하나님에 대해서 '무엇을' 믿는다는 의미인지 분명히 짚고 넘어가야 합니다.

예수 그리스도께서는 우리가 조금도 오해할 수 없는 분명한 단어와 어휘를 사용하여 하나님에 대해 직접 설명해 주셨습니다. 그래서 여기에서는 예수님의 말씀을 추적하면서 우리가 하나님을 믿는다는 것이 도대체 무엇을 믿는 것을 의미하는지 함께 살펴보겠습니다.

가장 먼저 생각할 말씀은 마태복음 6장 7절부터 8절입니다.

"또 기도할 때에 이방인과 같이 중언부언하지 말라 저희는 말을 많이 하여야 들으실 줄 생각하느니라 그러므로 저희를 본받지 말라 구하기 전에 너희에게 있어야 할 것을 하나님 너희 아버지께서 아시느니라."

대부분 사람들의 믿음은 하나님께서 나를 알지 못하신다는 그릇된 인식에서부터 출발합니다. 우리의 기도는 하나님께서 지금 나의 사정을 모르신다는 전제로부터 시작됩니다. 이처럼 아무리 내게 필요한 것이 있더라도 하나님께 구하지 않으면 주어지지 않는다고 생각하기 때문에 우리의 믿음은 늘 먹고 사는 문제를 뛰어넘지 못합니다.

예수님께서는 분명히 말씀하십니다.

"너희에게 있어야 할 것을 하나님 너희 아버지께서 아시느니라."

우리의 믿음은 여기서부터 시작되어야만 합니다.

어린아이에게 있어야 할 것을 어린아이 자신이 정확하게 압니까, 부모가 더 잘 압니까? 당연히 부모가 더 잘 압니다. 지금 밥을 먹어야 할 때인지, 무엇을 보아야 할 때인지, 무엇을 해야 할 때인지,

무엇을 하지 말아야 할 때인지, 부모가 더 잘 압니다. 세상에 어느 자식이 "엄마, 아침밥 주세요, 점심밥 주세요, 저녁밥 주세요"라고 요구하고서야 부모로부터 밥을 얻어 먹습니까? 오히려 자식은 노느라고 밥 먹을 생각조차 하지 않아도 부모가 먼저 챙겨 주는 법입니다.

만약 자식이 먼저 달라고 해야만 얻을 수 있다면, 그 부모와 자식의 관계는 절대로 친부모 자식의 관계가 아닙니다. 어린아이에게 필요한 것은 아이 자신보다 부모가 더 잘 압니다. 대체로 아이들이 달라고 조르는 것은, 과자나 초콜릿이나 만화책처럼 없어도 좋은 것들입니다. 반면에 부모가 미리 알고 챙겨 주는 것은 아이들에게 없으면 안 되는 것들입니다.

한번 생각을 해 보십시오. 우리가 기도해서 생명인 공기를 얻었습니까? 우리가 어젯밤에 철야기도를 했기 때문에 오늘 아침에 태양이 떠올랐습니까? 우리가 40일 금식기도를 했기 때문에 우리에게 필요한 비가 내렸습니까? 우리가 하나님께 아뢰었기 때문에 우리에게 필요한 곡식이 주어졌습니까?

그렇지 않습니다. 우리에게 정작 있어야 될 것들은 한 가지도 기도하지 아니하였음에도 불구하고 이미 하나님이 다 주셨습니다. 그런데 우리가 늘 달라고 주님을 조르는 것은 실상 우리 삶에서 없어도 좋을 것들입니다. '하나님은 내게 필요한 것을 미리 아신다'는 출발점에서 하나님을 믿느냐, '하나님은 내게 필요한 것을 모르신다'는 출발점에서 하나님을 믿느냐에 따라 우리 믿음의 질이 달라집니다.

구하기 전에 아신다

마태복음 6장 8절에서 9절을 다시 보겠습니다.

"그러므로 저희를 본받지 말라 구하기 전에 너희에게 있어야 할 것을 하나님 너희 아버지께서 아시느니라 그러므로……"

'그러므로'에 밑줄을 긋고 주목해 보십시오. 성경에서 '그러므로' 같은 단어가 나오면 대단히 주의해서 보아야 합니다. 하나님께서는 우리에게 있어야 할 것을 먼저 아시는 분이시기 때문에, '그러므로' 무엇을 말씀하고 계십니까? "그러므로 너희는 이렇게 기도하라"(6:9상)고 하십니다. 그러면서 새로운 '주님의 기도', 즉 주기도문을 우리에게 주십니다.

하나님께서는 우리에게 필요한 것을 먼저 알고 계시고 책임져 주시는 분이시므로 믿음의 성숙을 꾀하라고 하시는 것입니다. 대부분의 사람들은 주님의 기도를 별 생각 없이 되뇌입니다. 그러나 주님의 기도는 새로운 성숙한 삶에 대한 신앙고백이요 결단의 기도입니다. 주님의 기도는 이렇게 시작됩니다.

"하늘에 계신 우리 아버지여 이름이 거룩히 여김을 받으시오며"(6:9하).

이 기도문은 수동태입니다. 하나님의 이름이 누구에 의해서 거룩히 여김을 받습니까? 바로 나 자신입니다. 즉 이 기도는 "하나님, 나의 삶에 의해서 당신의 이름이 거룩히 되기를 바랍니다"는 고백인 것입니다.

"뜻이 하늘에서 이룬 것같이 땅에서도 이루어지이다"(6:10하).

이것은 "나의 삶을 통해서 아버지의 뜻이 이 땅 위에 이루어지기를 원합니다"라는 기도입니다.

"오늘날 우리에게 일용할 양식을 주옵시고"(6:11).

어느 시대를 막론하고 일용할 양식이 없어서 죽는 사람들의 비율은 미미합니다. 그런데도 주님께서는 모든 그리스도인들에게 일용할 양식을 달라고 기도하게 하십니다. 기도하지 않으면 일용할 양식을 얻지 못하기 때문이겠습니까? 그렇지 않습니다. 이것은 일용할 양식만으로도 자족하는 사람이 되겠다는 결단, 더 이상 욕망의 노예가 되지 않겠다는 결단의 기도입니다.

"우리가 우리에게 죄 지은 자를 사하여 준 것같이 우리 죄를 사하여 주옵시고"(6:12).

이것은 이제부터 용서의 삶을 살겠다는 결단의 기도입니다. 그처럼 성숙한 신앙생활을 할 수 있는 동기가 무엇입니까? 아버지께서 내게 있어야 할 것을 미리 아시고 책임져 주시는 분이시므로, 이제부터 그분의 뜻을 위하여 내 삶을 바쳐 드리는 성숙의 단계로 접어들 수 있는 것입니다.

예수 그리스도께서 우리 하나님 아버지가 어떤 분이신지를 설명해 주시는 마태복음 6장 마지막 부분은 어떻게 끝납니까?

"너희는 먼저 그의 나라와 그의 의를 구하라 그리하면 이 모든 것을 너희에게 더하시리라"(6:33).

"그의 나라와 그의 의를 구하라"는 것은 하나님과 바른 관계를 맺으라는 말씀입니다. 바른 관계를 맺어 가면 나머지는 하나님께서 책임져 주시겠다는 것입니다. 6장은 이렇게 끝납니다.

"그러므로 내일 일을 위하여 염려하지 말라 내일 일은 내일 염려할 것이요 한 날 괴로움은 그 날에 족하니라"(6:34).

이해하기가 상당히 난해한 구절입니다. 그 중 "내일 일을 염려하지 말라"는 구절로 끝난다면, 마태복음 6장의 의미를 속시원하게 받아들일 수 있을 것입니다. 그런데 "내일 일은 내일 염려하라"는 말씀이 이어집니다. 이 구절은 마치 오늘 밤 12시까지는 오늘 걱정만 하다가 12시 종이 땡치면 내일 걱정을 시작하라는 뜻처럼 보입니다.

이 부분은 완벽한 오역입니다. 예수님께서는 그렇게 말씀하시지 않았습니다. 우리 한글성경 본문에는 "내일 일은 내일 염려하라"로 되어 있어 '내일'이 때를 가리키는 부사인 것처럼 번역되어 있습니다. 그러나 그리스어 원문은 '내일'이 부사가 아니라 주어로 기록되어 있습니다. 즉 '내일 일은 내일이 염려할 것이니 너는 염려하지 말고 하나님과 바른 관계를 맺는 데 주력하라. 그러면 네게 내일을 허락하시는 하나님, 내일을 창조하신 하나님께서 너의 내일을 책임져 주실 것이다'라는 뜻입니다. 그래서 우리의 믿음이 성숙해질 수 있는 것입니다.

제가 스위스 제네바에 가서 숙소를 얻은 지 얼마 되지 않았을 때입니다. 하루는 밥을 먹은 뒤 설거지를 하는 중에 가위를 씻다가 잘못해서 고무장갑 손가락을 찢어 버리게 되었습니다. 장갑을 말린 뒤 찢긴 자리를 노란 테이프로 감았는데도 설거지를 할 때마다 물이 스며들었습니다.

그 당시는 제네바에 도착한 지 얼마 되지 않은 때여서 모든 것이 익숙치 않았습니다. 그래서 어디에서 고무장갑을 사야 하나 생각하는데 벨이 울렸습니다. 나가 보았더니 미국에서 등기소포가 왔습니다. 그 속에는 고무장갑이 한 세트 들어 있었습니다. 저는 남자 아닙니까? 그런데 남자한테 고무장갑이 소포로 온 것입니다.

그 날 오후에 장갑을 보내 주신 분이 전화를 했습니다. 그래서 참 잘 받았노라고 감사를 드린 뒤에, 어떻게 고무장갑을 보낼 생각을 하셨는지 물었습니다. 그랬더니 그분이 이렇게 말했습니다.

"제가 부엌에서 설거지를 하는데 갑자기 '이재철 목사님에게 고무장갑을 한 세트 보내야겠다'는 생각이 들지 뭡니까? 그 길로 슈퍼에 가서 고무장갑을 사서 속달로 부쳤지요."

그분이 고무장갑을 보내야겠다고 생각하고 슈퍼로 나가던 그 시간은 바로 제 고무장갑이 찢어진 시간이었습니다.

저는 컴퓨터를 잘 다루지 못합니다. 그저 설교 원고를 칠 수 있을 정도지요. 그러니까 컴퓨터로 주보를 짠다든지, 도표를 만든다든지 하는 일은 전혀 불가능합니다. 그래서 제네바로 가면서 '이제 모든 것을 나 스스로 해야 할 텐데 주보를 어떻게 짜나. 교우님들께는 상당히 죄송하지만 몇 달 동안은 원시적인 주보로 대체해야겠다'고 생각했습니다.

그런데 막상 제네바에 갔더니 우리 나라 정부에서 파견받아 저보다 6개월 먼저 와 계신 집사님이 있었는데, 그분 전공이 '주보 편집'이라는 것입니다. 제가 그분에게 찬송가 장수만 알려 드리면 나머지는 그분이 다 알아서 편집해 주시는 것이었습니다.

제게는 아이가 넷 있습니다. 대다수 부모님들이 그러시겠지만,

아이들이 많다 보면 본의 아니게 어떤 아이에게 소홀해지는 경우가 생깁니다. 저희 집에서는 둘째 아이가 그랬습니다. 그 아이가 커 오면서 중요한 일이 있을 때마다 제가 그 현장에 함께 하지 못한 경우가 많았던 것입니다.

그런데 그 아이가 99년에 중학교를 입학하게 된다는 사실을 전해 11월에 알게 되었습니다. 목회를 하다 보면 아이들이 정작 아빠를 필요로 하는 순간에 곁에 있어 주지 못할 때가 있습니다. 중학교를 입학한다는 것은 그 아이의 인생에 큰 매듭을 짓는 중요한 사건일 것입니다. 그런데 아빠가 홀로 외국에 나가 있어서 참석하지 못한다면 아이의 마음에 큰 상처를 주는 것이 아닌가, 고민이 되었습니다. 그러나 또 한편으로는, 스위스에서 한국까지 간다는 것이 적은 경비가 드는 일이 아니어서 고민이 되는 것이었습니다.

이런 상황에서 어떻게 해야 이 아이에게 아빠 노릇을 잘 할 수 있을까 이리저리 고민하고 있는데 전화가 한 통 걸려 왔습니다. 남서울교회 이철 목사님이었는데, 와서 집회를 인도해 달라는 것이었습니다. 그런데 그 시기가 둘째 아이의 입학식 때와 절묘하게 맞아떨어지는 게 아닙니까? 일주일만 생각하고 답변해 드리겠노라고 했지만, 실상은 일주일씩이나 생각할 필요가 없었습니다. 제 사정을 아시는 하나님께서 남서울교회가 보내 준 표로 비행기를 타고 오게 해 주신 것입니다.

제가 기도했기 때문에 비행기표를 보내 주신 것이 아닙니다. 제가 하나님께 부르짖었기 때문에 고무장갑을 보내신 것이 아닙니다. 저는 주보 편집할 줄 아는 사람을 보내 달라고 기도한 적이 없습니다. 구하지 아니해도 있어야 될 것을 아시는 주님과 교제하며 살기 원하는 제가 저 자신의 소용을 위해서 하나님께 기도드리겠습니까?

하나님께서는 내게 필요한 것이라면 어떤 방법을 쓰시든지 주시는 분이시요, 내게 필요없는 것은 아무리 간구해도 주시지 않는 분이십니다. 그러므로 내 기도의 목표와 내용이 있다면, 그것은 어떻게 주님의 뜻을 바르게 분별할 것인지, 오늘 내가 두 발 딛고 있는 이 현장에서 주님이 원하시는 바가 무엇이며 그 주님을 위하여 나의 일거수 일투족으로 무엇을 행할 것인지를 알게 해 달라고 구하는 것이 아니겠습니까? 우리 하나님께서는 내게 있어야 될 것을 나보다 더 정확하게 아시는 분이십니다. 여기에서부터 성숙은 시작되는 것입니다.

더 좋은 것을 주신다

하나님이 어떤 분이신지에 관해 예수님께서는 마태복음 7장 9절부터 11절에서 이렇게 말씀하십니다.

"너희 중에 누가 아들이 떡을 달라 하면 돌을 주며 생선을 달라 하면 뱀을 줄 사람이 있겠느냐 너희가 악한 자라도 좋은 것으로 자식에게 줄 줄 알거든 하물며 하늘에 계신 너희 아버지께서 구하는 자에게 좋은 것으로 주시지 않겠느냐."

세상에 둘도 없는 협잡꾼이나 흉칙한 사기꾼도 자식에게만은 좋은 것을 줄 줄 압니다. 도둑놈도 도둑질을 해서 자식에게 좋은 과

외공부를 시켜 주려고 합니다. 이것이 부모 된 자의 심정입니다. 그런데 예수님께서는 "너희가 악한 부모라 할지라도 자식에게 좋은 것을 줄 줄 알거든 하물며 하늘에 계신 아버지께서는 좋은 것으로 주시지 아니하시겠느냐"고 말씀하십니다.

이 구절은 문법적인 형태상 비교급입니다. 세상의 부모들도 좋은 것으로 줄 줄 아는데 하물며 하나님 아버지께서 '더 좋은' 것으로 주시지 않겠느냐는 것입니다.

예수님은 첫번째로, 하나님 아버지께서는 우리에게 필요한 것을 아시는 분이라고 가르쳐 주십니다. 그 말씀은 우리의 일상생활 가운데서 내게 있어야 될 것을 하나님께서 알고 계신다는 뜻으로 이해하고 받아들일 수가 있습니다. 그런데 '우리에게 더 좋은 것을 주시는 하나님'이라는 사실은 일상생활에서 한 걸음 더 나아가는 것입니다.

내가 계획한 바가 무참하게 깨어질 때 우리는 절망합니다. 하나님을 믿는다는 사람들 가운데 개업예배를 드리는 사람은 있어도 폐업예배를 드리는 사람은 없습니다. 그러나 예수님은 말씀하십니다.

"하나님 아버지께서 더 좋은 것으로 주시지 않겠느냐?"

내가 실패한 바로 그 때, 더 좋은 것을 계획하시는 하나님의 계획이 이루어집니다.

나의 계획보다 더 좋은 계획을 갖고 계시는 그 하나님 아버지를 알고 믿을 때 우리는 매 순간 우리에게 주어지는 상황에 순종하며 살아갈 수가 있습니다. 믿음이 말씀에 대한 순종이라는 것은 많은 그리스도인들이 알고 있습니다. 그러나 믿음이 말씀에 대한 순종인 동시에 주어진 상황에 대한 순종이라는 사실은 알지 못합니다.

내가 실패했다 할지라도 그 실패 속에 하나님께서 내게 주시기 원하시는 큰 은혜가 있습니다. 이것을 알지 못하고 실패로부터 벗어나려고만 하기 때문에, 정말 인생의 전환기가 될 수 있는 실패를 맞이하고서도 주님께서 주시는 은혜를 담는 그릇이 되지 못하는 것입니다. 질병에서 벗어나기만을 원하기 때문에 그 질병 속에서 하나님과 더 깊은 교제를 나누지 못하는 것입니다. 하나님이 더 좋은 것을 주시는 분이심을 믿을 때, 우리는 어떤 상황이 주어지든지 그 상황을 헤쳐 나갈 수 있습니다.

창세기 32장을 보면, 형 에서에게 사기를 쳤던 야곱이 20여 년 동안 삼촌 라반 집에서 살다가 그 곳에서도 불의하게 재산을 모아 더 이상 거할 수 없게 되자 마침내 고향 땅으로 되돌아가는 모습이 나옵니다. 그런데 이 야곱이 형 에서에게 얼마나 두려움을 갖고 있었던지 일행을 세 떼로 나누어서 먼저 선물을 보내고 식구들이 얍복강을 다 건너간 후, 자신만 홀로 남아서 밤새워 기도합니다. 말하자면 하나님께 자기 생명을 지켜 주시기를 기도한 것입니다.

그런데 그 날 밤에 하나님께서 무엇으로 응답하셨습니까? 야곱의 환도뼈를 꺾어서 다리를 절게 하셨습니다. 생각해 보십시오. 살려 달라고 기도를 드렸는데 오히려 그의 몸을 불구로 만드셨습니다. 만약 야곱이 그 주어진 상황을 수용하지 못했더라면 그의 인생은 또 달라졌을는지 모릅니다.

그런데 그 다음 날 야곱에게 복수하기 위해서 형 에서가 칼잡이

400명을 대동하고 왔을 때 어떤 일이 벌어집니까? 동생을 죽이겠다고 폭력배들을 동원한 형이 동생에게 뛰어와서 그 목을 끌어안고 대성통곡했습니다. 어떻게 그런 일이 일어날 수 있습니까? 그 순간 야곱의 모습을 믿음의 눈으로 상상해 보면 금방 해답을 얻을 수 있습니다.

만약 야곱이 20년 동안 사기친 결과 모은 재산으로 비단옷을 입고 기름기가 흐르는 유들유들한 모습으로 나타났더라면 여지없이 에서의 칼에 맞아 죽었을 것입니다. 에서는 분명히 그런 모습의 동생을 생각하고 찾아왔습니다. 그런데 정작 야곱의 몰골은 전혀 딴판이었습니다. 밤새워 무릎 꿇고 기도하느라고 옷은 구겨져 있고 땀에 젖어 있으며, 얼굴은 초췌하기 그지없습니다. 그 뿐만이 아닙니다. 야곱은 다리까지 절뚝절뚝 절고 있습니다. 그 때 형 에서의 마음속에 어린 시절의 사랑이 왜 회복되지 않았겠습니까? 함께 물장구치며 놀던 생각이며, 함께 꽃을 보며 나비를 쫓던 옛날 추억들이 왜 떠오르지 않았겠습니까? 에서는 이제 불구자의 몸으로 돌아온 불쌍한 동생에게 뛰어가서 그의 목을 끌어안고 눈물을 흘리며 울었습니다.

다리가 부러져서 절게 된 일은 고통이나 벌이 아니라 야곱을 살려 주기 위해 하나님께서 주신 은혜였던 것입니다. 이처럼 우리 하나님은 더 좋은 것을 주시는 하나님이십니다.

그렇다면 우리가 어떻게 살아야 하겠습니까? 11절을 다시 보겠습니다.

"너희가 악한 자라도 좋은 것으로 자식에게 줄 줄 알거든 하물며 하늘에 계신 너희 아버지께서 구하는 자에게 좋은 것으로 주시지 않겠느냐 그러므로……"

'그러므로' 예수님은 다음과 같이 말씀하십니다.

"그러므로 무엇이든지 남에게 대접을 받고자 하는 대로 너희도 남을 대접하라 이것이 율법이요 선지자니라"(7:12).

여기에서 '율법'은 율법서를, '선지자'는 예언서를 가리킵니다. 그러니까 이 두 단어를 합치면 구약이라는 말이 됩니다. 즉 구약의 핵심은 남이 자기를 대접해 주기를 원하는 대로 남을 대접하라는 것입니다.

앞에서 믿음은 주어진 상황에 대한 순종이라고 했습니다. 우리의 상황이 바뀌면 만나는 사람이 달라집니다. 그 때 주어진 상황에 대해서 순종한다는 것은, 바뀐 상황 속에서 만나게 되는 사람을 대접하고 섬기는 것을 의미합니다.

부잣집 아들 요셉은 애굽에 팔려갔습니다. 상황이 바뀌었습니다. 만나는 사람이 바뀌었습니다. 그러나 그는 상황을 수용했습니다. 그 곳에서 만나는 사람들을 섬겼습니다. 그리하여 그 곳에서 그를 국무총리로 삼아 만민을 구원하시는 하나님의 더 좋은 계획이 이루어지게 되었습니다.

다윗은 오직 하나님을 사랑했다는 죄명으로 장인 사울 왕의 시기를 받아 왕이 구성한 특공대 삼천 명을 피해 다니면서 이곳 저곳 숨어 지내야만 했습니다. 그러나 그는 그 상황을 수용했습니다. 그리고 자신에게 모여드는 모든 억울한 사람들, 600명에 달하는 그 사람들을 먹이면서 섬겼습니다. 그 결과 그는 임금이 되고 난 뒤에도 기층민들을 사랑하는 참된 성군으로 성경의 역사에 기록되는 사랑의 사람이 될 수 있었습니다.

지금 병약해졌습니까? 그래서 병원에서 나의 친구가 아니라고 생각했던 사람들과 벗하며 살고 계십니까? 그분들을 받드십시오. 지금 경제적으로 어려워지셨습니까? 그래서 만나는 부류의 사람들이 달라졌습니까? 그분들을 섬기십시오. 그 만남 속에 더 좋은 것을 이루시려는 하나님의 계획이 열매 맺혀 가고 있습니다.

그의 나라를 주신다

세번째로 하나님은 어떤 분이신지 누가복음 12장 31절부터 32절을 보겠습니다.

"오직 너희는 그의 나라를 구하라 그리하면 이런 것을 너희에게 더하시리라 적은 무리여 무서워 말라 너희 아버지께서 그 나라를 너희에게 주시기를 기뻐하시느니라."

우리 하나님은 어떤 분이십니까? 믿는 자들에게 그의 나라를 송두리째 주기를 원하시는 분입니다. 그의 나라가 어떤 나라입니까? 영원하신 하나님의 나라입니다. 이 세상 모든 통치권자들은 나라의 권력을 홀로 독점하려고 합니다. 그러나 우리 하나님께서는 그의 나라를 송두리째 주기를 원하고 계십니다. 이 사실을 바르게 믿을 때 이 세상에서 우리는 '모순의 표적'으로서의 참된 그리스도인의 삶을 살아갈 수 있습니다.

예수 그리스도께서 이 세상에 태어나셨습니다. 그리고 유태인의 율법에 따라서 결례를 행하기 위하여 어머니 마리아가 예수님을 안고 예루살렘 성전으로 들어갑니다. 그 때 시므온이라고 하는 선지자가 마리아 품에 안겨 있는 아기 예수를 보고 한 말이 누가복음 2장 34절에 이렇게 기록되어 있습니다.

"시므온이 저희에게 축복하고 그 모친 마리아에게 일러 가로되 보라 이 아이는 이스라엘 중 많은 사람의 패하고 흥함을 위하여 비방을 받는 표적 되기 위하여 세움을 입었고."

시므온은 예수님을 가리켜 '비방을 받는 표적'이 될 것이라고 예언을 했고, 그의 예언은 이루어졌습니다. 예수님은 온 예루살렘이 떠나갈 듯이 "저자를 못박아 죽이라"고 외치는 유대인들의 비방 속에 십자가에 못박혀 돌아가셨습니다. 문제는 왜 유대인들이 그토록 예수님을 비방하고 죽였는가 하는 것입니다.

'비방받는 표적'이라는 말은 그리스어로 '세메이온 안티레고메논'(semeion antilegomenon)이라고 기록되어 있습니다. 그것을 영어로 번역하면 'sign of contradiction'이 됩니다. 'contradiction'이라는 단어에는 '비방'이라는 뜻이 있습니다. 따라서 '비방의 표적'은 정확한 번역입니다.

그러나 'contradiction'에는 또 다른 뜻이 있습니다. 바로 '모순'이라는 뜻입니다. 시므온은 아기 예수님을 보는 순간에 '모순의 표적'이라고 외쳤던 것입니다. 왜 모순의 표적입니까?

우리는 자고로 처절한 경쟁사회 속에서 살아갑니다. 내가 높아지기 위해서는 상대를 마구 짓밟고 일어서야 합니다. 그런데 예수 그리스도께서는 "네가 정말 높아지기를 원하느냐? 그러면 남을 섬기는 종이 되라"고 말씀하십니다. 또 내가 조금이라도 더 소유하기 위해서는 기를 쓰고 손을 움켜쥐어야 합니다. 그런데 예수님께서는 말씀하시기를 "네 손을 펴서 나누어 주라. 그러면 하나님의 것으로 차고 넘치리라"고 하십니다. 내 목표를 이루기 위해서는 수단과 방법을 가리지 말아야 합니다. 그런데 주님께서는 "하나님의 나라와 의를 먼저 구하라. 그러면 이 모든 것을 책임져 주시리라"고 가르치십니다. 우리는 하루라도 더 살기 위해서 악을 써야 합니다. 그런데 주님께서는 "네가 정말 영원히 살고 싶으냐? 그러면 먼저 죽으라"고 말씀하십니다.

유대인들은 자신들을 구원하실 메시아는 제왕 같은 모습으로 나타나시리라고 생각했습니다. 그러나 그들 앞에 나타난 예수 그리스도는 나사렛 갈릴리 출신의 빈민에 불과했습니다. 그 예수님은 마치 실패자처럼 보였습니다. 그런데 그 예수님이 "나를 믿고 나를 따라오라"고 합니다. 자신이 하나님의 아들이라고 합니다. 그것은 모순일 수밖에 없었습니다. 그래서 그들은 모순의 표적인 예수 그리스도를 죽였습니다.

왜 예수 그리스도가 모순의 표적으로 보였습니까? 이유는 간단합니다. 자기 욕망에 사로잡혀서 욕망의 노예 된 인간들이 모순 속에 빠져 있었기 때문입니다. 인간들이 모순에 빠져 있을 때, 오히려 참진리이신 예수 그리스도가 모순으로 보이게 됩니다.

그러나 2,000년의 세월이 지난 지금은 어떻습니까? 자신의 목숨을 내어놓기까지 인간을 섬겼던 예수 그리스도는 종이기는커녕 만왕의 왕으로 섬김을 받고 계십니다. 당신의 목숨을 미련없이 버리셨던 예수 그리스도는 부활의 주, 영원한 생명의 주님이 되셨습니다. 당신의 손을 펴서 당신을 위하여 땅 한 평도 소유하지 않으셨던 주님은 온 우주를 통치하시는 성자 하나님이 되셨습니다.

그분의 말씀치고 하나도 모순인 것이 없습니다. 그럼에도 아직까지 그분이 모순인 것처럼 보인다면, 그것은 우리가 모순에 빠져 있기 때문입니다.

이런 이야기가 있습니다. 꽃밭 위에 꽃병들이 엎어져 있었습니다. 엎어진 꽃병들은 꽃과 자기 땅이 생겼다는 기쁨에 어쩔 줄 몰랐습니다. 이제 아무에게도 간섭받지 않는 자기 소유가 생긴 것입니다. 그러나 시간이 흐르면서 공기가 통하지 않는 그 꽃병 속의 꽃은 시들고 죽어 갑니다. 그뿐 아니라 죽은 꽃은 대지의 습기와 지열 때문에 마침내 썩어 가기 시작합니다. 꽃병 속은 악취로 진동합니다. 그럼에도 그 꽃병은 '이것이 나의 모든 것'이라며 그 썩은 것을 가슴으로 품고 있습니다. 그 때 누군가가 바로 세워진 꽃병을 가져다 놓습니다.

엎어져 있는 꽃병들의 입장에서는 바로 세워져 있는 꽃병이 모순처럼 보입니다. 그러나 모순에 빠진 꽃병들로부터 역으로 모순의 표적이라고 비난을 받을지언정 참진리의 모습이 무엇인지를 보여 주는 꽃병이 있어야, 모순에 빠진 꽃병들이 비로소 제자리를 찾을 수 있을 것입니다.

모순에 빠져 있는 인간들에게 참진리의 삶이 무엇인지를 보여 주기 위해서 거꾸로 모순의 표적으로 오신 분이 바로 예수 그리스도이십니다. 그러므로 그리스도인이 된다고 하는 것은, 욕망의 법칙,

인간 허욕의 법칙만이 난무하는 이 세상에서 진리를 위한 모순의 표적이 되는 것을 의미합니다. 그 근거는 하나님께서 우리에게 그의 나라를 송두리째 주셨기 때문입니다. 그의 나라는 이 세상의 모순과 반대되는 모순이 아니고서는 얻을 수 없는 곳이기 때문입니다.

우리는 선택해야 합니다. 모순에 빠진 세상 사람들로부터 모순의 표적이 되든지 하나님께로부터 진리의 모순이라고 판정을 받든지 선택해야 합니다. 우리는 어차피 한 번은 모순의 표적이 되어야 합니다. 하나님 앞에서냐 사람 앞에서냐, 일시적이냐 영원한 것이냐, 진리 안에서 모순이냐 진리 밖에서 모순이냐 하는 차이만 있을 뿐입니다.

주님을 믿는다고 하면서도 세상 욕망의 법칙에 익숙하게 살아간다면, 그 모순으로부터 상반되는 모순의 표적이 되지 아니한다면, 우리는 하나님을 잘 알지 못하는 것입니다. 하나님을 안다면, 진리가 무엇인지 안다면, 우리는 세상으로부터 모순의 표적이라 비방받는 한이 있더라도 진리의 모습을 드러냄으로 이 세상에 하나님의 나라를 일구어 가는 참된 그리스도인이 될 수 있는 것입니다.

2,000년 교회사를 되돌아보십시오. 모순에 빠졌던 인간들은 끊임없이 세상을 어둡게 만들었습니다. 그러나 어두운 세상에 빛을 발했던 자들은 이 세상에서 모순의 표적으로 살았던 사람들이었습니다.

오늘날 이 시대는 더 이상 욕망의 사자를 요구하지 않습니다. 모든 면에 걸쳐서 불의에 찬 우리 조국은 모순의 표적을 요구하고 있습니다. 한 사람의 모순의 표적에 의해서 이 세상의 모순은 얼마든지 깨어질 수 있는 것입니다.

지금도 일하신다

네번째로 주님께서는 하나님 아버지가 어떤 분이신지를 이렇게 설명하고 계십니다. 요한복음 5장 17절입니다.

"예수께서 저희에게 이르시되 내 아버지께서 이제까지 일하시니 나도 일한다 하시매."

하나님 아버지는 어떤 분이십니까? "이제까지 일하시는 분"이십니다. 여기에서 '이제까지'라는 말은 '지금도'라는 뜻입니다. 우리 하나님께서는 지금도 일하시는 분이십니다. 대체 어떤 일을 하고 계십니까?

창세기 1장을 읽을 때마다 저는 말할 수 없는 은혜를 받습니다. 하나님 아버지께서는 인간을 사랑하신다고 해서 인간부터 만들어 놓고 다른 것을 해결하시지 않았습니다. 하나님께서는 사랑하시는 인간을 위하여 그 인간에게 필요한 모든 것을 엿새 동안 미리 다 만드셨습니다. 그리고 마지막에 인간을 만드셔서 필요한 모든 것들을 공급해 주셨습니다. 그 하나님 아버지께서 오늘 이 시간에도 우리를 위하여 일하고 계시는 것입니다.

제가 제네바에 갔을 때 어떤 믿지 않는 분이 저를 가리켜, "그 사람, 가족도 떼어 놓고 뭐하러 이 곳에 왔대?"라고 말했다고 합니다. 그런데 그분이 교회에 한 번 왔다가 주님을 만났습니다. 그래서 그 댁에 심방을 갔더니 이렇게 고백하는 것이었습니다.

"하나님께서는 저 때문에 목사님을 이 곳까지 보내 주셨습니다."

그분에게 하나님은 지금도 자기를 위해서 일해 주시는 분이셨던 것입니다.

지금은 제네바 한인교회가 하나로 통합되었습니다만, 많게는 세 개까지 분열되어 있었고, 제가 갈 때만 해도 두 개로 나뉘어 있었습니다. 제가 간 지 일주일 되던 날에 아직 분열 상태에 있는 교회의 교인들과 어느 여집사님의 댁에서 식사를 하게 되었습니다. 그런데 그 날 아침에 그 여집사님의 후배가 놀러오겠다고 전화를 했습니다. 여집사님은 놀러 오라고 하면서 "한국에서 온 목사님이 있는데 교인들과 함께 점심하기로 했으니 너도 같이 하자"고 덧붙였답니다.

철저한 불교신자로서 목사라고 하면 알레르기가 일어나는 그 젊은 여성은 당연히 거절을 했습니다. 그런데 선배 되는 여집사님이 그저 와서 밥만 먹고 가라고 강청하는 바람에 마지못해 참석하게 되었습니다. 그런데 그분이 그 날의 대화 중에 예수님을 만났습니다. 그리고 그 날을 기점으로 두 교회는 하나로 통합되었습니다. 지금은 너무나도 아름답게 신앙생활을 하고 있는 그분 역시 이렇게 말했습니다.

"하나님께서는 저를 위하여 목사님을 이 곳으로 보내 주셨습니다."

하나님께서는 그 여성을 위해서 지금도 일하시는 분이신 것입니다. 그 하나님이 바로 우리의 하나님 되십니다.

다윗은 시편 139편 17절부터 18절을 통해서 이렇게 고백했습니다.

"하나님이여 주의 생각이 내게 어찌 그리 보배로우신지요 그 수가 어찌 그리 많은지요 내가 세려고 할지라도 그 수가 모래보다 많도소이다 내가 깰 때에도 오히려 주와 함께 있나이다."

이 원문을 쉬운 말로 풀이하면 이렇습니다.

"하나님, 하나님께서는 나를 위하여 아름다운 생각들을 어찌 그리 많이 갖고 계십니까? 내가 잠을 자다 불현듯이 눈을 떠 보아도 하나님께서는 내 눈을 들여다보시면서 나를 위하여 생각하고 계십니다."

우리가 졸지만, 우리는 잠들지만, 하나님 아버지는 졸지도 주무시지도 아니하십니다. 그분은 지금도 동서남북에서 나를 위하여 일하고 계십니다. 이 하나님을 믿음으로 우리는 그분을 위해서 충성하며 살아갈 수 있습니다. 남편으로서, 아내로서, 자식으로서, 그리스도인으로서, 사회인으로서, 대한민국 국민으로서, 인류로서 책임과 의무를 다하는 그리스도인이 될 수 있습니다.

사도 바울이 이런 고백을 했습니다.

"나의 달려갈 길과 주 예수께 받은 사명 곧 하나님의 은혜의 복음 증거하는 일을 마치려 함에는 나의 생명을 조금도 귀한 것으로 여기지 아니하노라"(행 20:24).

그 믿음의 근거가 어디에 있습니까? 헤아릴 수 없는 사랑으로 지금도 나를 위해서 일하고 계시는 하나님 아버지께 있습니다.

자기부인의 사람을 사랑하신다

다섯번째로 예수님께서는 하나님을 이렇게 소개하고 있습니다. 요한복음 10장 17절입니다.

"아버지께서 나를 사랑하시는 것은 내가 다시 목숨을 얻기 위하여 목숨을 버림이라."

예수님께서 말씀하셨습니다.

"하나님 아버지께서는 나를 사랑하신다. 왜냐하면 내가 다시 목숨을 얻기 위해서 목숨을 버릴 줄 알기 때문이다."

여기서 버리는 것은 무엇이고 다시 얻는 것은 무엇입니까? 버리는 것은 육이요, 다시 얻는 것은 영입니다. 하나님은 어떤 분이십니까? 영의 사람이 되기 위하여 육의 사람을 날마다 버릴 줄 아는 사람, 자기를 부인할 줄 아는 사람을 기뻐하시는 분이십니다.

왜 그렇겠습니까? 이유는 너무나 간단합니다. 우리 하나님은 영이십니다. 영은 영과만 대화가 통합니다. 내가 날마다 나의 육을 부인해 갈 때, 나의 영이 하나님 앞에서 성장해 나갈 때, 하나님과의 대화가 깊어지는 것입니다. 그래서 하나님께서는 자기부인을 아는 그리스도인들을 사랑하실 수밖에 없습니다. 우리도 그렇지 않습니까? 말이 통하는 사람을 더 사랑하게 되어 있습니다.

마태복음 21장을 보면 예수 그리스도께서 나귀를 타고 예루살렘으로 입성하시는 장면이 나옵니다. 온 예루살렘 성민들이 나와서 호산나를 외치고 온 성이 소동했다고 기록되어 있습니다. 이 때 '소동했다'고 하는 그리스어 '세이오'(seio)는 '지축이 흔들렸다'는 말입니다. 얼마나 많은 사람들이 소리를 쳤는지 마치 잠실 축구장에서 골이 터졌을 때 사람들이 지르는 함성 때문에 땅이 흔들리듯이 예루살렘 지축이 흔들렸던 것입니다.

그런데 불과 닷새 후에 또 한 번 지축이 흔들립니다. 이번에는 "예수를 못박아 죽여라"고 외치는 함성 때문이었습니다. 그렇다면 그들이 닷새 전에 예수님을 향해서 "호산나"라고 외쳤던 것은 무엇이었습니까? 그들은 예수님을 향해서 환호했던 것이 아니었습니다. 그들의 욕망을 예수 그리스도에게 투사하여 그리스도의 허상을 만들었던 것입니다. 그들은 그 허상에 환호했습니다. 바꾸어 말하면, 그 허상을 만든 자신들의 욕망을 향해서 환호했던 것입니다.

그러나 실제로 예루살렘에 입성한 예수님은 그들이 생각하던 허상과 전혀 다른 분이었습니다. 그 때 그들은 자신들의 허상을 빨리 부인해야만 했습니다. 그러나 반대로 자신들이 만들어 낸 허상을 지키기 위해서 예수 그리스도의 실상을 죽였습니다. 이것이 십자가 사건입니다. 나를 부인할 줄 모르면 하나님의 허상을 만들게 되고, 그 결과 하나님과의 대화가 단절됩니다.

가이사랴 빌립보에서 예수님께서 제자들에게 묻습니다.

"내가 누구냐?"

베드로가 대답을 합니다.

"주는 그리스도시요, 살아 계신 하나님의 아들이십니다."

베드로의 대답은 인간이 주님을 향하여 드릴 수 있는 가장 위대한 신앙고백이었습니다. 예수님께서 하나님의 아들이시라는 사실이 알려졌기 때문에 주님께서는 제자들에게 이제 내가 예루살렘에 올라가면 십자가에 못박혀 죽을 것이라고 수난을 예고하셨습니다. 마태복음 16장 22절에 따르면, 바로 그 순간 베드로는 예수님을 붙잡고 간(諫)했습니다.

"그런 일이 있어서는 안 됩니다!"

많은 분들이 한글 성경을 읽으시면서 '간했다'는 표현을 '간곡히 말씀드렸다'는 뜻으로 오해합니다. 그런데 그 '간했다'의 원어는 '에피티마오'(epitimao)로서 '꾸짖었다'는 말입니다. 방금 "당신은 하나님의 아들"이라고 고백한 베드로가 예수님의 옷을 붙잡고 예수님을 꾸짖은 것입니다.

"예수님이 죽는다니 대체 그게 무슨 말도 안 되는 소리입니까?"

이는 무엇을 의미합니까? 베드로 역시 예수님의 허상을 붙잡고 있었던 것입니다. 그가 생각하고 있는 메시아란 인간에 의해 죽는 그런 허약한 메시아가 아니었던 것입니다. 그 때 예수님께서 말씀하십니다.

"사단아 물러가라!"

자기를 부인할 줄 모르면 그 사람이 사탄이 됩니다. 왜 그렇습니까? 그는 하나님의 허상을 만드는 자요, 바꾸어 말하면 하나님의 실상을 파괴하는 자이기 때문입니다. 그래서 예수 그리스도께서는 베드로에게 말씀하십니다.

"네가 정말 나를 좇아오고 싶으냐? 그러면 자기를 부인하고 나를 좇아오너라."

사도 바울 선생은 고린도전서 15장 31절을 통해서 이렇게 고백했습니다.

"형제들아 내가 그리스도 예수 우리 주 안에서 가진 바 너희에게 대한 나의 자랑을 두고 단언하노니 나는 날마다 죽노라."

날마다 죽는 것이 어떻게 자랑일 수 있습니까? 날마다 죽음으로 영이신 하나님과 대화가 더 깊어졌기 때문입니다.

종교학적으로 고등종교와 하등종교를 분류하는 방법이 있습니다. 그 종교에 자기부인이 있으면 일단 고등종교로 분류됩니다. 그러나 자기부인이 없으면 하등종교, 즉 미신이 되는 것입니다. 우리는 날마다 자기를 부인해 감으로써 이 세상 그 누구도 흉내낼 수 없는 진리의 모습으로 우리 자신을 세워가게 됩니다.

만유보다 크시다

여섯번째로 요한복음 10장 28절부터 29절 말씀을 보겠습니다.

"내가 저희에게 영생을 주노니 영원히 멸망치 아니할 터이요 또 저희를 내 손에서 빼앗을 자가 없느니라 저희를 주신 내 아버지는 만유보다 크시매 아무도 아버지 손에서 빼앗을 수 없느니라."

우리 하나님 아버지는 만유보다 크신 분이십니다. 이 사실을 믿으십니까?

왜 많은 사람들이 걱정과 근심에서 헤어나지를 못합니까? 왜 많은 사람들이 가장 결정적인 순간에 하나님의 말씀을 떠납니까? 하나님이 만유보다 크신 분이심을 믿지 못하기 때문입니다. 하나님은 우주보다 크신 분이십니다. 사람들이 결정적인 순간에 돈을 더 믿는 것은 하나님보다 돈이 더 크게 보이기 때문입니다.

그것은 옳지 않습니다. 하나님은 만유보다 더 크신 분이십니다. 신앙이란 그분이 가장 크신 분이심을 내 삶으로 고백하는 것입니다. 하나님께서 만유보다 크신 분이심을 확신할 때에 우리는 신앙의 모험의 여정에 나설 수 있는 것입니다.

강원도 태백의 산골짜기에서 30년이 넘도록 예수원을 지켜 오신 대천덕(R. A. Torrey Ⅲ) 신부님이 〈대천덕 자서전〉이라는 책을 쓰시고, 그의 부인이신 현재인(Jane Grey Torrey) 여사가 〈예수원 이야기〉라는 책을 동시에 펴내셨습니다. 그 책 속에서 두 분은 신앙을 모험이라고 정의하고 있습니다.

그렇습니다. 신앙은 모험입니다. 자기 중심적인 삶을 버리고 주님 중심적인 삶으로 옮겨 간다는 의미에서 신앙은 모험입니다. 세계가 바뀐다는 의미에서 신앙은 모험입니다. 욕망의 세계에서 빛의 세계, 진리의 세계로 발을 들여 놓는다는 의미에서 신앙은 모험입니다.

세상의 모험은 그 결과가 불확실하며 그 동기가 욕망에 있습니다. 따라서 세상의 모험은 투기와 동일시됩니다. 그러나 신앙의 모험은 진리 안에서 그 길이 너무나도 뚜렷하며 그 결과를 하나님께서 책임져 주시기에 투기일 수가 없습니다.

'출애굽'을 '엑소더스'(Exodus)라고 말합니다. 그것은 그리스어 '엑소도스'(exodos)를 영어로 음역한 것으로 본래말은 '엑스-호도스'(ex-hodos)입니다. 여기서 '엑스'(ex)는 '밖으로'라는 말이고, '호도스'(hodos)는 '길'이라는 말입니다. 출애굽은 애굽의 길에서 가나안을 향한 길로 길을 바꾸는 것입니다. 그것은 바로 모험입니다.

　'엑스-호도스'는 누가복음 9장 31절에 또 한 번 쓰입니다. 예수 그리스도께서 변화산에 올라가셨을 때 하늘에서 모세와 엘리야가 내려옵니다. 그리고 장차 예수께서 예루살렘에서 별세하실 것에 대해 말씀을 나누었다고 기록되어 있습니다. 그 '별세'가 원문에 '엑스-호도스'라고 기록되어 있습니다. 세상의 길에서 영원한 십자가의 길로 길을 바꾸는 것입니다. 그것은 모험입니다. 바로 그 모험을 통하여 세계의 역사를 변화시키는 하나님의 구원 역사가 이루어진 것입니다.

　신앙은 모험입니다. 중요한 것은, 누군가가 하나님을 위한 영적 모험의 여정에 나서기 위해서 자기 삶을 던질 때, 그가 두 발 딛고 있는 지점이 아무리 작고 또 그가 아무리 보잘것없는 사람이라 할지라도, 하나님은 그를 통해 이 세계를 반드시 변화시키신다는 사실입니다.

　우리는 사도 바울이 세계를 변화시킨 위대한 사도라고 말하기를 주저하지 않습니다. 그러나 지금으로부터 2,000년 전 사도 바울이 걸어서 돌아다녔던 곳을 실제로 따져 보면 지극히 작은 일부분에 지나지 않습니다. 바울이 예루살렘에서 로마로 갔던 거리는, 오늘날 우리가 비행기를 타고 유럽에 가는 거리에 비하면 형편없이 짧습니다. 그가 돌아다녔다고 하는 지역은 지중해 연안이 고작입니다. 그는 그 당시에 극동이 있다는 사실도 몰랐습니다. 한국도 몰랐습니다. 일본도 몰랐습니다. 그의 발걸음이 닿았던 곳은 지구 전체 표면적으로 따지면 몇백 분의 일에 불과합니다.

그런데 어떻습니까? 그 바울에 의해 유럽의 역사가 바뀌었습니다. 그 바울이 쓴 하나님의 말씀에 의해 극동에 사는 우리의 인생이 바뀌었습니다. 왜 그렇습니까? 그가 믿었고, 위하여 자신의 삶을 모험으로 던졌던 하나님이 만유보다 크시기 때문입니다.

어떤 의미에서 장로교 교인들은 모두 깔뱅의 후예라고 말할 수 있습니다. 그러나 지금부터 463년 전 깔뱅이 개혁운동을 시작했을 당시의 제네바는 형편없는 도시였습니다. 지금은 스위스가 세계 고도정밀공업국으로, 세계 금융의 중심지로, 빼어난 관광국으로 명실공히 세계 최고의 국민 소득을 자랑하는 선진국에 듭니다. 그러나 스위스가 유럽 대륙에서 독립국가로 인정을 받게 된 것은 깔뱅이 죽은 지 84년이 지난 뒤의 일입니다.

깔뱅이 종교개혁을 일으킬 당시에 제네바 시민은 몇천 명에 불과했습니다. 그리고 깔뱅의 프로테스탄트 운동이 유럽에 알려지면서 가톨릭으로부터 박해받던 개신교 교도들이 몰려들어 제네바의 인구가 급증했을 때도 만여 명을 조금 웃돌았을 뿐입니다. 그 정도의 숫자라면 현재 서울시내 대형교회 한 곳의 교인수보다도 못합니다.

깔뱅은 절대로 세계를 위하여 뛰지 않았습니다. 그는 단지 제네바라고 하는 조그만 마을에서 하나님을 향한 모험에 자신을 던졌을 뿐입니다. 그러나 제네바에서 시작된 장로교회가 오늘날 전세계에 없는 곳이 없습니다. 그의 생애를 던졌던 하나님이 만유보다 크시기 때문입니다.

지금으로부터 35년 전, 미국 프린스턴 대학과 하버드 대학을 졸업한 대천덕 신부님이 성미가엘신학원(성공회대학교 전신) 원장으로 이 땅에 왔다가 그 모든 것을 박차고, 아무것도 없는 강원도 태백의 산골짜기로 들어간 것은 엄청난 모험이었습니다. 그런데 지금은 어떻습니까? 오늘날 대한민국 땅 12만 평방킬로미터 내에서 젊은이들이 1년에 1만 명 이상 가장 확실하게 변화되는 곳은 예수원밖에 없습니다.

그뿐이 아닙니다. 세계에서 뜻있는 그리스도인들이 그 오지를 찾아가서 하나님의 말씀에 의해 새롭게 무장하고 나옵니다. 대천덕 신부님은 세계를 누비고 다닌 적이 없습니다. 몇십 년 동안 태백을 지켰을 뿐입니다. 그러나 태백의 예수원은 이제 세계의 예수원이 되었습니다. 그가 믿는 하나님이 만유보다 크시기 때문입니다.

이 어두운 세상에서 빛의 자녀가 되는 모험을 회피하지 마십시오. 부정직한 이 세상에서 정직을 선택하는 모험을 두려워하지 마십시오. 사술이 판을 치는 이 세상에서 진리를 선택하는 모험을 앞장서서 시도하십시오. 하나님은 만유보다 크십니다.

내가 아무리 보잘것없어도, 내가 하는 일이 아무리 작은 일이라 할지라도, 설령 내가 강원도 오지에 들어가 있다 할지라도, 주님을 위한 모험에 뛰어든다면 주님께서는 나의 삶을 통해 세계의 역사를 변화시키실 것입니다.

그는 진리이다

일곱번째로 요한복음 17장 17절 말씀입니다.

"저희를 진리로 거룩하게 하옵소서 아버지의 말씀은 진리니이다."

예수님께서 가르쳐 주시는 것은, 하나님 아버지의 말씀은 진리라는 사실입니다. 하나님은 진리이십니다. 진리의 원천은 하나님이십니다. 그러므로 하나님을 믿는 우리 그리스도인들은 하나님이 진리이시기에 그 하나님 앞에서 자발적인 고독의 길을 택할 수 있는 것입니다.

오순절 날 성령 받은 사도들이 베드로를 선두로 해서 예루살렘 성민들에게 하나님의 말씀을 전했습니다. 그 말씀을 듣고 양심에 찔림을 받았던 사람들이 묻습니다.

"형제들이여, 우리가 어찌할꼬?"

그 때 베드로가 예루살렘 성민들을 향해서 그 유명한 해답을 던져줍니다.

"회개하고 각각 세례를 받아 죄사함을 얻으라."

회개하고 세례를 받으라는 것입니다. 회개한다는 것은 가던 길을 돌아서는 것을 의미합니다. 손에 들고 있던 것을 놓는 것을 의미합니다. 길을 바꾸는 것을 의미합니다. 회개는 결코 입으로 하는 것을 의미하지 않습니다. 자복(自服, confess)은 입으로 하는 것입니다. 회개(repent)는 입으로 시작될 수 있으나 그 마지막은 행동으로 끝나는 것입니다.

그러나 가던 길을 멈추고 돌아섰다고 해서 다음 방향이 없을 수는 없습니다. 그래서 베드로는 '세례를 받으라'고 말합니다. 성경에서 말하는 세례의 의미는 단순히 물을 머리 위에 뿌리거나 물 속에 침례하는 그 형식을 의미하지 않습니다. 사도 바울은 로마서 6장을 통해서 세례는 '그리스도와의 연합'이라고 가르쳐 주고 있습니다. 나의 옛사람은 그리스도와 함께 십자가 위에서 죽어 버리고 새 생명의 사람으로 그리스도와 함께 다시 태어나는 것입니다. 더욱이 갈라디아서 3장 27절은 "누구든지 그리스도와 합하여 세례를 받은 자는 그리스도로 옷 입었느니라"고 일깨워 주고 있습니다. 주님을 옷 입고 다닌다는 것입니다. 말하자면 주님 안에 거하는 것입니다. 이처럼 세례는 주님과의 연합입니다.

우리가 어떻게 살아야 할 것인지에 관해 베드로는 "회개하라. 그리고 그리스도와 연합하라"고 대답했습니다. 여기서 중요한 것은, 베드로가 이 말을 할 때 문법적으로 다르게 이야기했다는 점입니다. 회개하라고 명령할 때는 2인칭 복수 명령형으로 이야기했습니다. 즉 "너희 모두 회개하라"는 말입니다. 그러나 세례를 얻으라고 할 때에는 2인칭 복수로 하지 않고 3인칭 단수 명령형으로 말했습니다. 이것은 우리말에는 없는 문법입니다만, 굳이 번역한다면 이런 뜻이 됩니다. '너희들 각 개인은 자기 자신으로 하여금 그리스도와 연합하게 하라.'

이것은 우리에게 대단히 중요한 사실을 일깨워 줍니다. 신앙의 동기는 집단적일 수 있습니다. 친구들이나 친척들을 따라서 교회의 문턱을 넘어올 수도 있고 주님을 영접할 수도 있습니다. 또 군중심리에 의해서 "아멘"하고 화답할 수 있습니다. 그러나 주님과의 연합은 지극히 개인적인 과정을 거쳐야 합니다. 왜 그런지 아십니까? 하나님은 진리이시기 때문입니다. 진리는 절대 집단적으로 얻어지지 않습니다. 진리 앞에 나의 마음을 가다듬고 무릎꿇고 홀로 깨어 있을 때, 비로소 진리는 내 속에 들어와서 좌정하는 것입니다.

사도행전 2장을 보면, 이 날 설교를 듣고 삼천 명이 세례를 받았다는 기록이 나옵니다. 사도행전 4장을 보면, 무려 하루에 오천 명이 주님을 믿는 무리에 합류했다고 기록되어 있습니다. 그런데 그들은 다 어디로 갔습니까? 그 이후에 그들의 모습은 사도행전에서 사라져 버리고 맙니다. 박해가 일어났을 때 그 거대한 무리는 흔적조차 없이 사라졌습니다. 오병이어의 역사가 일어났을 때, 그 떡을 먹던 오천 명은 다 어디로 갔습니까?

집단적인 분위기에 휩싸일 수는 있습니다. 그러나 그들이 주님의 말씀 앞에서 홀로 깨어 있는 고독한 과정을 거치지 아니할 때, 그 군중심리에서 깨어나자 옛 상태로 환원되고 말았던 것입니다.

우리는 집회에서 모두 은혜를 체험할 수 있습니다. 전에 경험하지 못한 것을 경험하고 깨달을 수 있습니다. 그러나 그것으로 끝나 버린다면, 진리 되신 하나님 앞에서 홀로 깨어 있는 고독의 시간을 갖지 않는다면, 어떤 집회이든 단지 한 번 지나가는 연중행사로 끝나 버리고 말 것입니다.

고독(solitude)은 결코 고립(loneliness)이 아닙니다. 고립이라고 하는 것은, 내가 다른 사람들과 벗하고 싶지만 나의 허물로 인해서 사람들로부터 소외당하는 데서부터 오는 외로움입니다. 그러나 고독이라고 하는 것은 수없이 많은 사람들이 나를 필요로 하지만, 사람들보다는 하나님 앞에 나를 드리기 위해 자신을 스스로 격리

시키는 것을 의미합니다.

인간은 다 고독한 존재입니다. 우리는 누구나 홀로 태어납니다. 그러므로 존재적인 고독이 있습니다. 그 고독을 즐기기만 하는 사람은 염세주의자가 됩니다. 그러나 그 고독을 하나님을 채우는 그릇으로 사용할 때, 그리하여 하나님과 절대적인 관계가 맺어질 때, 그 그릇으로 인해 우리는 옆에 있는 사람들과 더불어 횡적인 삶을 바르게 살아갈 수 있는 것입니다. 십자가의 삶은, 하나님과의 절대적인 종적 관계와, 사람과의 횡적인 관계를 통해서 씨줄과 날줄로 조직되는 것입니다.

주님께서 겟세마네 동산에서 제자들에게 기도해 달라고 부탁하셨건만, 그들은 잠을 잡니다. 주님만 홀로 깨어 계십니다. 고독할 수밖에 없는 순간입니다. 그 때 주님께서는 그 고독을 피하지 아니하셨습니다. 그 고독 속에서 하나님께 고독하게 부르짖었습니다.

"아버지여 할 만하시거든 이 잔을 내게서 지나가게 하옵소서. 그러나 나의 원대로 마옵시고 아버지의 원대로 하옵소서"

그 고독 속에서 그분은 십자가를 지셨고, 그 고독으로 인해 그분은 횡적으로 만인의 그리스도가 되신 것입니다.

죽음의 순간에 받아 주신다

여덟번째로 누가복음 23장 46절 말씀을 보겠습니다.

"예수께서 큰 소리로 불러 가라사대 아버지여 내 영혼을 아버지 손에 부탁하나이다 하고 이 말씀을 하신 후 운명하시다."

하나님 아버지가 어떤 분이신지 예수 그리스도께서 마지막으로 일깨워 주시는 바는, 그분이 이 땅 위에서 우리의 사명과 삶이 끝나는 순간에 우리 영혼을 받아 주시는 분이라는 사실입니다.

사람들은 죽음의 순간에 모든 것은 끝난다고 생각합니다. 그래서 죽음을 두려워합니다. 그러나 예수 그리스도께서는 죽음의 순간이야말로 하나님 아버지께서 당신의 영원하신 손으로 우리의 영혼을 받아 주시고 책임져 주시는 순간임을 일깨워 주고 계십니다. 이것을 믿을 때 우리는 우리의 죽음을 이 세상에 남길 만한 가장 아름다운 메시지로 남기고 떠날 수 있는 것입니다.

〈죽음, 가장 큰 선물〉을 쓴 헨리 나웬은 그 책 속에서 공중 곡예사에 관한 이야기를 하고 있습니다. 서커스단의 백미는 뭐니뭐니 해도 공중곡예입니다. 대개 한 사람이 공중사다리에 거꾸로 매달려 있고 또 한 사람이 이 사다리 저 사다리를 날아다닙니다. 그리고 그 때마다 거꾸로 매달린 사람이 공중 나는 사람을 잡아 줍니다. 우리가 보면 그 날아다니는 사람이 모든 것을 다하는 것 같습니다. 그런데 실상은 그렇지 않다는 것입니다. 그 사람이 하는 역할은 그네에 매달려 있는 상대방이 자신을 받아 줄 줄로 믿고 날아가는 일밖에 없다는 것입니다. 만약 날아가는 사람 자신이 잡아 주는 사람의 손을 붙잡으려고 하면 서로 손목이 부러지든지 아니면 어긋나게 된다는 것입니다. 그러므로 그저 상대가 나를 잡아 줄 줄로 믿고 날아가야 합니다.

나웬은 우리의 죽음이 그와 같다고 말합니다. 이 세상을 다 산 뒤에 "아버지, 제가 갑니다" 하고 두 손 들고 나아갈 때, 주께서 우리를 그 영원한 손으로 잡아 주신다는 것입니다. 그래서 우리는 이 세상에서 소신껏 살다가, 주님 부르시는 날 살아 있는 가족들과 웃으며 작별하고 떠날 수 있는 것입니다.

시편 23편 4절을 통해서 다윗은 이렇게 고백합니다.

"내가 사망의 음침한 골짜기를 다닐지라도 해를 두려워하지 않을 것은 주께서 나와 함께하심이라."

그 자체로 매우 은혜로운 번역입니다. 그러나 히브리어 원문은 더 은혜롭게 기록되어 있습니다.

"내가 지금 걸어가는 내 길 앞에 사망의 음침한 골짜기가 펼쳐져 있다 할지라도, 나는 걸어가리라. 참으로 내가 걸어가리라. 왜? 하나님이 나와 함께하시기 때문에."

내가 이 세상에서 소신껏 살다가 사망의 음침한 골짜기를 통과한다 할지라도 주께서 당신의 영원한 손으로 잡아 주실 줄 믿는 고로, 이 세상에서 그리스도인답게 살아가겠다는 고백인 것입니다.

미국 '타임'(Time)지를 창간한 헨리 루스의 부인인 클레어 부츠 루스 여사가 이런 말을 했습니다.

"모든 인간은 죽은 날로 기억된다."

살아 있는 사람들은 생일로 축하를 받습니다. 그러나 우리가 이 세상을 떠난 뒤에는 더 이상 생일이 무의미해집니다. 사람들은 우리를 죽은 날로 기억하며 우리의 죽은 모습으로 영원히 우리를 기억합니다. 박정희 대통령의 생일을 기억하는 사람은 없습니다. 그러나 그분이 돌아가셨던 10월 26일을 우리는 기억합니다.

저희 아버님은 대통령의 권력을 갖지 못했던 분이십니다. 지극히 평범한 시민이셨습니다. 그러나 아버님은 하나님께 기도하시다가 돌아가셨습니다. 충복의 총에 맞아 돌아가신 대통령의 죽음과, 하나님을 향해 기도하다가 돌아가신 아버님의 죽음이 동일할 수는 없습니다.

죽음보다 더 큰 메시지는 없습니다. 하나님은 우리를 잡아 주시는 분이십니다. 멋지게 진리 안에서 사십시다. 그리하여 사랑하는 내 자식들을 향해서, 불신자들을 향해서, 우리가 이 세상을 떠나는 그 순간이야말로 이 세상에 남길 수 있는 가장 위대한 메시지가 되게 하십시다. 주님께서는 영원한 생명으로 우리를 영원토록 품어 주시는 분입니다.

하나님, 우리의 아버지

주님께서 말씀하신 이 여덟 가지를 종합하면 주님께서 우리에게 강조하시는 것은, 하나님은 신전에 앉아 있는 신상이나 인간을 두렵게만 만드는 가공스러운 존재가 아니라 우리의 아버지시라는 사실입니다. 주님께서는 마가복음 14장 36절에서 하나님은 '아빠'가 되신다고 가르쳐 주십니다.

이스라엘을 여행할 때의 일입니다. 어린애가 뒤에서 "아빠"하고 부르는 소리가 들렸습니다. 순간적으로 제 아이가 뒤에 있는 것으로 착각하고 돌아보았더니 유대인 아이입니다. 그런데 그 발음이 우리와 똑같이 '아빠'였습니다.

예수님께서는 하나님을 향해 그처럼 "아빠"라고 부르셨습니다.

아니 우리로 하여금 하나님의 아빠 되심을 그와 같이 일깨워 주셨습니다. 그러나 이사야서 1장 2절에서 3절을 통하여 하나님께서 무엇이라 말씀하고 계십니까?

"하늘이여 들으라 땅이여 귀를 기울이라 여호와께서 말씀하시기를 내가 자식을 양육하였거늘 그들이 나를 거역하였도다 소는 그 임자를 알고 나귀는 주인의 구유를 알건마는 이스라엘은 알지 못하고 나의 백성은 깨닫지 못하는 도다."

하나님께서 우리를 당신의 자식으로 양육해 주셨답니다. 그럼에도 불구하고 우리가 하나님을 거역했답니다. 소는 그 임자를 알고 나귀 역시 주인의 구유를 알건만 우리는 하나님을 알지도 깨달으려고도 하지 않는답니다.

신학교 졸업반 때에 제주도로 졸업여행을 갔습니다. 그 때 세 살이던 제 큰아이 승훈이를 함께 데리고 갔습니다. 마지막 날엔 한라산을 등반하기로 예정되어 있었습니다. 저는 어린아이를 동반하는 관계로 서울에서 출발할 때부터 한라산 등반은 하지 않기로 했었기에, 등산화는 준비할 필요도 없이 그냥 가죽구두를 신고 출발하였습니다.

마지막 날 숙소를 출발한 버스가 한라산 1,500미터 고지에 도착한 것은 아침 8시 30분이었습니다. 그런데 제 생각과는 달리 버스는 시내로 되돌아가지 않고 일행이 전원 하산할 때까지 대기했다가 거기에서 곧장 공항으로 간다고 했습니다. 시내에서 승훈이와 함께 시간을 보내다가 저녁에 일행과 합류하려 했던 제 계획이 무산된 것이었습니다. 그렇다고 버스에서 할 일 없이 저녁까지 기다릴 수만은 없는 노릇이었습니다.

저는 그저 심심풀이 삼아 아이의 손목을 잡고 산길을 오르기 시작했습니다. 웬만큼 오르다가 그냥 내려올 심산이었던 것입니다. 그런데 얼마 오르지 않아 벌써 산행을 기권하고 내려오는 사람들과 마주쳤습니다. 그런데 그들은 한결 같이 쑥스러운 표정을 짓고 있는 것이었습니다. '나도 중도에서 내려가면 저런 표정일 수밖에 없겠구나' 하는 생각이 듦과 동시에 한라산 정상까지 오르리라 결심하였습니다. 그러나 이제 세 살 된 승훈이가 제대로 걸을 리가 없었습니다. 저는 승훈이를 등에 업고 산을 오르기 시작했습니다. 그 자세가 힘이 들어 아예 아이를 목 위에 목말을 태우고 산길을 올랐습니다.

구두를 신은 채 아이를 목말 태워 산을 오른다는 것은 여간 힘든 일이 아니었습니다. 점심식사 후에 한 전도사님이 도시락을 처분하고 나서 빈 배낭을 빌려 주었습니다. 저는 아이를 배낭 속에 넣은 채 그 배낭을 메고 산행을 계속했습니다. 아이는 배낭 속에서 천하태평으로 잠을 잤습니다. 그렇게 백록담에 올랐다가 내려오니 오후 5시 30분이었습니다. 백록담에서 휴식을 취한 30분을 제외하면, 무려 8시간 30분이나 아이를 메고 등반을 했던 것입니다.

제 모습이 딱해 보였던지 전도사님 한 분이 배낭을 대신 메어 주겠다고 자청했지만, 저보다 체격이 더 좋았던 그분은 10분 이상을 버티지 못했습니다. 이유는 간단했습니다. 그분은 승훈이의 친아버지가 아니었기 때문입니다. 결코 강한 체력의 소유자가 아닌 제가, 그것도 가죽구두로 인해 발가락의 껍질이 벗겨지면서까지, 근

8시간 30분에 걸쳐 아이를 메고 한라산을 걸어 올랐다 내려올 수 있었던 것은, 승훈이가 제 자식인 까닭이었습니다. 그런데 이렇게 아이를 키웠음에도 불구하고 이 다음에 제 아이가 저를 아버지로 취급하지 않는다면 제 심정이 어떻겠습니까?

지난 98년 9월 22일 저는 가족과 헤어져 홀로 스위스로 떠났습니다. 그리고 그 해 겨울방학 때 아내와 아이들이 제네바로 와서 저와 한 달을 함께 지내다가 돌아갔습니다. 아이들이 도착하기 전에 그들을 맞이하기 위해 제가 얼마나 많은 것들을 준비했겠습니까? 얼마나 쓸고 닦고 했겠습니까? 그런데 헤어질 날이 가까워오자 아이들이 짐을 하나 둘씩 정리하기 시작했습니다. 네 아이들이 옷을 놓아 두었던 서가의 선반이 비어갈 때마다 제 마음속에 그만한 크기의 구멍이 뻥 하고 뚫리는 것이었습니다.

마침내 아이들이 제네바를 떠났습니다. 공항에서 집으로 홀로 돌아와 문을 열었습니다. 온 집이 텅 비어 있습니다. 방도, 서가도, 옷장도, 모든 것이 비어 있습니다. 그것은 바로 제 마음이었습니다. 그리고 온통 비어 버린 제 마음속에 찬바람은 또 얼마나 일었는지 모릅니다.

저는 베란다에 나가 아이들이 탄 비행기가 지나간 하늘을 얼마나 오랫동안, 그리고 몇 번이나 쳐다보았는지 모릅니다. 그 순간 일본의 소설가 미우라 아야꼬 여사가 풀이한 '어버이 親(친)'의 의미가 구구절절이 제 마음속에 사무쳤습니다.

'부모란 떠나가는 자식의 등뒤를 바라보다가 보이지 않으면 동산 위에 올라가서 보고, 그래도 보이지 않으면 나무(木) 위에 올라

서서(立) 바라본다(見).'

아이들을 떠나보낸 저의 심정은 한 마디로 '親'이었습니다. 제가 이런 심정으로 자식을 키웠음에도 불구하고 제 자식이 장성했다고 해서 아버지인 저를 아버지로 알아보려 하지 않는다면 도대체 제 심정이 어떻겠습니까? "하늘이여 들어라. 땅이여 귀를 기울이라. 세상에 이런 일이 있을 수 있느냐!" 하고 가슴을 치면서 통탄하지 않겠습니까? 그런데 하나님께서는 바로 우리가 그런 자들이라 탄식하고 계십니다.

하나님 아버지의 탄식 소리가 들리십니까? 당신의 자식으로 키웠건만 자식들은 당신이 아비인 줄을 알지 못합니다. 소도 주인을 알고 나귀도 주인의 구유를 아는데 하나님의 자식은 그 아버지를 알지 못한다는 하나님의 통탄의 소리가 오늘 우리의 귓전을 울리고 있습니다.

우리를 죽음에서 건져 주시기 위해서 하나님은 당신의 아들을 제물로 바치셨습니다. 그리고 "너는 나의 자녀"라고 인쳐 주셨습니다. 그런데도 우리는 그분을 아버지라고 생각지 아니하고 그분에게 등을 돌리며 살았습니다.

하나님 아버지의 영이 지금 우리와 함께하고 계십니다. 우리 모두 그분을 아버지로 모셔들이십시다. 오늘 이 시간부터 하나님의 자녀로서 그분과 새로운 관계를 맺어 가면서 살아가십시다. 더 이상 하나님의 탄식소리가 우리의 귓전을 때리지 않게 하십시다. 자식인 나로 인하여 하나님께서 기뻐하실 때, 우리 한 사람 한 사람의 인생은 전혀 새롭게 펼쳐질 것을 믿습니다.

구하기 전에 내게 있어야 될 것을 미리 아시는 하나님 아버지,

내가 구하는 것보다 더 좋은 것을 주시는 아버지 하나님,

당신의 나라를 송두리째 주기를 원하시는 나의 아버지,

내가 잠자는 동안에라도 나를 위하여

지금도 일하고 계시는 내 아버지,

나 자신을 부인하는 것을 기뻐하시는 우리 아버지,

만유보다 더 크신 하나님 아버지,

진리의 원천 되시는 나의 아버지,

나의 호흡이 끝나는 순간

영원한 생명으로 나를 붙잡아 주실 나의 아버지,

언제나 나의 '아빠' 되어 주시는 내 아버지,

오늘 이 좋으신 아버지를 다시 깨닫게 해 주시고

아버지의 자식으로서의 삶을 새롭게

시작하게 하여 주심을 감사드립니다.

다시는 나로 인하여

아버지의 탄식소리가 울려 퍼지지 아니하도록

아버지의 자녀답게 바른 삶을 살아갈 수 있도록

날마다 아버지와 동행하는

아버지의 자녀들이 되게 하여 주옵소서.

아버지를 믿지 못해 아버지 곁에서 마치 고아처럼 살아가는

어리석은 자는 더더욱 되지 말게 하여 주옵소서.

그리하여 우리 한 사람 한 사람을

아버지의 자녀 삼아 주신 그 귀한 뜻들이

아버지의 자녀 된 우리의 삶을 통하여
이 땅에 아름답게 드러나게 하여 주옵소서.
예수님의 이름으로 간절히 기도드리옵나이다. 아멘

무엇으로 믿을 것인가?

성령 충만의 회복

오순절날이 이미 이르매 저희가 다같이 한 곳에 모였더니 홀연히 하늘로부터 급하고 강한 바람 같은 소리가 있어 저희 앉은 온 집에 가득하며 불의 혀같이 갈라지는 것이 저희에게 보여 각 사람 위에 임하여 있더니 저희가 다 성령의 충만함을 받고 성령이 말하게 하심을 따라 다른 방언으로 말하기를 시작하니라 …

                                                            사도행전 2장 1~21절

니고데모라고 하는 산헤드린 의원이 있었습니다. 그는 사람들의 눈이 무서워서 낮에 예수님을 찾아가지 못하고 밤중에 아무도 몰래 찾아갔습니다. 그러자 예수님께서 자신을 찾아온 니고데모에게 이렇게 말씀하십니다.

"사람이 거듭나지 아니하면 하나님 나라를 볼 수 없다."

우리는 흔히 거듭난다는 말을 쉽게 하지만, 그것은 결코 쉬운 말이 아닙니다. 거듭난다는 것은, 다르게 표현하면 죽었다가 다시 태어나는 것을 의미합니다. 니고데모는 그 말을 이해할 수 없었습니다. 그래서 예수님께 물었습니다.

"어떻게 다 큰 사람이 거듭날 수 있습니까? 도대체 성인이 어떻게 어머니의 자궁 속으로 다시 들어갔다가 나올 수 있다는 말입니까?"

그 말에 예수님이 이렇게 대답하십니다.

"사람이 물과 성령으로 거듭나지 아니하면 하나님 나라로 들어 갈 수 없다. 육은 육이고 성령으로 난 것은 영이니 내가 네게 거듭 나야 된다고 하는 말을 이상하게 여기지 말라."

여기서 물이라고 하는 것은 잘 아시다시피 물 세례를 가리킵니 다. 그런데 이 세례의 뜻은 '연합'입니다. 우리 옛사람은 죽고 부 활하신 예수 그리스도와 연합함으로써 다시 태어나는 것이 세례라 는 의식인 것입니다. 이처럼 우리 눈으로 볼 수 있고 만질 수 있는 물을 뿌리거나 혹은 침례해서 받는 세례는 형식적인 예식입니다.

그러나 의식만으로는 되지 않습니다. 그리스도와의 본질적인 연 합이 있어야 합니다. 그러므로 우리는 물 세례를 받아야 할 뿐 아 니라 성령으로도 거듭나야 합니다. 그래야 하나님 나라를 볼 수 있 다고 말씀하십니다. 여기서 성령으로 거듭난다고 하는 것은 바로 성령 세례로부터 시작해서 성령 충만한 삶을 의미합니다.

성령 충만에 대한 오해

무엇으로 주님을 바르게 믿을 수 있습니까? 오직 성령님의 도우 심과 은총으로만 가능합니다. 성경적인 용어로 말씀드리면, 성령 충만함으로만 가능합니다. 성령님의 도우심 없이는, 성령 충만함 없이는 영(靈)이신 하나님을 바르게 알 수 없으며, 따를 수도, 본받 을 수도 없는 것입니다. 그러므로 성령 충만함 없이 바른 그리스도인이 될 수 있는 길은 전혀 존재할 수가 없습니다.

한국 교회에는 성령 세례와 성령 충만을 혼동하시는 분들이 매우 많습니다. 그래서 집회가 있을 때마다, 혹은 기회가 있을 때마다 성령 세례를 받기 원하시는 분들이 많습니다. 성령 세례와 성령 충만의 관계는 결혼식과 사랑의 관계와 같습니다. 사랑하는 사람과의 결혼식은 한 번 올리는 것입니다. 그러나 결혼했다고 모든 것이 다 끝나는 것은 아닙니다. 오히려 결혼했기 때문에 더욱 사랑해야 합니다. 성령 세례는 한 평생에 한 번 받는 것입니다. 마치 우리가 물 세례를 한 번 받는 것과 동일합니다. 그러나 성령 세례를 받았기 때문에 우리는 한평생 성령 충만한 삶을 살아가야 하는 것입니다. 여기에 대해서는 나중에 더 상세하게 다루겠습니다.

물과 성령으로 거듭나야 될 것을 일깨워 주신 주님께서는 요한복음 3장 8절을 통해서 이렇게 말씀하고 계십니다.

"바람이 임의로 불매 네가 그 소리를 들어도 어디서 오며 어디로 가는지 알지 못하나니 성령으로 난 사람은 다 이러하니라."

무슨 뜻인지 이해하기가 쉽지 않습니다. 그러나 원문의 뜻은 대단히 간단합니다. 바람이 붑니다. 바람은 눈에 보이지 않습니다. 누구도 바람을 본 사람은 없습니다. 그러나 바람이 분다는 사실을 우리는 알고 있습니다. 부는 바람에 나뭇잎이 흔들리거나 먼지가 날기 때문에, 아니면 몸에 와 닿는 감촉으로 우리는 바람이 분다는 것을 알게 되는 것입니다. 그러므로 바람은 보이진 않지만 보이는 것과 마찬가지입니다.

이 구절에 나오는 '바람', '성령', '영'은 그리스어로 모두 '프뉴마'(pnuma)로서 똑같은 단어입니다. 성령의 사람도 바람과 같다는 것입니다. 성령께서 어떻게 우리 안에 임하시는지는 우리 눈에 보이지 않습니다. 그 성령님께서 지금 우리 가운데에 어떤 모습으로 계시는지도 우리 눈으로 볼 수 없습니다. 그러나 바람이 보이지 않지만 바람이 부는 데 따라서 일어나는 현상을 통해서 바람을 볼 수 있듯이, 내가 성령 충만한 사람이라면 내 속에서 역사하시는 성령님으로 인해서 사람들이 그것을 볼 수 있다는 것입니다. 성령 충만은 눈에 보이는 것입니다.

한국 그리스도인들이 성령 충만이라고 할 때 일반적으로 갖고 있는 어떤 인식이 있습니다. 일단 뜨거워야 하고 요란해야 합니다. 시끄러워야 합니다. 박수도 열심히 칠 수 있어야 합니다. 누구보다도 소리 높여 기도할 수 있어야 합니다. 거기에 철야기도까지 할 수 있으면 금상첨화입니다. 그런 모습들이 성령 충만의 한 단면일 수는 있겠지만, 주님께서 우리에게 가르쳐 주시는 성령 충만의 전체 양상은 결코 아닙니다. 안타까운 것은, 어떤 지엽적인 것만을 전체로 잘못 생각하기 때문에 한국의 많은 그리스도인들이 성령 충만에 대해 대단히 편향되어 있거나 그릇된 인식을 갖고 있다는 점입니다.

실상 한국 교회만큼 성령 충만함의 중요성을 자주 이야기하고, 한국 그리스도인들만큼 성령 충만해지기를 원하는 이들도 드뭅니다. 그런데 지난 20-30년 동안 성령 충만을 가장 크고 강하게 외쳤던 한국 교회는 세계에서 유례 없는 분열만을 일삼았습니다. 이것을 볼 때 이제껏 우리가 알고 있었던 성령 충만이 실제로는 그

롯되거나 편향된 것이라는 사실을 스스로 자각할 수 있습니다. 만약 정말 우리가 생각하는 성령 충만이 성경이 말하는 성령 충만이고 한국의 일천만 그리스도인들이 모두 성령 충만한 그리스도인이었다면, 이 땅의 교회가 이처럼 분열과 반목의 상처를 갖게 되지는 않았을 것입니다.

우리는 대체로 사도행전을 통해서 성령에 대해서 배우게 됩니다. 그래서 사도행전을 가리켜서 '성령행전'이라고 부르기도 합니다. 그런데 이 사도행전은 성령께서 역사하신 결과를 보여 주는 책으로서, 성령님이 어떤 분이시며 어떤 사역을 하시는지, 성령 충만함이 어떤 모습이어야 하는지를 본질적으로 가르쳐 주지는 않습니다.

성령 충만함의 본질에 대해서는 예수 그리스도께서 오직 요한복음을 통해서 우리에게 일깨워 주십니다. 사도행전이 '성령행전'이라면 요한복음은 '성령교본'인 것입니다.

우리가 그리스도를 믿는다고 할 때 과연 무엇으로 믿을 것입니까? 오직 성령 충만함으로만 믿을 수 있습니다. 그렇다면 성령 충만함이 구체적으로 어떤 것을 의미하는지, 예수 그리스도께서 가르치신 말씀에 따라서 함께 묵상해 봅시다.

성령 충만: 욕망으로부터 자유함

먼저 요한복음 7장 38절부터 39절을 주목하여 보겠습니다.

"나를 믿는 자는 성경에 이름과 같이 그 배에서 생수의 강이 흘러나리라 하시니 이는 그를 믿는 자의 받을 성령을 가리켜 말씀하신 것이라."

예수님께서 성령님에 대해 제일 먼저 말씀하신 기록입니다. 사람의 배에서 생수의 강이 터질 터인데, 그 생수의 강이란 예수님이 성령을 일컬어 말씀하신 것이라고 기록되어 있습니다. 그렇다면 성령 충만함이란 무엇이겠습니까? 배에서 생수의 강이 터지는 것입니다. 이 말씀의 의미는 구체적으로 무엇입니까?

인간의 배(腹)는 더러운 탐욕의 상징입니다. 그러기에 어떤 사람이 받아서는 안 될 불의한 돈을 받았을 때, 그 사람이 불의한 돈을 "받았다"고 하지 않고 "먹었다"고 합니다. 왜냐하면 이 배는 더러움의 상징, 욕망의 상징이기 때문입니다.

육체적으로도 인간의 배는 만병의 근원입니다. 모든 병이 무절제함으로 인해 배에서부터, 내장과 위장으로부터 비롯되는 경우가 태반입니다. 그러므로 배에서 생수의 강이 흘러나리라는 이 말씀은, 더러운 욕망과 탐욕으로부터 자유할 때만 성령 충만함이 가능하다는 뜻입니다.

성령 충만과 욕망은 절대로 병립(竝立)하지 않습니다. 그러므로 정말 성령 충만한 사람은 욕망으로부터 자유하는 사람입니다. 그러므로 만약 아직 욕망의 굴레에서 벗어나지 못한 사람이 있다면, 그의 기도소리가 아무리 유창하다 할지라도 그는 성령 충만한 사람일 수는 없는 것입니다.

해리슨 포드가 주연한 〈헨리 이야기〉라는 영화를 보신 분이 계실 것입니다. 그 영화는 미국 최상류층에 속해 있던 헨리 터너라는 변호사에 관한 이야기입니다. 그것은 영화 제작자들이 지어 낸 완전 픽션이 아니라 실화를 배경으로 꾸민 이야기로 알려져 있습니다.

헨리 터너 변호사는 미국에서 가장 명성을 날리는 변호사입니다. 그는 적어도 자신에게 수임된 사건은 어떤 수를 써서든지 간에 이기는 법을 알고 있었습니다. 그래서 어려운 문제가 있으면 사람들은 헨리 터너 변호사를 찾았습니다. 당연하게 그에게는 부와 명성이 따랐습니다.

미국을 여행하는 한국 사람들이 미국 사람들의 생활상을 보고 우리보다 못사는 사람들도 있고 우리보다 검소하다고 이야기합니다. 대다수는 그럴 수 있습니다. 그러나 미국 최상류층의 삶은 우리 나라 갑부와는 비교가 되지 않을 정도입니다. 그야말로 최상류의 호화스런 삶을 삽니다.

그 최상류층의 헨리 터너가 밤늦게 집으로 돌아가다가, 주머니에 담배가 떨어졌음을 발견합니다. 거의 니코틴 중독인 그는 기사가 퇴근했기 때문에 자신이 직접 담배가게에 가서 담배를 삽니다. 그런데 바로 그 순간 가게에 권총강도가 들어오고, 담배를 사려고 했던 헨리 터너가 괜히 한마디 끼어들다가 총을 맞습니다. 그는 구사일생으로 목숨은 건지지만 기억상실증에 걸립니다. 과거를 송두리째 망각한 것입니다.

권총을 맞았던 후유증으로부터 회복되기 시작하면서, 그는 옛날 동료들과 예전에 변론했던 자신의 변론 기록들을 찾아가며 기억을 찾아 내려고 안간힘을 씁니다. 자기 자신이 예전에 미국 최고의 명변호사인 사실을 알았기 때문에 옛날로 되돌아가기 위해 노력한 것입니다.

그러나 모든 문서와 기록을 내어놓고 자기가 맡았던 사건들, 자기가 했던 변론들을 읽던 헨리 터너는 옛날로 돌아가기를 포기하고 맙니다. 왜인지 아십니까? 그가 승소했던 모든 사건들과 그가 얻었던 모든 부와 명성이 거짓의 발판 위에 서 있었기 때문입니다. 그는 승소하기 위해서 조작할 수 있는 모든 것을 조작했던 것입니다.

결국 헨리 터너는 그 호화찬란한 상류층 삶을 포기하고 자기가 변론한 사건 때문에 억울하게 패소했던 상대방을 찾아다니면서 사죄합니다.

"내가 그 때 당신 상대방 사건 소송자의 변론을 맡았을 때 거짓 변론을 해서 당신에게 이런 피해를 입혔습니다. 용서해 주십시오."

왜 헨리 터너가 그 상류층 사회의 호사스러움을 포기하고, 거짓을 버리고 진실된 삶으로 그의 여생을 꾸려 가기로 결심했겠습니까? 죽었다가 살아났기 때문입니다. 총을 맞고 죽었다가 다시 살고 보니, 새 생명을 거듭 얻고 보니, 거짓된 삶, 불의와 타협하는 삶을 사는 것이 자기의 생명을 고갈시키는 어리석은 짓임을 깨달았기 때문입니다.

우리의 삶도 그러해야 합니다. 성령으로 거듭났다면, 우리에게 예수 그리스도의 생명이 샘솟게 되었다면 생명의 가치를 인식하는 것으로부터 삶은 새로워지는 것입니다.

녹은 쇠에서 생겨납니다. 그런데 쇠에서부터 나온 녹이 결국은 쇠를 잡아먹습니다. 그래서 녹이 무서운 것입니다. 인간의 욕망도 마찬가지입니다. 인간의 욕망은 인간의 내부로부터 생성됩니다. 그런데 그 더러운 욕망이 인간을 파멸시킵니다.

누가 성령 충만한 사람입니까? 욕망으로부터 자유하는 사람입니다. 예수 그리스도께서는 "아무든지 나를 따라 오려거든 자기를 부인하고 자기 십자가를 지고 나를 따라오라"고 말씀하셨습니다. 자기부인(自己否認, self-denial)은 무엇을 부인하라는 말씀입니까? 자기 욕망을 부인하라는 것입니다. 자기 욕망을 부인하지 못할 때, 밤을 새워 기도한다 한들 그것은 자신을 위한 함성 그 이상이 될 수 없는 것입니다.

욕망으로부터 자유하는 참으로 성령 충만한 그리스도인이 되기 위해서는 한 가지 중요한 전제가 있습니다. 바로 지족(知足)입니다. 즉, 지금 있는 상태에 만족할 줄 아는 것입니다. 믿음도, 성령 충만도 거기서부터 시작합니다.

사도 바울은 빌립보서 4장 11절부터 13절에서 이렇게 고백합니다.

"내가 궁핍하므로 말하는 것이 아니라 어떠한 형편에든지 내가 자족하기를 배웠노니 내가 비천에 처할 줄도 알고 풍부에 처할 줄도 알아 모든 일에 배부르며 배고픔과 풍부와 궁핍에도 일체의 비결을 배웠노라 내게 능력주시는 자 안에서 내가 모든 것을 할 수 있느니라."

얼마나 많은 그리스도인들이 "내게 능력 주시는 자 안에서 내가 모든 것을 할 수 있느니라"는 마지막 한 절만을 사랑합니까? 욕심에 가득찬 사업가가 탈세하고 불법으로 장사하는 사무실에도 이 구절을 걸어 놓는 것이 온당한 일입니까? 바울은 뭐라고 이야기합니까? 있건 없건 풍부하건 궁핍하건 욕망의 노예가 되지 아니하고 자족할 줄 알았을 때, 능력 주시는 자 안에서 모든 것을 할 수 있다고 하지 않았습니까? 요한복음 7장 38절 말씀으로 설명하면, "내 배에서 생수의 강이 터질 때에 내게 능력 주시는 자 안에서 모든 것을 할 수 있었노라"고 고백한 것입니다.

디모데전서 6장 6절부터 8절을 보겠습니다.

"그러나 지족하는 마음이 있으면 경건이 큰 이익이 되느니라 우리가 세상에 아무 것도 가지고 온 것이 없으매 또한 아무것도 가지고 가지 못하리니 우리가 먹을 것과 입을 것이 있은즉 족한 줄로 알 것이니라."

지족할 줄 아는 사람만 경건해질 수 있다고 말씀합니다. 왜 그렇습니까? 지금 내게 주어진 상황에 지족하지 못한다는 것은 결국 내가 욕망의 굴레를 벗어나지 못하고 있다는 의미이기 때문입니다. 지족하지 못하는 상태에서는 성령 충만함이 이루어질 수 없습니다.

왜 성령 충만한 자는 지족할 수밖에 없습니까? 성령 충만한 사람은 하나님의 영이신 성령님께서 지금 자신과 함께하심을 믿는 사람입니다. 천지를 창조하신 성령님, 나의 체질을 나보다도 더 잘 아시는 성령님, 나를 낳아 주신 부모님보다도 내 성정을 더 잘 아시는 성령님께서 나와 함께하심에도 불구하고 지금 주머니에 돈이 없다면, 지금은 돈이 없어야 하는 때이기 때문이라는 사실을 인정하는 사람이 그리스도인입니다. 지금 내가 병들어 있다면, 병들지 않고서는 주님과 더 깊은 교제가 불가능하겠기에 나와 함께하시는 성령님께서 나를 아프게 하셨음을 받아들이는 그가 곧 성령 충만한 사람입니다.

지금 나의 아내, 남편, 자식, 직업, 환경에 지족하십시오. 혹시 경제 여건 때문에 지금 놀고 계십니까? 지족하십시오. 하나님은 멀리 계시지 않습니다. 나와 함께하고 계십니다. 그럼에도 불구하고 그런 일이 일어났다면 그 과정을 통해서 반드시 더 좋은 것을 주시기 위해서입니다. 그래서 지금 상황에 지족할 수 있고, 그 삶이 성령 충만할 수가 있는 것입니다.

성령 충만: 말씀으로 가득 참

두번째로 요한복음 14장 26절에서 예수님은 이렇게 말씀하십니다.

"보혜사 곧 아버지께서 내 이름으로 보내실 성령 그가 너희에게 모든 것을 가르치시고 내가 너희에게 말한 모든 것을 생각나게 하시리라."

성령님께서 하시는 두번째 사역은, 우리에게 주님의 말씀을 기억나게 하시고 생각나도록 도와 주신다는 것입니다. 여기에는 대전제가 있습니다. 말씀이 내 안에 가득 차 있어야 성령님께서 말씀이 기억날 수 있도록 나를 도우실 수 있다는 것입니다. 말씀이 차 있지 아니하면 성령님께서는 우리를 도우실 수가 없습니다.

제네바 대학원에서 박사학위 논문을 쓰고 있는 제네바 한인교회의 한 청년이 예배가 끝난 뒤에 저를 찾아왔습니다.

"목사님, 저는 믿는 집안에서 태어났습니다. 어릴 때 주일학교도 다녔습니다. 그러나 십대를 거치면서 교회와 멀어졌습니다. 스위스에 와서 다시 교회를 다니게 되었지만 하나님이 믿어지지 않습니다. 어떻게 해야 하나님을 믿을 수 있을지 잘 모르겠습니다."

제가 그 청년에게 물었습니다.

"한 번이라도 성경을 읽어 본 적이 있습니까?"

"없습니다."

제가 다시 말했습니다.

"하나님을 믿고 싶다면서 하나님의 말씀을 한 번도 읽어 보지 않고 어떻게 하나님을 믿을 수 있겠습니까? 오늘부터 읽어 보십시오. 성경은 하나님의 영의 말씀입니다. 읽으면 믿음이 생깁니다."

요즘 그 청년이 얼마나 아름답게 믿는지 모릅니다. 그렇습니다. 유창하게 기도하지 못한다 할지라도, 밤을 새워서 철야기도하지 못한다 할지라도, 아름다운 화음으로 찬양을 드리지 못한다 할지라도, 필요할 때마다 적절한 말씀을 생각하며 말씀으로 살아가는 자가 있다면 그가 바로 성령 충만한 사람입니다. 성령 충만한 사람이 되려면 그 속이 항상 하나님의 말씀으로 가득 채워져 있어야 됩니다. 내 속이 말씀으로 채워져 있지 아니할 때 성령님께서 기억나게 해 주실래야 기억나게 할 말씀이 있을 리 만무합니다. 마치 소프트웨어 없는 하드웨어와 마찬가지입니다. 좋은 소프트웨어가 들어 있어야 언제든지 불러 낼 수가 있는 것입니다.

이 사실을 알고 있다면, 우리는 적어도 이 본문과 관련해서 두 가지를 조심해야 됩니다.

첫째로 말씀 없이 기도만 하는 것을 경계해야 됩니다. 어떤 사람은 성경을 읽지 않은 채 기도만 하려고 합니다. 그러나 말씀의 바탕 위에서 이루어지지 않는 모든 기도는 대개 나의 개인적 욕망을 위한 기도, 그 이상도 그 이하도 아닙니다. 말씀과 기도가 병행될 때만 기도를 통하여, 말씀을 힘입어, 거룩한 자로 바뀌어 가는 것입니다.

둘째는 '요절 신앙'의 위험성입니다. 많은 사람들이 성경을 통독하지 않습니다. 평생 자신의 입맛에 맞는 성경구절 몇 가지만 가지고 살려고 합니다.

어느 날 사탄이 졸개를 데리고 산책을 갔더랍니다. 그런데 어떤 사람이 굉장히 기뻐하고 있었습니다. 사탄의 졸개가 가까이 가 봤더니 진리의 한 조각을 발견하고 그렇게 기뻐하는 것이었습니다. 졸개가 놀란 표정으로 황급히 사탄에게 와서 말했습니다.

"대왕님, 지금 저 사람이 진리의 한 조각을 보고 기뻐하는데 제가 저것을 뺏게 해 주십시오. 가만히 내버려 두면 구원을 얻을 것 같습니다."

그 때 사탄이 대수롭지 않은 듯 이렇게 말을 했답니다.

"내버려 두어라. 진리의 조각을 진리의 전부로 아는 것보다 더 분명한 파멸의 길은 없다."

제가 섬기고 있는 제네바 한인교회는 오비브(Eaux-vives) 교회의 예배당을 빌려서 예배를 드립니다. 오비브 교회는 백 년이 넘는 역사를 지니고 있는 교회입니다. 그러나 오늘날 그들의 예배시간에는 이삼십 명밖에 참석하지 않습니다. 그런데 매주 월요일마다 몇 분이 모여서 그 곳 교회 목사님과 프랑스어로 성경공부를 한다길래, 이분들은 어떻게 성경공부를 하는지 볼 겸 프랑스어도 늘릴 겸 참여를 했습니다.

가 보니 노인들 몇 분이 앉아 계셨습니다. 그 날은 마태복음 4장을 읽었습니다. 마태복음 4장은 예수 그리스도께서 사탄의 유혹을 물리치시는 장면입니다. 참석자들은 돌아가면서 느낀 점을 한마디씩 나누었는데, 한 백발 노인의 차례가 되었을 때 그가 이렇게 말했습니다.

"돌로 떡을 만들라고 했을 때, 성전에서 뛰어내리라고 유혹했을 때, 나에게 경배하면 천하만국 권세를 주겠다고 유혹했을 때, 예수님은 말씀으로 그 유혹들을 물리치셨습니다. 여러분도 다 알다시피, 우리에게 불현듯이 유혹이 엄습할 때가 있습니다. 그 때 우리는 잠시 멈추어 서야 합니다. 잠시 멈추어 서서 말씀 앞에 서야 합니다. 말씀은 모든 것이 명료합니다. 명료하지 않은 것은 우리들 자신입니다. 말씀 안에는 빛이 있고 길이 있습니다."

그 노인의 짧은 말 속에서 제가 얼마나 큰 은혜를 받았는지 모릅니다. 정말 항상 불분명한 것은, 항상 명료하지 아니한 것은 우리들 자신입니다. 왜 세상이 이처럼 어렵습니까? 왜 세상이 이처럼 혼란스럽습니까? 우리 자신들이 명료하지 않기 때문입니다. 그 때 우리는 분명한 주님의 말씀 앞에 서야 합니다. 그분의 말씀으로 우리를 채워야 합니다. 도대체 말씀으로 우리를 채우지 아니하고서 어떻게 영이신 그분을 따라 살 수가 있겠습니까? 성령 충만한 삶은 그 속을 말씀으로 채워가는 삶입니다.

각자 마음의 손을 들어 보십시오. 평생에 성경을 한 번이라도 읽어 보셨습니까? 한 번이라도 성경을 읽지 아니하고 하나님을 믿는다면 도대체 무엇을 믿는 것입니까? 나 자신의 생각을 믿는 것이 아닙니까? 정기적으로 하루에 단 몇 절이라도 주님의 말씀을 읽고 삶의 지침으로 삼고 있습니까? 그렇지 않다면 우리는 결국 오늘도 욕망을 좇아서 하루를 탕진한 것입니다. 아무리 소리쳐 기도한다 할지라도 성경에서 말하는 성령 충만한 사람일 수 없습니다.

성령 충만: 삶으로 그리스도를 증거함

세번째로 요한복음 15장 26절을 보겠습니다.

"내가 아버지께로서 너희에게 보낼 보혜사 곧 아버지께로서 나오시는 진리의 성령이 오실 때에 그가 나를 증거하실 것이요."

성령님의 세번째 사역은 예수 그리스도를 증거하는 일입니다. 그러므로 누가 성령 충만한 사람입니까? 그 삶 자체가 예수 그리스도를 증거하는 사람입니다.

이것은 우리의 위치와 관련된 이야기입니다. 주님께서는 성령님이 아버지께로서 나오신다고 합니다. 아버지와 성령님은 함께 계시는 것입니다. 그런데 사도행전은 성령님을 가리켜서 예수의 영이라고 부르고 있습니다(행 16:6, 7). 이처럼 아버지와 아들과 성령님은 삼위일체 되시는 것입니다. 성령님은 아버지 속에도 계셨지만, 성자 하나님이신 예수 그리스도 속에도 계시던 영이시기 때문에 예수 그리스도만을 증거하십니다.

그렇다면 성령 충만한 사람은 어떤 사람입니까? 사도 바울이 그토록 강조했듯이 '예수 그리스도 안에' 있는 사람입니다. 예수 그리스도 안에 있을 때 우리의 일거수 일투족을 통해서 예수님만 드러나게 되는 것입니다.

그렇다면 예수 그리스도 안에 있다는 것이 도대체 무엇을 의미하겠습니까? 지금은 작고하셨습니다만, 맹천수 집사님이 쓴 〈맹집사 이야기〉에는 우리 그리스도인들이 배울 만한 이야기들이 많이 있습니다. 맹집사님은 조그만 시골 교회를 섬기는 분이셨습니다. 하루는 그 교회의 임집사님이라는 분이 갑자기 중풍으로 앓아 눕게 됩니다. 거동을 할 수 없게 된 것입니다. 임집사님과 가장 친했던 맹집사님이 그 집을 드나들면서 교회 소식을 알려 줍니다. 그때마다 임집사님은 자기 소원이 예배당에 가서 예배드리는 것이라고 말합니다. 그 말을 들으며 맹집사님은 마음에 부담을 느끼게 되었습니다. 그래서 어느 날부터 주님께 기도를 합니다.

"하나님, 휠체어 한 대만 내려 주시면 제가 평생 임집사님을 밀고 다니면서 예배드리도록 해드리겠습니다."

맹집사님이 그 기도를 한다는 사실을 알고 목사님이 예산을 세워서 휠체어를 사 주었습니다. 맹집사님도 기뻐했고 임집사님도 기뻐했습니다. 이제 맹집사님은 휠체어를 끌고 임집사님을 모시고 예배당에 나옵니다. 많은 사람들이 맹집사님을 칭찬하고 박수를 쳐 줍니다. 그런데 사람들로부터 칭찬받았을 때에 느꼈던 흥분과 감격의 순간은 잠시이고, 얼마 지나지 않아 큰 짐이 되기 시작했습니다.

휠체어를 민다는 것은 가시밭길을 걸어가는 일과 같습니다. 왜냐하면 모든 휠체어는 아스팔트라든지 시멘트 바닥을 염두에 두고 만들어졌기 때문입니다. 그런데 그 시골은 포장도로가 아니었습니다. 포장되지 않은 울퉁불퉁한 길을 주일 낮예배, 저녁예배, 수요예배 때마다 밀고 다니는 일은 엄청난 고통이었습니다.

어느 날, 비가 폭포수처럼 내렸습니다. 길이 다 패였습니다. 그런데 임집사님이 수요예배를 드리러 가기를 원했기 때문에 그 날도 휠체어를 밀고 갑니다. 그 날 따라 임집사님이 왜 그렇게 무겁습니까? 그래서 마음속으로 임집사님을 살인합니다.

'좀 빨리 죽어 버리지. 왜 죽지도 않고 사람을 이렇게 고생시키나……'

물론 그 날 밤에도 맹집사님은 교인들로부터 칭찬을 받았습니다.

그 다음 주일 아침, 임집사님을 끌고 휠체어를 밀면서 예배당으로 갑니다. 예배당 입구에 있는 구멍가게에서 믿지 않는 동네사람들이 소주를 마시다가 맹집사님을 보면서 칭찬을 합니다.

"저 사람 천사여. 어떻게 자식도 못 하는 일을 저렇게 할 수 있냐 말이여."

그 소리를 듣는데 예배당 앞에 도착해서 안으로 들어갈 수가 없습니다. 그 날도 마음으로 임집사님을 죽였기 때문입니다.

'이런 주제에, 내가 어떻게 저 예배당에 들어가서 예배를 드릴수 있겠는가. 내가 마음으로 살인을 했는데……'

맹집사님은 감히 예배당 안으로 들어가지 못한 채 밖에서 기도를 드립니다.

'주님, 용서해 주십시오.'

그 때 주님께서 맹집사님을 위로하시면서 주시는 깨달음이 있었습니다.

'그렇구나! 내가 예배당에 들어가는 것이 아니구나. 예배당 안으로 들어가는 것이 아니라 예수님 안으로 들어가는 것이구나. 나의 모든 허물에도 불구하고 나를 받아 주시는 예수님 안으로 들어가는 것이구나. 그 안에서, 나를 용서해 주시고 사랑해 주시는 주님의 사랑을 힘입어서 주님을 증거하는 삶을 사는 것이 내 능력이 아니라 주님의 능력이구나.'

그렇습니다. 우리가 그리스도 안에 거한다는 것은 그분의 사랑 안에 거하는 것을 의미합니다. 우리 자신의 의지만으로는 주님을 증거하는 삶을 사는 데 한계가 있습니다. 그러나 내가 주님의 사랑 안에 거하고 내 중심이 그분을 향하고 있을 때, 나의 불완전함과 유한함으로 인하여 행할 수 없는 것을 그분이 날마다 채워 주시고 세워 주심으로 우리는 주님을 증거하는 삶을 살아갈 수 있는 것입니다.

우리가 죄사함을 받고 구속함을 받았다는 이 용어를 영어로 'atonement'라고 합니다. 그런데 자세히 살펴보면 이 단어는 세 단어의 합성입니다. 'at'은 장소를 의미하는 전치사이고 'one'은 하나를 말하며 'ment'는 말 끝에 붙는 접미사인데 상태를 의미합니다. 결국 내가 구속함을 받은 그리스도인이라고 하는 것은 '한 상태에 있음'을 의미하는 것입니다. 예수 그리스도 안에서 예수 그리스도와 한 상태가 되는 것을 의미하는 것입니다.

자식이 무릎을 다치면 다친 것은 분명히 자식인데 부모의 무릎이 아픕니다. 왜 그렇습니까? 자식과 'at-one-ment'가 이루어졌기 때문입니다. 그러므로 예수 그리스도 안에 있으면, 나의 죄로 말미암아 예수 그리스도의 손이 못박힌 것을 생각할 때마다 내 손이 저려 옵니다. 바꾸어 말하면 나의 손이 지은 죄를 대속해 주시기 위해서 주님이 십자가에서 당하신 고통을 생각할 때마다 내 손에 그분의 사랑이 충만해지는 것입니다. 그 사랑으로 우리는 주님을 증거하는 삶을 살아갈 수 있습니다.

누가 성령 충만한 사람입니까? 'In Christ', 주님 안에 있는 사람입니다. 그분의 사랑 안에 있는 사람입니다. 그분의 사랑을 힘입어 살아가는 사람입니다.

영국의 유명한 앵커우먼이 교통사고로 죽었습니다. 런던 시민으로부터 사랑을 받고 요조숙녀로 추앙받던 여자여서 많은 사람들이 충격을 받고 슬퍼했습니다. 그런데 그녀가 죽은 뒤에 숨겨진 사생활이 밝혀졌습니다. 이중생활을 했던 것입니다. 가정이 있는 그녀에게는 정부(情夫)가 있었습니다. 교통사고가 나던 밤도 정부를 만나서 술을 마시고 가다가 봉변을 당해서 함께 죽었던 것입니다. 모든 것이 밝혀진 뒤 '더 타임스'(The Times)가 그 사실을 보도하면서 뽑은 제목이 이러했다고 합니다.

"그 여자는 그 여자가 아니었다."

무슨 뜻입니까? '우리가 텔레비전에서 정숙한 여인으로 보던 여자는, 생활을 열어 보니 우리가 알고 있던 그런 여자가 아니었다'는 뜻입니다.

그리스도인의 참됨은 예배당 안에서는 증명되지 않습니다. 예배당 안에서는 살인자도 거룩한 표정을 지을 수 있습니다. 그리스도인의 참됨의 증거는 예배당 밖에서, 삶의 현장에서만 드러나는 것입니다.

나 자신은 어떻습니까? 교회 안에서 내 모습을 본 사람이 가정에서 내가 가족들을 대하는 모습을 보거나 일터에서 동료나 아랫사람을 대하는 모습을 보고 나서, "그 남자는 그 남자가 아니었다" 혹은 "그 여자는 그 여자가 아니었다"고 말한다면 우리는 결코 성령 충만한 사람일 수가 없습니다. "저 사람은 도대체 교회 안에서는 전혀 별볼일 없는 사람인 것 같았는데 삶의 현장에 가 보니 말씀대로 사는 사람이더라"는 말을 듣는 사람이 성령 충만한 사람임을 성경은 우리에게 일깨워 주고 있습니다.

성령 충만: 책망에 귀 기울임

네번째로 요한복음 16장 7절부터 8절을 보겠습니다.

"그러하나 내가 너희에게 실상을 말하노니 내가 떠나가는 것이 너희에게 유익이라 내가 떠나가지 아니하면 보혜사가 너희에게로 오시지 아니할 것이요 가면 내가 그를 너희에게로 보내리니 그가 와서 죄에 대하여, 의에 대하여, 심판에 대하여 세상을 책망하시리라."

'책망'이라는 단어에 주목하시기 바랍니다. 많은 그리스도인들은 하나님으로부터 위로받기를 원합니다. 성령님을 가리켜서 '파라클레토스'(parakletos) 곧 '보혜사'라고 하는데, 이 명칭은 '위로자'라는 뜻을 가지고 있습니다. 하나님은 분명히 우리를 위로해 주십니다. 그러나 중요한 것은, 하나님은 우리를 위로해 주시되 위로만 하시는 분은 결코 아니라는 사실입니다. 성령님은 끊임없이 우리를 책망하시는 분이기도 합니다.

그렇다면 과연 누가 성령 충만한 사람입니까? 그는 위로의 차원을 뛰어넘어 성령님의 책망에 귀를 기울일 줄 아는 사람입니다. 우리가 지금 나이가 얼마이든, 어떤 형편에서 살고 있든, 현재의 모습으로 살게 되기까지 얼마나 많은 책망이 있었습니까? 부모님으로부터 사랑의 책망을 얼마나 많이 받고 자랐습니까? 학교 선생님들로부터 사랑의 꾸지람을 얼마나 많이 받고 자랐습니까? 만약 그분들의 책망이나 꾸지람이 없었다면 우리는 형편없이 오만한 사람이 되었을지도 모릅니다.

성경에서 '죄'를 가리키는 그리스어 '하마르티아'(hamartia)는 '과녁에서 벗어났다'는 의미입니다. 궁수가 과녁을 향해서 활을 쏩니다. 그 과녁에 꽂힌 화살은 죄가 아닙니다. 그러나 그 과녁을 벗어난 것은 다 죄가 됩니다. 세상 사람들은 과녁과 벗어난 화살만 봅니다. 그래서 그 과녁판 앞에서 사람을 야단치고 책망합니다. 그러나 쏜 화살이 과녁을 벗어났다는 것은 과녁판에 잘못이 있어서가 아닙니다. 조준이 이미 잘못된 탓입니다.

눈에 보이는 과녁판에 대한 책망은 사람이 합니다. 그러나 성령님께서는 눈에 보이지 않는 우리 마음속의 잘못된 조준을 책망하십니다. 따라서 성령의 책망을 받지 아니하면, 성령의 책망으로 우리의 잘못된 생각이 조정되지 아니하면, 우리가 화살을 쏘지 않았기 때문에 아직 과녁판을 벗어나지만 않았을 뿐, 잠재되어 있는 죄성은 기회만 있으면 튀어나오게 마련입니다.

저와 함께 신앙생활을 하던 분 중에 이런 분이 있습니다. 그는 적수공권(赤手空拳), 완전히 맨손으로 서울로 올라왔습니다. 그런데 15년 동안 엄청난 돈을 벌어 장안에서 거부라는 소리를 들었습니다. 그는 자기 나름대로 돈을 버는 분명한 공식을 갖고 있었습니다.

'이 프로젝트를 관할하는 국가 관공서는 어떤 부서고 민간업체는 어디어디이다. 그러면 누구 누구에게 얼마, 누구에게 얼마, 어디에 얼마를 주어야 하고 내 주머니에는 얼마가 남는다.'

그의 계산은 정확하게 맞아들어갔습니다. 그의 사고방식으로는 돈벌기가 어렵다고 하는 사람을 이해할 수가 없었습니다. 그는 그렇게 돈을 벌면서도 한 번도 양심의 가책을 느껴 본 적이 없었습니다. 오히려 어느 누구보다도 하나님께 더 많은 헌금을 바친다는 자기 나름의 자부심을 갖고 살았습니다.

그런데 어느 날부터 성경을 읽을 때마다 하나님의 말씀이 그의 양심을 찔렀습니다. 성령님이 책망하기 시작하신 것입니다. 예전에는 마태복음을 읽을 때 그저 아무런 감흥도 없이 지나치던 말씀, "부자가 천국에 들어가는 것은 낙타가 바늘귀로 들어가는 것보다 더 어렵다"는 그 말씀이 그의 가슴을 쳤습니다.

'하나님보다 물질을 우상으로 삼고 이처럼 불의하게 살고서도 의롭다고 착각한 나야말로, 낙타가 바늘구멍에 들어가는 것보다 천

국에 들어가기가 더 어렵겠구나.'

견딜 수가 없었습니다. 마침내 그는 결심을 했습니다. 하나님의 말씀대로, 하나님께서 주신 선한 양심대로 사업을 하겠다고 굳게 마음먹은 것입니다. 그리고 그 결심 후 1년 동안 정말 불의한 방법을 쓰지 않고 정직하게 사업했습니다.

그 결과가 어떻게 되었는지 아십니까? 회사 매출의 75%가 날아갔습니다. 25%의 매출만 유지하게 된 것입니다. 어느 날 회사 중역이 찾아와서 읍소를 했습니다.

"한국처럼 총체적으로 부패한 이런 나라에서는 어쩔 수 없습니다. 옛날 방식으로 환원하셔야 합니다."

그는 대답했습니다.

"나는 그리스도인으로서 어떠한 경우에도 예전과 같은 도둑의 삶으로 돌아갈 수 없습니다. 하나님의 말씀대로 살기 때문에 없어진 75%를 나는 아쉬워하지 않습니다. 하나님의 말씀대로 살고도 하나님께서 남겨 주신 25%를 감사하면서 살겠습니다."

그는 서울에 올라와서 15년을 살았음에도 아직까지 서울말을 못하고 지독한 사투리를 씁니다. 말도 교양 있게 못합니다. 겉으로는 누가 봐도 흔히 우리가 아는 것 같은 성령 충만함과 거리가 한참 먼 사람입니다. 그러나 책망하시는 성령님이 보시기에는 그 사람이야말로 성령 충만한 사람임을 저는 믿습니다.

책망에 귀 기울이는 그리스도인이 되어야 합니다. 책망 속에서 우리는 정직한 그리스도인이 될 수 있으며, 우리가 정직해야만 이 사회를 살리는 소금이 되고 이 사회를 밝히는 빛이 될 수 있습니다.

물론 하나님의 말씀대로 정직하게 살기 위해서는 대가를 치러야 합니다. 부전승은 없습니다. 그러나 잊지 마십시오. 우리가 정직하게 살기 위해서 이 땅에서 치러야 할 대가를 마다하면 머지않아 삽시간에 더 큰 대가를 치르게 됩니다. 그리고 하나님 앞에서 결코 참다운 그리스도인으로 설 수 없을 것입니다.

불의하게 모으다가 남긴 재산은 자식을 타락시킵니다. 부모가 죽은 시체의 온기가 채 사라지기도 전에 자식들이 부모의 유산을 놓고 송사를 벌이는 일이 재벌 집안에만 있다고 말하지 마십시오. 분명히 우리 주변에도 부모의 재산 때문에 형제간에 불화를 겪고 있는 사람들이 있을 것입니다.

불의하게 하나님을 속이고 물질을 우상으로 섬겨서 모은 재물은 우리 자식에게도 우상이 됩니다. 우리의 자식들, 피붙이들을 남남보다 못한 사이로 만들어 버리고 맙니다. 그들을 정말 사랑한다면, 정직한 삶의 자국을 남겨야 하고 정직한 재물을 남겨야 합니다. 그것은 책망받는 그리스도인이 되는 데서부터 가능한 일입니다.

성령 충만: 진리 가운데 거함

성령님의 다섯번째 사역을 요한복음 16장 13절은 이렇게 밝혀 주고 있습니다.

"그러하나 진리의 성령이 오시면 그가 너희를 모든 진리 가운데로 인도하시리니 그가 자의로 말하지 않고 오직 듣는 것을 말하시며 장래 일을 너희에게 알리시리라."

성령님께서 하시는 다섯번째 사역은 우리를 진리 가운데로 인도하시는 일입니다. 그러므로 누가 성령 충만한 사람입니까? 진리 가운데 있는 사람입니다. 그렇다면 진리 가운데 있는 사람이란 과연 어떤 사람입니까? 주님은 세 가지로 풀어서 말씀해 주셨습니다.

13절을 다시 주목하시기 바랍니다. 먼저 "그가 자의로 말하지 않고"라고 하셨습니다. 진리의 영이신 성령님은 자의로, 곧 함부로 말씀하시지 않는 분이십니다. 진리 가운데에 있다는 것, 성령 충만하다는 것은 함부로 말하지 않는 것입니다.

혹시 소매치기를 당하거나 집 안에 도둑이 들어서 정말 아끼는 물건을 도둑맞아 본 적이 있습니까? 그런 일을 당했다면 굉장히 속상했을 것입니다. 그럼에도 누군가 억대가 넘는 결혼 예물 반지를 도둑맞았다고 속이 상해서 자살했다는 얘기를 저는 들어 본 적이 없습니다. 도둑맞는 일은 대단히 속상하고 가슴아픈 일이지만, 그래도 시간이 지나면 해결됩니다.

그러나 말은 사람을 죽입니다. 사무실이나 학교에서 누군가의 돈 지갑이 없어졌을 때 몇 사람이 수군거립니다.

"쟤가 도둑일 거야."

그 결과, 그 말을 들은 아이나 직원이 자신의 결백을 밝히기 위해 자살하는 경우를 우리는 종종 봅니다. 어느 며느리는 이런 말을 했습니다.

"우리집 시어머니는 얼마나 먹성이 좋은지 하루 세끼 꼬박꼬박 챙겨 먹기 때문에 내가 바빠 죽겠다."

그 말을 들은 시어머니가 그 날로부터 곡기를 끊고 굶어 죽었다는 기사가 보도된 적이 있습니다.

이처럼 말은 사람을 죽입니다. 이것을 아는 자가 성령 충만한 자입니다. 그래서 성령 충만한 자는 말을 함부로 하지 않습니다. 그런데 성령 충만하다고 소문난 교회일수록 말이 많으면서 분란이 끊이지 않는 경우를 봅니다. 그것은 성령 충만일 수가 없습니다.

신앙은 훈련입니다. 그리고 그 훈련은 곧 말의 훈련입니다. 우리가 예수 그리스도를 믿었다고 해서 우리의 말이 하루아침에 변화되는 것은 아닙니다. 우리 속에 있는 어두운 것들의 잔재가 남아 있기 때문입니다.

제 큰아이가 초등학교 1학년이었을 때의 일입니다. 초등학교 1학년 아이에게 어떻게나 숙제가 많은지 보기에 늘 안쓰러웠습니다. 그런데 그 해 가을에 추석연휴가 주일과 겹쳐서 나흘 동안 쉬게 되었는데, 아이의 얼굴이 싱글벙글하는 것입니다. 그래서 왜 그러느냐고 했더니 숙제가 없답니다. 나흘씩이나 숙제가 없으니 얼마나 신나는 일입니까? 그런데 제가 아이한테 뭐라고 한 줄 아십니까?

"야, 너 땡 잡았구나!"

아이가 묻더군요.

"아빠, 그게 무슨 말이에요?"

그 때 저는 목사가 된 지 이미 2년이 지나 있었습니다. 그런데 그 때까지도 예전에 틈만 나면 술 먹고 포커 하고 '섰다' 하고 고스톱 치던 잔재가 남아 있었던 것입니다. 제가 그런 말을 밖에 나가서 써서야 예수 그리스도가 증거되겠습니까?

자의로 말하지 아니하고 진리를 바르게 전파하고 해야 할 말과 하지 말아야 될 말을 가리는 자가 되기 위해서는 어떻게 해야 합니까? 주님은 계속해서 성령님에 대해 "오직 듣는 것을 말하시며"라고 하셨습니다. 성령님께서도 하나님으로부터 듣는 것을 말씀하셨습니다. 그래서 성령님께서는 함부로 말씀하신 적이 없으셨던 것입니다. 성령 충만한 사람은 어떤 사람입니까? 하나님의 음성을 듣는 사람입니다.

예배시간에 똑같은 설교 말씀을 듣는데도 우리 각자에게 주님께서 말씀하시는 바는 다 다릅니다. 그 이유가 무엇이겠습니까? 우리의 삶의 자리가 다 다르기 때문입니다. 같은 말씀이지만 이 말씀을 통해서 주께서 내게 말씀하시고자 하는 바가 무엇인지, 생각하기를 원하시는 것이 무엇인지, 분별하기를 원하시는 것이 무엇인지, 귀 기울여 듣는 자가 되어야 합니다. 한국 개신교, 아니 전 세계 개신교도들에게 가장 결여되어 있는 부분이 이 부분입니다.

'이판사판'(理判事判)이라는 말이 있습니다. 이 말은 본래 불교의 이판승(理判僧)과 사판승(事判僧)을 가리키는 것으로, 뒤에 그 경계가 없어지게 됨으로써 뜻이 변하여 어떤 일이 뒤죽박죽 엉망이 되었다는 의미로 쓰이고 있습니다.

'사판'은 요즘 말로 표현하면 행정승을 의미합니다. 살림과 행정을 도맡아 하는 사람입니다. '이판'은 수도승을 의미합니다. 불경 연구와 참선에만 열중하는 사람입니다. 불교가 썩었다고 할 때에는 사판들이 썩는 경우를 가리키는 것입니다. 조계종에 가서 각목 들고 싸우는 사람은 사판입니다. 그러나 불교에는 아직도 이판이 있습니다. 성철 스님처럼 평생을 산 속에서 살면서 불교의 진리를 구현하는 분들이 계시는 것입니다. 그래서 겉으로 드러난 사판들이 아무리 싸우고 진흙탕 짓을 해도 국민들이 불교에 대해서 근본적으로 믿는 바가 있습니다.

구교에도 이판사판이 있습니다. 바로 신부로 불리는 사람들입니다. 예를 들면 교황, 추기경, 주교, 주임신부 등은 모두 불교에서 말하는 사판들입니다. 이판은 수도원의 수도사들입니다. 가톨릭에서 부패한 사람들은 사판들이었습니다. 물론 타락한 수도원이 없었던 것은 아니지만, 이판들은 언제나 이판으로 건재했습니다. 그래서 사판들이 그토록 부패해도 구교가 지키고자 하는 본질은 살아남은 것입니다.

구교의 수도사들이든지 불교의 수도승들이든지, 이판들에게서 볼 수 있는 공통점은 침묵의 법을 안다는 것입니다. 진리는 반드시 침묵 속에 담긴다는 법을 그들은 알고 있습니다. 진리의 소리를 듣기 위해서, 오늘 이 시대의 이 시점에 진리가 내게 요구하는 것을 깨닫기 위해서, 그들은 입을 다무는 법을 훈련합니다.

16세기 초 종교개혁 이후에 개신교에서는 이판을 두지 않았습니다. 그래서 개신교에는 수도사라는 것이 없습니다. 왜 개혁자들이 개신교에 수도사를 두려 하지 않았는지는 문헌을 아무리 뒤져도 나타나지 않습니다. 저는 좋게 해석합니다. 이판과 사판은 구별되는 것이 아니라 동시에 존재해야 된다고 개혁자들은 믿었기 때문에 구별하지 않았다고 믿고 있습니다.

그러나 종교개혁이 일어난 지 500년 가까운 세월이 지나면서 전

세계의 프로테스탄트 교인들에게 침묵은 사라졌습니다. 그래서 어느 나라를 가든지 개신교도들은 말이 많은 사람으로 되어 있습니다. 긍정적인 의미에서가 아니라 부정적인 의미에서 그렇습니다. 구교의 수도사들이 볼 때, 프로테스탄트들이 하는 말은 마치 속이 빈 깡통 소리처럼 들립니다. 진리를 위한 침묵이 배어 있지 않는 말을 하기 때문입니다.

그러므로 우리는 듣는 법을 훈련해야 합니다. 물론 소리내어서 하나님께 기도하는 것도 대단히 중요합니다. 우리는 "하나님, 도와주십시오" 하며 땅을 치고 울 수 있어야 합니다. 그러나 내가 울 수밖에 없는 이 상황을 하나님께서 왜 주셨는지, 내게 무엇을 요구하시는지 깨닫기 위해서는 하나님 앞에 무릎 꿇고 침묵하는 법을 배워야 합니다.

엘리야가 호렙 산에 올라갔을 때 하나님께서는 그에게 대단히 중요한 사실을 일깨워 주셨습니다(왕상 19장). 그것은 곧 우리 모두를 향한 하나님의 메시지입니다.

"엘리야야, 내가 이제부터 너에게 말할 테니 너는 들어라."

엘리야가 귀를 세웠습니다. 폭풍이 불었습니다. 얼마나 큰 바람이었던지 부는 순간에 바위가 쪼개어졌습니다. 그러나 하나님의 말씀은 그 속에 없었습니다. 지진이 일어났습니다. 온 땅이 뒤흔들렸습니다. 그러나 그 속에도 하나님의 말씀은 없었습니다. 불이 떨어졌습니다. 그 속에도 역시 하나님 말씀은 없었습니다.

만약 하나님의 말씀이 폭풍처럼 우렁차게, 지진처럼 요란하게, 불처럼 현란하게 날마다 임한다면 그 하나님의 말씀을 듣지 못할

자가 어디에 있겠습니까? 그러나 하나님의 음성은 아무 소리가 들리지 않는 적막 가운데서 세미하게 들려 왔습니다. 진리는 세상의 요란함 속에서 들리지 않습니다. 진리는 인간의 소란함 속에서 포착되지 않습니다. 진리는 정적 속에서만, 고요 속에서만 들립니다. 그래서 침묵의 깊이만큼 우리의 영성은 깊어져 가는 것입니다.

13절에서 주님은 세번째로 "장래일을 너희에게 알리시리라"고 말씀하셨습니다. 진리 안에 있는 사람, 성령 충만한 사람은 그 시선이 장래, 곧 미래로 향하고 있는 사람입니다. 왜 그렇습니까? 성령님은 진리의 영이시며 진리는 영원하기 때문입니다. 우리가 아무리 열심히 기도한다 할지라도 그 시선이 눈앞에만 고정되어 있으면, 우리의 삶은 더 이상 성숙해지기 어렵습니다. 진리가 영원하다는 것을 믿는다면, 믿음의 본질은 영원한 생명 위에 있음을 안다면, 우리의 시선은 먼 곳을 향해야 합니다.

먼 장래를 내다볼 때만, 오늘 걸어가는 광야의 의미를 알 수 있습니다. 가나안을 보는 자만이 광야를 거침없이 걸어갈 수 있으며, 그 광야에서 믿음의 용장(勇將)으로 성숙해 갈 수 있습니다. 미래를 내다보는 자만이 오늘의 고난에는 반드시 뜻이 있으며 그 결국은 하나님의 선하심으로 귀결된다는 사실을 알수 있습니다. 내일을 내다보는 자만이 바로 오늘이야말로 내일을 위한 하나님의 예비하심임을 알 수 있습니다. 내일의 목표를 바라보지 아니할 때 우리의 행보는 결단코 바른 행보가 될 수 없습니다.

지금 우리가 차고 있는 시계는, 바늘이 있는 아날로그 시계 아니면 숫자로 표시되는 디지털 시계 두 종류 중에 하나일 것입니다.

아날로그 시계이든지 디지털 시계이든지, 둘 다 지금 현재의 시간만을 보여 줍니다. 그것을 들여다보고 있으면 시간은 끝도 없이 가는 것 같고 현재는 계속 존재할 것 같습니다. 그러나 인생은 아날로그 시계나 디지털 시계가 아닙니다. 인생은 모래시계입니다. 모래시계의 특징은 지나간 시간이 눈에 보일 뿐 아니라 남아 있는 시간 역시 보인다는 것입니다. '오늘 하루가 지났다'는 말의 의미는 무엇입니까? 모래시계 윗부분에서 24시간만큼의 모래가 떨어졌다는 것입니다. 윗부분에서 24시간만큼 공백이 생겼다는 것입니다.

많은 사람들은 역사를 되돌아보면서도 그 역사의 교훈을 자기의 삶에 적용하려 하지 않습니다. 권력을 쟁취한 사람들이 똑같은 잘못을 저지르는 것을 보십시오. 그들이 왜 역사를 모르겠습니까? 그들은 틈이 있을 때마다 역사를 이야기하지 않습니까? 문제는 그들이 미래를 보지 않는다는 것입니다. 오직 현재와 과거만 보는 것입니다. 그래서야 똑같은 잘못을 거듭할 수밖에 없습니다. 권력을 쥔 오만한 자들이 역사 속에서 권력의 최후가 어떠했는지를 본다면, 오늘 자신이 권력을 남용할 때 내일 그 삶이 어떻게 될는지가 보이게 되어 있습니다. 그런데 그것을 보지 않기에 심각한 문제가 생기는 것입니다.

누가 성령 충만한 사람입니까? 내일을 보는 사람입니다. 모래시계의 비어 있는 시간을 영원으로 채워 가는 사람입니다. 그 때 우리의 삶을 통해서 영원하신 하나님의 나라는 날마다 날마다 확장되어 가는 것입니다.

성령 충만: 주님의 영광만 드러냄

성령님께서 행하시는 사역 가운데 여섯번째 사역을 요한복음 16장 14절은 이렇게 증거합니다.

"그가 내 영광을 나타내리니 내 것을 가지고 너희에게 알리겠음이니라."

성령님께서 행하시는 여섯번째 사역은 예수 그리스도의 영광만을 나타내는 것입니다. 그러므로 성령 충만한 사람은 오직 주님의 영광만을 나타내는 사람입니다. 이것은 그리스도인의 정체성과 관련된 말씀입니다.

때로 성령 충만하다는 분들 가운데서도 주님의 자리보다 자기 자리를 더 위에 올려 놓는 경우를 보게 됩니다. 그럴 때 그를 통해서 어떤 성령의 은사가 드러난다 할지라도 그는 성령 충만한 사람일 수가 없습니다. 주님께서는 마태복음 7장 23절을 통하여 말씀하신 것처럼 "내가 너희를 도무지 알지 못한다"고 하실 것입니다.

진정 성령 충만한 자는 성령의 열매를 맺는 자요, 성령의 열매는 인격이 변화될 때에만 맺히는 것입니다. 성령의 은사는 인격의 변화 없이도 얼마든지 얻을 수 있습니다. 그러나 사랑과 희락과 화평과 온유와 절제 같은 성령의 열매는 인격의 변화 없이 맺힐 수가 없습니다. 인격이 변화된 자는 어떤 경우에도 주님의 영광만을 드러냅니다. 그는 결정적일 때 자기를 부인하고 가릴 줄 아는 사람입니다.

이미 널리 알려져 있다시피 오늘날 유럽의 교회는 공동화(空洞化)

되어 있습니다. 교인들이 없는 것입니다. 구교를 자세히 들여다보면 그 이유 중 하나를 분명히 이해할 수 있게 됩니다.

유럽을 여행하다 보면 아주 큰 성당들을 많이 볼 수 있습니다. 그런데 그 웅장한 성당에 예수님이 보이지 않습니다. 소위 그들이 성자라고 말한 사람들의 상들이 거의 대부분입니다. 베드로 성당에 가 보십시오. 그 성당 제일 중앙의 가장 귀한 자리에는 소위 베드로의 시체가 있다고 하는 관이 놓여 있습니다. 그리고 양 옆으로는 베드로 성당을 지었던 교황들의 관이 있습니다. 어떤 교황의 시체는 완전히 금으로 입혀져 있기도 합니다. 이 성당은 주님을 위해서 지은 것이 아니라 사람을 위해서 지은 것입니다.

프랑스에 가면 몽마르뜨 언덕에 성심 성당이 있습니다. 지극히 아름다운 성당입니다. 그런데 그 성당을 지을 때는 프랑스가 프로이센과의 전쟁에서 참패를 당한 뒤였습니다. 그로 인해 전 국민들이 사기를 잃었을 때에 그들의 사기를 높여 주기 위해서 그 성당을 지었습니다. 즉 주님이 목적이 아니라 민족적인 자긍심을 고취시키기 위해서 지은 것입니다. 그래서 그 성당 입구에는 잔 다크의 동상이 세워져 있습니다. 그들이 민족적인 영웅으로 추앙하는 잔 다크를 앞세워 국민들의 사기를 고양시켰던 것입니다. 그런가하면 엥발리드 성당은 분명히 성당임에도 불구하고, 나폴레옹 묘지로 꾸며져 있습니다. 모두 대단한 성당들이지만 가는 곳마다 죽은 사람들만 보이고 살아 계신 주님이 보이지 않습니다.

한국 교회는 어떻습니까? 사람의 이름을 높여 주면 더 많은 헌금을 모을 수 있을는지 모릅니다. 계속 사람들을 칭찬하고 사람들을 높이면 지금보다 훨씬 더 큰 예배당을 아주 쉽게 건축할 수 있을는지 모릅니다. 그러나 예배당은 커 가고 십자가의 첨탑은 높아가지만, 교인들은 사라지는 날이 반드시 올 것입니다. 예배당에 들어가서 주님을 만나지 못하고 사람만 만나고 간다면 그 한계는 불을 보듯이 뻔합니다. 우리는 정말 주님의 영광만 드러내고 우리의 이름은 자꾸 지워 가는 훈련을 계속해야 합니다. 우리가 존귀해지는 것은 우리의 인생이 끝난 다음에 주님께서 해 주시는 것이지 사람이 해 주는 것이 아닙니다.

몇 해 전 이야기입니다. 아마 보신 분들이 계시리라고 생각됩니다만, 어느 날 국민일보에 큰 광고가 났습니다. 예배당을 건축하다가 돈이 모자라게 된 서울 어느 지역의 교회가 전국 교인들에게 성전 건축 헌금을 부탁하는 광고를 낸 것입니다. 그런데 거기에 이런 조건이 붙어 있었습니다.

"얼마 이상 헌금해 주시면 교육관에 그분의 이름을 붙여 드리겠습니다. 얼마 이상 헌금해 주시면 소예배실 이름을 그분의 이름으로 해 드리겠습니다. 얼마 이상 헌금해 주시면 대예배실 이름을 그분의 이름으로 바꾸겠습니다. 그리고 만약 필요한 금액 전액을 헌금해 주시는 분이 계시면 교회 이름을 그분의 이름으로 해 드리겠습니다."

그 광고를 보고 기가 찼던 것이 저 혼자만은 아니었을 것입니다. 그런데 이것이 한국 교회의 실상입니다. 한국의 그리스도인들이 얼마나 자기 이름을 드러내기 좋아하면 그런 광고가 나겠습니까?

제가 속해 있는 통합측 신학교를 비롯해서 합동측 신학교도 예외가 아닐 것입니다. 대한민국 모든 신학교는 신축할 때 교수실 방마다 헌금자의 명찰을 붙여 놓습니다. 그래야 돈이 걷히기 때문입니다. 그것을 보고 신학교를 졸업한 목회자들이 어떻게 하겠습니까?

이제 우리는 가려야 합니다. 나의 오른손이 하는 것을 왼손이 모르도록 주님의 영광만을 나타내 갈 때 주님께서 주인 되실 것이고 바로 그런 교회가 역사를 새롭게 만들어 갈 것입니다.

제네바에 가면, 종교개혁자였고 장로교를 창시한 깔뱅의 묘가 공동묘지에 있습니다. 그런데 깔뱅의 묘소에는 조그만 안내판 외엔 비석이 없습니다. 그가 죽을 때 이런 유언을 남겼기 때문입니다.

"만약 내 무덤에 비석을 세우면 나의 추종자들이 예수보다도 내 묘소 비석을 더 우상시할 것이므로 세우지 말라."

만약 그 때 화장제도가 있었더라면 그는 자기 시신을 화장하라고 말했을지도 모르겠습니다. 그래서 제네바를 찾는 수없이 많은 참배객들은 정작 깔뱅의 묘를 알지 못합니다. 깔뱅은 정녕 성령 충만한 사람이었던 것입니다.

서울의 저희 집 앞에는 양화진이 있습니다. 양화진은 서울에 있는 개신교 성지로서, 이 땅에 와서 선교사역을 하다가 고인이 된 외국인 선교사님들이 안치되어 있는 묘역입니다. 그 가운데 유독 제게 큰 감동을 주는 무덤이 있습니다. 바로 개화기의 선교사로 이 땅에 들어온 언더우드 선교사의 무덤입니다.

언더우드 선교사는 휴가차 미국에 갔다가 열병으로 병사한 것으로 알고 있습니다. 그래서 그분의 유해는 미국 땅에 묻혀 있습니다. 그런데 그분의 부인과 자녀들은 양화진에 묻혀 있습니다. 언더우드는 우리 나라에 처음으로 온 선교사입니다. 양화진에서 가장 좋은 터를 얼마든지 요구할 수 있는 권리가 있다고 해도 지나치지 않는 분입니다. 그런데 양화진에서 언더우드 선교사 가족의 무덤은 가장 볼품 없는 한 구석에 자리해 있습니다.

우리는 다 주님 때문에 사는 사람들입니다. 영광을 돌린다면 그분 이외에 어느 누구에게 돌릴 수 있겠습니까?

성령 충만: 그리스도의 깊은 호흡을 지님

마지막으로 예수님께서 성령 충만함을 이렇게 말씀하십니다. 요한복음 20장 21절부터 22절 말씀입니다.

"예수께서 또 가라사대 너희에게 평강이 있을지어다 아버지께서 나를 보내신 것 같이 나도 너희를 보내노라 이 말씀을 하시고 저희를 향하사 숨을 내쉬며 가라사대 성령을 받으라."

예수님께서 제자들에게 "성령을 받으라"고 마지막으로 말씀하시면서 당신의 호흡, 즉 숨을 "후" 하고 내뱉어 주셨습니다. 그렇다면 성령 충만한 사람은 어떤 사람입니까? 바로 예수 그리스도의 깊은 호흡을 지닌 자입니다. 이 세상의 어떤 상황 변화에도 흔들림 없는 깊은 호흡 말입니다.

사람이 흥분하면 호흡이 변합니다. 화를 내면 호흡이 거칠어집니다. 이미 그것은 자기 통제력을 상실했다는 의미입니다. 그러나 주님을 보십시오. 로마의 군인들이 죄 없는 예수님의 사지에 망치

질을 할 때 뭐라고 말씀하십니까?

"아버지여, 저들을 용서해 주소서."

만약 그 순간 감정에 휩싸이는 얕은 호흡을 갖고 계셨다면 결코 할 수 없는 일이었을 것입니다. 주님은 사지가 찢기는 고통 속에서도 흔들림 없는 깊은 영적 호흡을 가지고 계셨기에 용서를 선포하실 수 있었던 것입니다. 죽음을 눈앞에 두고 겟세마네에서 기도하실 때, 할 수 있으면 이 잔을 피하게 해 달라고 구하시면서도 아버지의 뜻대로 하시라고 말씀할 수 있었던 것도 깊은 호흡을 갖고 계셨기 때문입니다.

그렇다면 깊은 호흡이라는 것은 무엇을 의미하겠습니까? 깊은 호흡은 삶의 의미, 나의 사명과 관련되는 것입니다. 즉 내 삶의 의미를 그리스도 안에서 분명히 찾을 때 우리는 깊은 호흡을 지닐 수 있게 됩니다.

구교 신부님에게 들은 이야기입니다. 날 때부터 곱추였던 여자아이가 있었습니다. 그 아이는 17세가 되기까지 집 밖에 나가 본 적이 없었습니다. 자기 자신이 창피해서였습니다. 그 아이가 얼마나 자기 몸에 열등감을 갖고 있었던지 부모는 학교에 보낼 생각조차 하지 못했습니다. 그런데 17세가 되던 해에 그 집을 찾아온 수녀님의 설득에 의해서 이 소녀가 태어난 지 17년 만에 구교의 피정, 우리 말로 하면 부흥사경회에 참여하게 되었습니다. 강사 신부님은 그 날 마침 성령님에 대해 강의를 했습니다.

"자, 이제부터 여러분들에게 시간을 10분 정도 드릴 테니까 다나가십시오. 이 수도원 마당이든지 산이든지 어디든지 나가서 지금 성령님께서 여러분 각자에게 무엇을 깨닫게 해 주시는지 귀를 기울이고 들어 보십시오. 그리고 다시 들어 오십시오."

곱추 소녀도 나갔습니다. 모든 사람들은 산자락 나무 아래에 좋은 자리를 다 차지했습니다. 그러나 사람 만나기를 꺼려하는 이 소녀는 자연히 사람이 아무도 가지 않는 곳을 찾다가 한적한 곳에 앉게 되었습니다. 앉고 보니 쓰레기통 곁입니다.

'아, 나는 어딜 가나 쓰레기구나.'

소녀는 한숨을 푹 쉬었습니다. 그런데 바로 그 때 한 소년이 오더니 쓰레기통을 손으로 뒤지면서 무언가를 찾는 것입니다. 곱추 소녀는 용기를 내서 난생 처음으로 알지 못하는 사람에게 말을 걸어 보았습니다.

"저어… 쓰레기통을 왜 뒤지는 거예요?"

"캔이나 종이를 찾고 있어요."

"그걸 찾아서 뭐 하려구요?"

"이걸 가지고 가면 돈이 되거든요. 팔아서 우리 할아버지 할머니 편찮으신데 약을 사 드리려구요."

그 순간 곱추 소녀는 성령님에 의해서 큰 깨달음을 얻었습니다.

'아, 쓰레기도 쓸모가 있구나! 나 같은 쓰레기도 쓸모가 있구나! 저 쓰레기를 팔아서 노인들의 약값을 할 수 있다면 나처럼 쓰레기 같은 곱추도 병들어 누워 있는 사람을 위하여 약이 될 수 있겠구나.'

그 순간 이 소녀는 마음으로 큰 결단을 내린 뒤, 구교에서 경영하는 양로원에 들어가서 열심으로 봉사하는 사람이 되었습니다.

그 소녀의 호흡을 생각해 보십시오. 자기 삶의 의미를 모르고 자기 삶의 사명감을 깨닫지 못했을 때, 사람을 만날 때마다 그 호흡이 얼마나 불편했겠습니까? 그러나 성령님 안에서 삶의 의미와 사명을 찾았을 때, 더 이상 곱추가 불편하겠습니까? 그것 때문에 그의 호흡이 흔들리겠습니까?

누가 성령 충만한 사람입니까? 자기 삶의 의미를 그리스도 안에서 분명히 찾은 사람입니다. 내가 지금 두 발 딛고 있는 이 곳에서 내게 주어진 사명을 분명히 찾은 사람입니다. 내 삶의 의미를 분명하게 깨닫는다면 곱추가 문제 되지 않습니다. 내 삶의 의미를 분명히 안다면 팔십이나 구십의 나이가 문제 되지 않습니다. 그 속에서 얼마든지 성령께서 내게 요구하시는 사명, 나만이 할 수 있는 사명을 다할 수 있기 때문입니다.

성령 충만한 자는 깊은 호흡을 가진 자입니다. 이것을 다른 말로 표현하면 성령 충만한 자는 이성적인 그리스도인이 되는 것입니다. 로마서 12장 1절을 보면 "너희 몸을 하나님이 기뻐하시는 거룩한 산 제사로 드리라 이는 너희의 드릴 영적 예배니라"는 말씀이 나옵니다. 여기서 '영적'이라는 말에 해당하는 그리스어 '로기코스(logikos)는 '이성적'이라는 뜻입니다.

하나님께서는 결단코 인간의 맹신을 원하지 아니하십니다. 맹신은 이단에게 필요한 것입니다. 내 이성을 하나님 위에 둘 때 이성은 해독이 됩니다. 그러나 하나님께서 주신 이성을 다해서 하나님과 교제하려 할 때에는 그 이성만이 우리에게 깊은 영적 호흡을 갖게 해 주는 것입니다. 로마서 8장 18절을 보면 이렇게 되어 있습니다.

"생각건대 현재의 고난은 장차 우리에게 나타날 영광과 족히 비교할 수 없도다."

내가 지금 고난을 당하지만 이 고난 뒤에 올 영광을 생각할 때 지금 당하는 고난은 아무것도 아니라는 뜻입니다. 그리스도인들은 이 구절을 대단히 좋아합니다. 그런데 이 구절 가운데 가장 중요한 단어가 있다면 무엇이겠습니까? 제일 먼저 나오는 '생각건대'입니다. 즉 생각하는 그리스도인이 되라는 것입니다. '네가 지금 고난을 당하느냐? 괴로우냐? 하나님이 원망스러우냐? 그러나 한번 생각해 보아라. 천지를 지으신 하나님께서 너와 함께하시지 않느냐? 그럼에도 불구하고 이처럼 고달픈 광야를 걷게 하신다면, 이 광야 끝에는 무엇이 있겠느냐? 가나안이 있지 않겠느냐? 그 영광을 어떻게 이 고난과 족히 비교할 수 있겠느냐?' 는 것입니다. 이렇게 생각하는 그리스도인이 되면 깊은 호흡을 갖게 됩니다.

성령 충만: 인간 지경의 확장

사도행전 9장 17절부터 18절을 보시겠습니다.

"아나니아가 떠나 그 집에 들어가서 그에게 안수하여 가로되 형제 사울아 주 곧 네가 오는 길에서 나타나시던 예수께서 나를 보내어 너로 다시 보게 하시고 성령으로 충만하게 하신다 하니 즉시 사울의 눈에서 비늘 같은 것이 벗어져 다시 보게 된지라 일어나 세례를 받고."

아나니아가 예수님을 만난 사울에게 와서 성령 충만하라고 안수를 해 주었을 때, 사도 바울에게 나타난 첫번째 현상은 눈에서 비늘이 벗어진 것이었습니다. 이처럼 성령 충만함은 눈에서 비늘이 벗어지는 것, 새로운 세계에 대한 눈뜸입니다. 그리고 이것이 바로 이 장의 결론입니다.

사도행전 2장을 보면 오순절 날 성령님이 강림하시는 장면이 나옵니다. 오순절은 유월절로부터 50일째 되는 날입니다. 본래 히브리 사람들은 이 날을 '맥추절'이라고 불렀습니다. 이 날은 처음 나온 밀과 보리를 하나님께 드리는 날이기 때문입니다. 그러나 그들이 더 즐겨 부르던 말은 '칠칠절'입니다. 자신들이 중요하게 여기는 유월절로부터 7주가 지난 다음 날이라는 의미에서 그렇게 부른 것입니다.

그러다가 신약시대에 와서 신약성경이 그리스어로 기록되면서 '펜테코스테'(penteekostee)라고 부르게 되었습니다. 이것은 '50일째 되는 날'이라는 뜻입니다. 오늘날 성령 운동을 가리켜서 영어로 'Pentecostal Movement'라고 하는 것은 바로 여기에서부터 유래된 것입니다.

바로 그 날, 제자들이 모여 있는 방에 성령님께서 임하셨습니다. 급하고 강한 바람 같은 소리가 나고 불의 혀같이 갈라지는 것이 보이면서 성령님께서 임하셨습니다. 그리고 그들에게 공통된 현상이 나타나기 시작했습니다. 그 현상을 사도행전 2장 4절은 이렇게 증거합니다.

"저희가 다 성령의 충만함을 받고 성령이 말하게 하심을 따라 다른 방언으로 말하기를 시작하니라."

성령님이 임하신 즉시 "성령님께서 말하게 하심을 따라서" 그들은 각기 다른 방언을 말했습니다. 많은 사람들은 성령님께서 임하시는 오순절 날 방언이 임했기 때문에 방언을 매우 중요시합니다. 그러나 방언을 중요시하는 만큼 이 방언의 실체가 무엇인지를 규명하려고 생각하는 사람은 드뭅니다. 이 날 성령님께서 말하게 하심을 따라서 제자들이 말했던 방언이란 도대체 무엇입니까?

제자들이 방언하는 순간에 그 자리에 있던 사람들 사이에서 소동이 일어났습니다. 이유는 한 가지였습니다. 그 자리에 외국어를 모국어로 쓰는 수없이 많은 사람들이 모여 있었는데 그들이 제자들의 말을 각각 자기 모국어로 알아들었기 때문입니다. 계속해서 8절부터 13절 말씀을 보겠습니다.

"우리가 우리 각 사람의 난 곳 방언으로 듣게 되는 것이 어찜이뇨 우리는 바대인과 메대인과 엘림인과 또 메소보다미아, 유대와 가바도기아, 본도와 아시아, 브루기아와 밤빌리아, 애굽과 및 구레네에 가까운 리비야 여러 지방에 사는 사람들과 로마로부터 온 나그네 곧 유대인과 유대교에 들어 온 사람들과 그레데인과 아라비아인들이라 우리가 다 우리의 각 방언으로 하나님의 큰 일을 말함을 듣는도다 하고 다 놀라며 의혹하여 서로 가로되 이 어찐 일이냐 하며 또 어떤 이들은 조롱하여 가로되 저희가 새 술이 취하였다 하더라."

이 날의 방언은 흔히 사람들이 생각하는 것처럼 사람이 알아들을 수 없는 천사의 언어 같은 것이 절대로 아니었습니다. 사람이 분명하게 자기 말로 알아들을 수 있는 사람의 언어였습니다. 그렇다면 성령 충만하다는 것은 궁극적으로 어떤 형태로 집대성되어야 합니까?

이 사람들은 다 갈릴리의 무식한 어부들이었습니다. 그들은 외국에 사는 사람들과 삶의 질이 달랐습니다. 평소에 대화가 통하지 않았습니다. 말이 막혀 있었습니다. 그런데 성령님께서 그들에게 임했을 때 막혀 있던 인간과의 대화의 벽이 허물어지고 말이 소통되기 시작한 것입니다. 성령 충만함이 무엇으로 나타났습니까? 나와 달랐던 사람, 이제까지 나와 전혀 상관이 없다고 생각했던 사람들에 대한 지경의 확장으로 나타났습니다. 불신자들은 제자들이 각각 다른 방언으로 말하는 것을 보고 "술취했다"고 비방했습니다. 그 때 베드로가 자기 동료들을 옹호하기 위해서 요엘서의 말씀을 인용해서 변증합니다. 그 내용이 2장 17절부터 21절에 기록되어 있습니다.

"하나님이 가라사대 말세에 내가 내 영으로 모든 육체에게 부어 주리니 너희의 자녀들은 예언할 것이요 너희의 젊은이들은 환상을 보고 너희의 늙은이들은 꿈을 꾸리라 그 때에 내가 내 영으로 내 남종과 여종들에게 부어 주리니 저희가 예언할 것이요 또 내가 위로 하늘에서는 기사와 아래로 땅에서는 징조를 베풀리니 곧 피와 불과 연기로다 주의 크고 영화로운 날이 이르기 전에 해가 변하여 어두워지고 달이 변하여 피가 되리라 누구든지 주의 이름을 부르는 자는 구원을 얻으리라 하였느니라."

지금 베드로는 이 사람들이 술에 취한 것이 아니라 성령 충만한 상태, 성령 세례를 받은 상태라는 것을 설명하기 위해서 요엘서를 인용하고 있습니다. 중요한 것은, 베드로가 이야기한 이 요엘서의 현상이 그들 가운데 아직 하나도 나타나지 않았다는 점입니다. 제자들의 자식 중에 예언을 한 사람이 없습니다. 젊은이들 가운데 예언을 한 사람이 없습니다. 환상을 본 사람도 없습니다. 해가 어두워지고 달이 피로 물든 적은 더더욱 없습니다. 다시 말해서, 이 요엘서의 구절은 제자들이 성령 충만하다는 것을 변호하기 위해 인용하기에 전혀 어울리지 않는 말씀이었습니다.

그런데 베드로는 왜 이런 말씀으로 제자들의 성령 충만함을 증거하려 했겠습니까? 구약에서 말하는 현상이 단 한 가지도 나타나지 아니하였음에도 불구하고 자신들에게 성령이 임했음을 분명히 알았기 때문입니다. 어떻게 알았습니까? 평소에 막혀 있던 사람들과 대화의 문이 열린 것을 보고 알았습니다. 그보다 더 분명한 성령 세례, 성령 충만함의 증거는 없었던 것입니다. 그것은 성령님이 아니고서는 결코 있을 수 없는 일이었습니다. 성령님은 예루살렘과 유대, 사마리아와 땅끝에 이르기까지 나와 다른 사람들을 포용하며 그들과 더불어 살게끔 해 주시기 위해서 임하셨습니다.

사도행전 2장은 성령님이 임하실 때 "급하고 강한 바람 같은 소리"가 들렸다고 증거합니다. "급하고 강한 바람"이었다고 표현하지 않습니다. 또 "불의 혀가 보였다"고 하지 않고 "불의 혀 같이 갈라지는 것이 보였다"고 합니다. 이것은 제자들의 주관적인 체험이었기 때문입니다. 그러나 각기 다른 방언을 했다는 사실에 대해서는 "각기 다른 방언 같은 것을 했다"고 말하지 않고, 절대적으로 표현하고 있습니다. 이것은 부정할 수 없는 절대적이고 객관적인 사실이었기 때문입니다.

우리가 결혼식을 할 때 예복을 한복으로 입을 수도 있고, 양복으로 입을 수도 있습니다. 결혼식을 예배당에서도 할 수 있고 결혼식장에서 할 수도 있습니다. 주례를 목사님이 하실 수도 있고 학교 은사가 하실 수도 있습니다. 만약 결혼식은 반드시 한복을 입고 해야 되고, 결혼식 주례는 언제든지 아무개 목사님이 해야 하며, 결혼식은 어떤 경우에도 특정 예배당에서 해야 된다고 하는 사람이 있다면 그는 정신이 온당한 사람일 수 없습니다.

마찬가지로 성령님께서 우리에게 임하시는 성령 세례는 사람마다 그 모양이 다 다를 수밖에 없습니다. 어떤 사람에게는 지진이 흔들리는 것과 같은 소용돌이 속에서 성령 세례가 임할 수도 있고, 어떤 사람에게는 너무나 고요하게 임하셔서 성령님이 임하셨다는 것을 깨닫지 못할 수도 있습니다. 중요한 것은, 결혼식이든 성령 세례든 그 형식은 다를 수 있지만 본질은 동일하다는 점입니다.

그 본질이란 두 가지 모두 인생의 획을 긋는 사건이라는 것입니다. 결혼은 혼자 살던 사람이 사랑하는 사람과 더불어 살기 위해서 획을 긋는 사건입니다. 그래서 사랑이 필요합니다. 이질적인 사람과 함께 살아가야 하기 때문입니다. 성령 세례는 내가 이제까지 알던 사람들끼리만 살던 세계, 나와 기호가 같고 적성이 같은 사람들끼리만 만나던 세계를 탈피하고 주님께서 만드신 모든 사람들에게로 지경을 확장해 가는 획이 그어지는 사건입니다. 그래서 성령 세례를 받은 사람은 더 많은 사람들과 더불어 살아가기 위해서 성령 충만함이 필요한 것입니다.

진리 가운데 서야 하는 것, 예수님의 영광을 드러내며 살아가야 하는 것, 말씀으로 우리를 채워 가야 되는 것, 이 모든 것은 한 사람이라도 더 많은 사람들과 더불어 살아가기 위함입니다. 이것을 다른 말로 표현하면 성령 충만한 사람이란 그 개개인이 '카톨릭 처치'(catholic church)가 되는 것을 의미합니다. 우리는 늘 사도신경을 통해서 이렇게 고백합니다.

"거룩한 공회와 성도가 서로 교통하는 것과 죄를 사하여 주시는 것과 몸이 다시 사는 것과 영원히 사는 것을 믿사옵나이다."

여기에서 말하는 '공회'가 바로 카톨릭 처치입니다. 본디 모든 교회는 카톨릭 처치입니다. 그런데 개혁자들이 종교개혁을 한 이후에 카톨릭이라고 하는 말은 구교의 전유물처럼 되었습니다. 전문적인 용어로는 구교를 '로만 카톨릭 처치'(Roman Catholic Church)라고 부릅니다. 로마에 있는 교황의 지배를 받는 카톨릭 교회라는 것입니다. 개신교에서는 구교와 구별하기 위해 카톨릭 처치 대신 '유니버설 처치'(universal church)라는 용어를 사용하고 있습니다.

그러나 카톨릭이든 유니버설이든 그 의미는 똑같습니다. '보편적인 교회'라는 것입니다. 그러니까 우리는 사도신경을 외울 때마다 하나님께 "우리는 우리의 교회가 보편적인 교회인 것을 믿습니다"라고 고백하는 것입니다.

예수님 주위에는 세리가 있었습니다. 창녀가 있었습니다. 독립운동을 하는 열심당원이 있었습니다. 로마 장교가 있었습니다. 유대인 국회의원이 있었습니다. 이 각각의 사람들은 절대로 한자리에 모일 수가 없었습니다. 백성의 피를 빨아 먹는 불의한 세리와 열심당원의 독립투사가 어떻게 한 자리에 있을 수 있겠습니까? 그러나 예수 그리스도 안에서 그들은 모두가 하나되는 보편적인 교회를 이룰 수 있었습니다.

한국 교회의 특징 중 하나는 분열입니다. 세계 어느 나라를 가든지 한국인 교회는 분열되고 있습니다. 괌 같은 경우에 교민이 팔천여 명에 불과합니다. 그런데 교회의 숫자는 20개이고, 교회에 나가는 사람의 숫자는 천여 명 정도입니다. 그러고도 한국 교인들은 세계에서 성령 충만을 가장 좋아합니다. 그것은 잘못된 성령 충만입니다. 우리는 모두 카톨릭 처치가 되어야 합니다.

나와 다른 사람들 — 사상이 다른 사람, 생각이 다른 사람, 수준이 다른 사람, 직업이 다른 사람 — 그 모두가 그리스도 안에서 하나를 이루어갈 때 비로소 참된 교회가 되는 것이고 그 카톨릭 처치가 인류의 역사를 바꾸는 것입니다. 성령님은 바로 그 카톨릭 처치가 되게끔 우리에게 임하시고 우리를 도우십니다.

각자 자신에게 가만히 질문해 보십시오. 예수 그리스도를 믿어오는 동안에 나의 인생에 분명한 획이 그어졌던 적이 있습니까? 예전에는 나 중심으로 내가 좋아하는 사람들만을 선택해서 살았는데, 어느 순간 내가 이해할 수 없는 사람들을 이해하려고 노력하게 되고, 그들의 입장에 서서 생각하게 되고, 그들과 더불어 살아가게 된 시점이 분명히 있었습니까? 그렇다면 불 같은 것이 나에게 떨어진 적이 없었다 할지라도, 급하고 강한 바람 같은 소리를 듣지 못했다 할지라도, 나는 카톨릭 처치요 성령 충만한 사람입니다.

그러나 반대로 만약 열심히 기도하고 있음에도 불구하고, 10년 전이나 20년 전이나 여전히 내가 좋아하는 사람만 좋아하고 싫어하는 사람은 싫어한다면, 성령님께서 나를 사로잡아 주시고 지금 이 시간이 성령 세례를 받는 시간이 되도록 기도해야 됩니다.

사도 바울의 눈에서 비늘이 벗어졌다는 것은, 어제까지만 해도 돌로 쳐죽여야 될 사람이라고 생각했던 사람들이 이제 형제로 보이기 시작한 것을 의미합니다. 그래서 사도 바울은 자신이 헬라인이나 야만인이나 지식인이나 모두에게 빚진 자라고 고백합니다. 성령 세례를 받고 성령 충만한 가운데서 새로운 눈이 뜨이고 보니 한 사람 한 사람이 자기가 사랑해야 할 형제로 보였던 것입니다.

벼룩은 높이 뛰는 벌레입니다. 곤충학자들이 벼룩을 잡아서 병에다 넣고 그 병의 중간을 유리 칸막이로 막아 버립니다. 벼룩이 계속 뛰다가 등이 자꾸 부딪칩니다. 아픕니다. 더 이상 뛰지 않습니다. 어느 날 곤충학자가 그 칸막이 유리를 치워 버립니다. 그러나 벼룩은 이제 더이상 높이 뛰지 않습니다. 자기의 세계는 유리병 반 이하라고 착각하면서 살아가는 것입니다.

하나님은 내 우물 속에 갇혀 지내시는 분이 아닙니다. 온 세계를 창조하신 분이십니다. 그 모든 사람들과 더불어 그리스도 안에서 복음을 전하며 함께 살아가도록 우리를 자녀로 불러 주시고 당신의 영을 우리에게 심어 주시고 카톨릭 처치가 되게 하십니다. 그 하나님의 사랑을 받는 우리가, 일평생토록 내가 사귈 수 있는 사람들이라고 나 스스로 정해 놓은 그 좁디 좁은 세계 속에서만 살아간다면, 어떻게 이 세상에 평화를 심는 주님의 사람이 될 수 있겠습니까? 성령 세례를 받는다는 것은, 성령 충만하게 살아간다는 것은 그 유리병 속의 절반을 가로막고 있는 칸막이를 뛰어넘는 것입니다.

스승이 제자에게 묻습니다.
"언제 새날이 오느냐?"
한 제자가 대답을 합니다.
"동창이 밝아 오면 새날이 옵니다."
"아니다."
다른 제자가 대답을 합니다.
"노고지리가 우지지면 새날이 옵니다."
"아니다."
아무도 대답을 못합니다. 스승이 대답을 합니다.
"너희들이 창문을 열고 길에 지나가는 사람이 너희 형제로 보이면 그 날이 새날이다."
오늘 이 시간부터 성령 충만한 가운데 우리 각자의 인생이 정녕 새날로 바꾸어지기를 주님의 이름으로 기도드립니다.

주님, 성령 충만에 대해서 배웠습니다.
성령 세례가 우리에게 임하는 까닭을 배웠습니다.
우리는 지금까지 하나님의 자녀 됨을 즐기며 살아왔습니다.

하나님의 자녀라는 긍지를 갖고 살아왔습니다.
그러나 내가 만들어 둔 세계를 탈피하지 못해서
하나님을 믿는 그리스도인의 이름으로
얼마나 많은 사람들에게 해를 끼치고
얼마나 많은 사람들에게 상처를 주며 살았는지 모릅니다.
주님, 오늘 이 시간부터 우리가 설정해 두었던
유리병의 절반 이상을 뛰어넘는 자들이 되게 도와 주시옵소서.
성령 세례를 받고 성령 충만한 삶을 살기 시작했을 때에
갈릴리에서 살던 무식한 어부들—
이 세상 모든 잘난 사람들에 대해서
증오심과 원한만을 갖고 있었을 그들이
모든 사람들을 형제로 대하며 모든 사람들을 사랑하며,
땅끝에 이르기까지 모든 사람들을 수용하는
진정한 하나님의 사람이 되었습니다.
그리고 그들이 정녕 성령 충만한 사람이 되었을 때에
그 열두 사람에 의해서 인류의 역사가 새로워졌음을
우리들이 알고 있습니다.
하나님 아버지, 이 땅에 주님의 복음이 들어온 지
100년이 넘었습니다.
그러나 이 땅의 교회는 날마다 분열되어 왔습니다.
지나간 세월 동안 교회가 분열되었던 그 이유 중에
우리가 또 하나의 이유였던 것을
이 시간 주님 앞에 고백드리며 회개합니다.

하나님 아버지, 이 시간 이후로부터
지금 머리 숙인 당신의 자녀들로 인하여
이 땅의 모든 교회들이 카톨릭 처치로 변해 가는
역사가 일어날 수 있도록 도와 주시옵소서.
분열의 이 땅에 통합의 역사가 일어날 수 있도록
은총을 베풀어 주시옵소서.
교회가 분열될 때에 그 시대의 역사는 어두웠지만
카톨릭 처치가 있을 때에 언제나 그 시대가 빛났던 것을
저희들이 아오니, 이 땅의 교회로 인하여
대한민국의 역사가 새로워질 수 있도록 도와 주시고
한국 교회의 성령 충만한 사람들로 인하여
인류의 역사가 새로워지는 귀하고 아름다운 일들이
일어날 수 있도록 도와 주시옵소서.
우리가 성령 충만하지 아니하면
내 아내도 진정 사랑할 수 없고
내 남편도 내 속으로 담을 수 없고
내 가족도 한지붕 아래 섞여 사는
남남과 다를 바 없다는 사실을 깨달아서,
오늘 우리 사랑하는 가족들을 향하여 먼저
서로 카톨릭 처치가 되게 도와 주시옵소서.
예수님의 이름으로 기도드립니다. 아멘.

어떻게 믿을 것인가?

참믿음의 회복

… 주께서 또 가라사대 불의한 재판관의 말한 것을 들으라 하물며 하나님께서 그 밤낮 부르짖는 택하신 자들의 원한을 풀어 주지 아니하시겠느냐 저희에게 오래 참으시겠느냐 내가 너희에게 이르노니 속히 그 원한을 풀어 주시리라 그러나 인자가 올 때에 세상에서 믿음을 보겠느냐 하시니라

누가복음 18장 1-8절

로마서 12장 1절을 보면 이런 말씀이 나옵니다.

"너희 몸을 하나님이 기뻐하시는 거룩한 산 제사로 드리라 이는 너희의 드릴 영적 예배니라."

너희 손과 발, 너희 삶을 하나님께 드리라는 말입니다. 그것이 바로 하나님께 드릴 영적 예배라는 것입니다. 앞서 말했듯이 '영적'이라는 말은 그리스어로 '로기코스'(logikos)입니다. 주님의 말씀을 의미하는 '로고스'(Logos)에서 파생된 이 단어의 뜻은 영어로 'reasonable'입니다. 즉 우리가 하나님께 영적인 예배를 드린다는 것은 바로 우리의 이성을 동원하여 예배드린다는 뜻입니다.

우리의 감정으로 드리는 예배도 참 아름답습니다. 그러나 감정적으로 드리는 예배에는 한계가 있습니다. 우리를 정말 영적으로

깊이 이끌어 주는 것은 우리의 이성이 동원되는 예배입니다. 그런 예배야말로 우리를 성숙하게 해 줍니다. 왜냐하면 우리의 예배를 받으시는 주님께서 곧 '로고스'(Logos)이시기 때문입니다.

생각하는 그리스도인이 되라

그렇다면 어떻게 해야 그런 예배를 드릴 수 있겠습니까? 지·정·의(知情意)가 동시에 어우러지는 이성적인 예배를 드리기 위해서는 생각하는 그리스도인이 되어야 합니다. '정말 하나님이 이것을 기뻐하실까?', '내 삶의 의미는 무엇인가?' 하고 생각해 보아야 합니다. 생각이 배제된 믿음은 맹신이 됩니다. 맹신은 우리를 파멸시킵니다. 예수님께서는 누가복음 12장을 통해 이렇게 말씀하십니다.

"까마귀를 생각하라 심지도 아니하고 거두지도 아니하며 골방도 없고 창고도 없으되 하나님이 기르시나니 너희는 새보다 얼마나 더 귀하냐"(12:24).

"백합화를 생각하여 보아라 실도 만들지 않고 짜지도 아니하느니라 그러나 내가 너희에게 말하노니 솔로몬의 모든 영광으로도 입은 것이 이 꽃 하나만 같지 못하였느니라 오늘 있다가 내일 아궁이에 던지우는 들풀도 하나님이 이렇게 입히시거든 하물며 너희일까보냐 믿음이 적은 자들아"(12:27, 28).

주님께서는 생각을 좀 해 보라고 말씀하십니다. 주님께서 사용하신 단어는 매우 강한 뜻을 지니고 있습니다. 생각하되 깊이, 그리고 철저하게 하라는 의미입니다. 하늘을 나는 새를 깊이, 들에 피어 있는 백합화를 철저하게 한번 생각해 보라고 하십니다. 그 미물들도 하나님께서 책임지고 기르시거늘, 왜 하나님께서 당신의 자녀 된 우리의 삶을 책임져 주시지 않겠느냐는 것입니다. 한 번만 깊이 생각해 보면 알 수 있지 않느냐는 것입니다. 잠시라도 철저하게 생각해 본다면, 불필요한 근심과 불안의 노예 상태로부터 해방될 수 있지 않느냐는 것입니다.

그래서 주님께서는 믿는다고 하면서도 전혀 생각하려 하지 않는 자들을 향해 도리어 "믿음이 적은 자들아"라고 질타하셨습니다. 생각하지 아니하고서는 결코 참되고 성숙한 믿음의 소유자가 될 수 없기 때문입니다.

신앙인은 언제든지 생각하면서 살아가야 하고 생각하면서 믿어야 합니다. 그 중에서도 가장 먼저 생각해야 될 것이 '왜'입니다. 왜 내가 믿어야 하는지, 왜 내가 기도해야 하는지 생각해야 합니다. 왜 기도해야 하는지를 생각하지 않고 하는 기도는 언제든지 우리의 욕심만을 일방적으로 아뢰는 어거지 기도가 됩니다. 그런 기도는 무당을 찾아가는 사람도 다 합니다. 그러나 한 번이라도 내가 정말 하나님의 뜻대로 사는 자가 되어야겠다고 생각하고 기도한다면 그 내용이 바뀔 것입니다.

우리의 신앙은 우리의 기도가 성숙해지는 것 이상으로 성숙해지지 않습니다. 생각하면서 기도해야 우리의 신앙이 성숙해집니다. 어떤 성도님이 제게 물어 왔습니다.

"그리스도인이 거짓말을 해도 됩니까?"

그 물음에 저는 이렇게 답변했습니다.

"거짓말을 해도 좋겠느냐고 묻기 이전에 왜 거짓말을 해야 하는지 먼저 생각해 보십시오. 성경에도 거짓말한 예가 있습니다. 자기를 죽이려 하는 사울을 피해 다윗이 도망을 합니다. 그러다가 놉 땅에 가서 그 곳의 제사장을 만나 어떻게 합니까? 사울 왕의 중요한 밀명을 받고 어디에 가는 것처럼 거짓말을 하고 먹을 것을 달라고 합니다. 그래서 제사장이 하나님께 바친 진설병을 다윗에게 주지 않습니까? 다윗은 분명히 거짓말을 했습니다. 그러나 성경은 다윗이 거짓말했다고 그를 비판하지 않습니다. 하나님께서는 그 거짓말을 받아 주십니다. 다윗이 자기 사심(私心)이 있어서 거짓말을 한 것이 아니라 사울의 불의에 대해 자기도 똑같은 불의로 맞서지 않기 위한 방책이었기 때문이지요. 말하자면 그것은 거짓말의 문제가 아니라 의와 불의에 관한 문제였던 것입니다. 그래서 하나님께서는 그 일로 다윗을 욕하지 않으셨습니다. 만약에 성도님이 거짓말을 해야 하는 이유가 하나님을 위한 것이라면, 불의와 맞서기 위해서라면 양심에 가책 없이 행하십시오. 그러나 성도님의 지갑을 위한 거짓말이라면 절대로 하지 마십시오."

우리는 언제나 이유를 생각해 보아야 합니다. 우리는 앞서 왜 예수를 믿어야 하는지, 그 동기와 이유를 생각해 보았습니다. 이제는 그 동기의 발판 위에서, '어떻게 믿을 것인가? 어떻게 믿는 것이 참다운 바른 믿음이 되겠는가?'를 생각해 보고자 합니다.

어떻게 믿을 것인가를 규명하기 위해서는 믿음의 정의가 새롭게 규명되어야 합니다. 우리의 믿음이 정체되거나 구태의연해지지 않고 끊임없이 새로워지고 성숙되기 위해서는 믿음의 정의가 언제나 새로워져야 합니다.

예를 들어서 열 살 정도 되는 제 아이가 저를 볼 때 '아빠'의 정의는 어떻게 될까요? 그저 사탕 사 달라고 하면 사탕 사 주고, 숙제 도와 달라면 숙제 도와 주는 정도의 아빠가 될 것입니다. 그러나 그 아이가 20세가 되고 30세가 되면 아빠의 정의가 달라집니다. 또 그 아이가 40세가 되고 50세가 되면 자기가 본받아야 할 대상으로, 자기 인생의 이정표로 아버지에 대한 정의가 자꾸 새로워지는 것입니다.

신앙에 대한 정의가 새로워지지 않는다는 것은 우리의 믿음이 성숙되지 않고 있음을 뜻합니다. 신앙에 대한 정의가 새로워지기 위해서는 항상 그 정의를 새로운 용어로 정의할 수 있어야 합니다. 하나님께서는 우리에게 말씀을 주셨습니다. 말씀으로 우리는 하나님을 압니다. 그런데 우리가 늘 쓰는 용어는 하나의 틀을 갖고 있어서 그 틀을 뛰어넘기가 굉장히 어렵습니다. 따라서 우리가 믿음을 새롭게 정의하고 새롭게 접근하려면 항상 그 개념 자체를 새로운 용어로 정리할 수 있어야 합니다.

그렇다면 이제 믿음을 새로운 용어로 정의해 보고자 합니다.

믿음은 순종이다

첫째, 믿음은 순종입니다. 내가 그리스도인이 된다는 것 자체가 순종의 사람이 되는 것을 뜻합니다. 그렇다면 이 때의 순종은 과연 무엇에 대한 순종이겠습니까? 두 가지를 생각할 수 있습니다.

하나는 하나님의 말씀에 대한 순종입니다. 하나님의 말씀과 그리스도인은 어떤 관계입니까? 하나님의 말씀은 제품 속에 들어 있는 '사용설명서'와 같습니다. 어떤 제품을 사든지 그 속에는 사용설명서가 있습니다. 우리가 그 설명서를 읽고 그 설명서대로 제품을 사용하는 이유는 딱 한 가지입니다. 그 제품에 관해서는 만든 사람이 세상 누구보다 더 잘 알기 때문에, 그가 쓴 설명서대로 사용해야 그 제품의 가치를 극대화할 수 있기 때문입니다.

인간을 창조하신 분은 하나님이십니다. 인생에 대해 가장 잘 아시는 분은 하나님밖에 없습니다. 하나님의 말씀은 인생의 사용설명서입니다. 믿음은 바로 그 인생 사용설명서인 성경대로 순종하면서 살아가는 것입니다. 누군가를 믿는다는 것은 곧 그 사람의 인격을 믿는다는 것이고, 인격을 믿는다는 것은 바로 그 사람이 하는 말을 믿는다는 것입니다. 예를 들어 저를 믿는다는 사람이 제가 말을 할 때마다 속으로 '저건 아니야, 저건 순 거짓말이야' 하고 생각한다면, 그것은 믿는 것이 아닙니다. 상대방이 무슨 말을 하든지 믿는 것, 그것이 인격을 믿는 것입니다.

신앙은 성경에 있는 모든 말씀과 명령에 전폭적으로 순종하는 것입니다. 우리는 어떻습니까? 삶의 현장에서 무슨 일을 결정할 때 하나님의 말씀으로 결정합니까, 내 임의대로 결정합니까? 하나님의 명령이 고통스럽고 괴롭더라도 거기에 순종하는 삶을 살아갑니까, 아니면 내 임의대로 말씀을 취사선택해서 내게 유익하고 유리한 것은 지키고 껄끄러운 것은 버립니까? 이것을 따져 보면 내가 신앙의 사람인지 아닌지 스스로 쉽게 판단할 수 있습니다.

이 세상에는 많은 지식의 말들과 지혜의 말들이 있습니다. 그러나 중요한 것은, 그 많은 말들이 인생의 결정적인 순간에 우리를 도와 주지 못한다는 사실입니다. 우리를 정말 책임져 줄 말은 영원하신 하나님의 말씀밖에는 없습니다. 어떤 사람이 아무리 세상의 지혜와 지식의 말들로 가득 채워져 있을지라도, 그가 관 속에 드러눕는 날 그 중에 어떤 말이 그를 책임져 줄 수 있습니까? 하나님의 말씀을 내 속에 채우고 삶의 현장에서 그 말씀에 따라 순종하면서 살아가는 것이 바른 신앙이 됩니다.

또한 '믿음은 순종'이라는 것은 내게 주어진 상황에 대한 순종을 의미합니다. 내가 지금 어떤 상황에 처해 있든지 그것은 하나님께서 주신 것이라는 믿음이 바른 믿음인 것입니다. 입으로는 천지를 지으신 하나님, 인생의 주관자 되신 하나님을 믿는다고 고백하면서, 그분이 내게 주신 상황은 믿지 않고 배척한다면 하나님을 믿는 신앙의 도리일 수가 없습니다.

우리가 잘 아는 찬송가 중에 이런 가사가 있습니다.

나의 갈 길 다 가도록 예수 인도하시니
내 주 안에 있는 긍휼 어찌 의심하리요
믿음으로 사는 자는 하늘 위로 받겠네
무슨 일을 만나든지 만사형통하리라
무슨 일을 만나든지 만사형통하리라 (434장)

세상에서 실패는 알지 못하고 모든 일에 계속 성공하기만 한 사람이 이 고백의 찬송을 불렀다면 그럴 수도 있겠다고 쉽게 인정할 수도 있습니다. 그런데 이 찬송은 장님이었던 화니 크로스비가 작사한 곡입니다. 장님이 걸어가는 곳곳마다 걸림돌밖에 없을 텐데 어떻게 만사형통합니까? 이유는 한 가지입니다. 화니 크로스비는 장님이라는 자신의 상황이 하나님의 은총이라는 사실을 받아들였기 때문에 눈을 감고 있었지만 만사형통했던 것입니다. 그는 눈 뜨고 볼 수 없는 것을 눈을 감고서야 볼 수 있었습니다.

여러분이 잘 아시는 〈낮은 데로 임하소서〉의 실제 모델인 안요한 목사님은 청운의 꿈을 가진 능력 있는 사람이었습니다. 그런 그가 30대 초반에 장님이 되었습니다. 화니 크로스비는 어릴 때 장님이 되었으니 빨리 적응했을 것입니다. 그러나 30대가 넘은 사람이 하루 아침에 장님이 되고 아내에게마저 버림받는 것은 훨씬 더 괴로운 일입니다. 아내와 자식이 모두 떠나고 혼자 남은 그가 시도한 일이 무엇이었겠습니까? 자살이었습니다. 그러던 그가 하나님을 만났습니다. 그리고 하나님을 만난 후 제일 먼저 한 일은 장님이라는 상황을 받아들이고 순종하는 것이었습니다. 나와 함께하시는 하나님이 나에게 해로운 것을 주실 리가 없다는 믿음이 생긴 것입니다. 주어진 상황이 어떤 것이든 그 결과는 선하리라는 믿음이 생긴 것이지요.

그 이후 안요한 목사님이 맹인들을 위한 선교를 하면서 이름이 알려지고 많은 집회에 다니게 되었습니다. 미국에서 열린 집회에 참석했던 유명한 안과의사 한 분이 은혜를 받고 나서 그 다음 날

안 목사님을 병원에 모시고 가 정밀검진을 받게 했습니다. 그런데 현재 상태로도 수술을 하기만 하면 눈을 뜰 수 있다는 놀라운 검사 결과가 나왔습니다. 그 안과의사는 무료로 개안수술을 해 주겠다고 했습니다. 그러나 안요한 목사님은 그 제안을 거절하면서 이렇게 말했습니다.

"내가 두 눈 뜨고서도 잃었던 하나님을 눈을 감고서야 만났는데 왜 도로 눈을 뜨겠습니까? 나는 평생 이대로 감고 살겠습니다. 눈이 멀고 나서 더 큰 은혜를 경험했고 또 앞으로도 그러리라고 믿습니다. 그러니 구태여 눈 뜰 필요를 느끼지 않습니다."

혹시 지금 내가 하는 일이 실패로 끝났습니까? 내 뜻대로 되지 않는 일이 있습니까? 하나님이 원망스럽습니까? 그 상황을 하나님의 뜻으로, 하나님의 은총으로 받아들이고 순종하는 믿음이 필요합니다.

다윗은 "젊은 사자는 궁핍하여 주릴지라도 여호와를 찾는 자는 모든 좋은 것에 부족함이 없으리로다"(시 34:10) 라고 고백하고 있습니다. 그 때 다윗의 상황이 어떠했습니까? 자신을 죽이려고 쫓아다니는 사울 때문에 이스라엘에서는 더 이상 숨을 곳이 없어서 이웃 나라 아비멜렉을 찾아가 침을 질질 흘려 가며 미친 사람 노릇을 하던 때입니다. 그런데도 "모든 좋은 것에 부족함이 없다"고 고백한 것입니다. 그는 대체 무엇을 믿었습니까? 이 상황을 주신 분이 하나님이심을 믿었습니다. 하나님이 이 상황을 주셨다면 이것을 통해 반드시 유익함을 주시리라는 믿음이 그런 고백을 가능케 한 것입니다.

제 경우를 예로 들까 합니다. 교회 사무실에 있다가 외출을 해야 하는데 제 차 앞에 다른 차가 브레이크를 채우고 문을 잠근 채 가로막고 있는 경우가 가끔 있습니다. 그럴 때 저는 차 주인을 찾아다니지 않습니다. 저는 두 가지로 해석합니다.

'하나님께서 분명히 나와 함께하시는데도 지금 이 차로 길을 가로막으신 것은 첫째, 내가 지금 가면 해롭기 때문이요, 둘째, 내가 있는 이 현장에서 유익함을 주시기 위함이다.'

이렇게 생각하는 순간 마음이 편해집니다. 그리고 제 방으로 돌아와서는 평소에 읽으려고 했지만 시간이 없어서 읽지 못한 아무 책이나 뽑아서 읽습니다. 저는 주일마다 성경을 순서대로 설교하기 때문에 늘상 다음 주일 설교할 부분을 좀더 쉽게 설명할 길이 없을까를 생각하는데, 희한하게도 제가 가장 필요로 하는 것이 그 책 속에 나옵니다. 그 책은 성경과 전혀 상관없는 책인데도 꼭 필요한 내용이 나오는 것입니다.

한 번은 제가 제주도에 갔다가 새벽에 서울로 돌아오는 비행기 예약이 되어 있었습니다. 제주도 남원에서 출발해서 제주공항으로 가는데 그 곳 목사님께서 저를 공항까지 데려다 주셨습니다. 라디오를 켜니 김포공항뿐 아니라 한반도 남쪽이 온통 안개로 가득차서 비행기 이착륙이 다 멈추었고 한두 시간 후에야 안개가 걷힐 것이라는 보도가 흘러나왔습니다. 저는 저를 데려다 주신 목사님께 그만 들어가시라고 하고 비행기를 기다렸습니다. 그런데 7시 45분에 출발하기로 되어 있던 비행기가 8시 45분이 되어도 안 뜨는 것입니다. 출발 예정 시간을 물었지만 모른다는 대답뿐이었습니다.

마침 그 날은 모든 신문이 김정일의 동거녀라는 성 아무개 여인의 탈출 기사로 처음부터 끝까지 채워져 있었습니다. 저는 앉아서 그 기사를 다 읽었습니다. 재미있었습니다. 그렇게 한두 시간이 지났습니다. 그런데도 비행기는 뜨지 않았습니다. 여기저기서 사람들의 불평이 터져 나오고 항공사 관계자들에게 욕을 하고 야단이 났습니다.

그 때 저는 '하나님께서 나를 이렇게 못 가게 막으셨다면 여기에서 나에게 보여 주실 다른 것이 분명히 있나 보다' 하고 생각했습니다. 그래서 공항 안에 있는 조그만 책방으로 들어갔습니다. 거기에는 선정적인 잡지나 가벼운 베스트셀러밖에 없었는데, 그 중에서 '리더스 다이제스트' 6월호가 눈에 띄었습니다. 그걸 사서 첫 페이지부터 순서대로 주욱 읽어 가다 보니 미국인의 정직성에 대한 기사가 눈에 들어왔습니다.

'리더스 다이제스트'가 대도시, 중도시, 소도시 등 미국 열두 개의 도시를 선택한 다음, 지갑 120개에 50달러씩을 넣어서 각각 열 개씩 뿌렸습니다. 그래서 그 지갑 중 회수되어 오는 지갑의 수를 토대로 미국인의 정직성을 테스트해 보았습니다. 그 기사에는 놀랍게도 60% 이상 회수되어 미국인은 그래도 아직까지 정직하다는 결론이 나왔다고 적혀 있었습니다.

그런데 그 때는 마침 제가 그 주일 설교본문인 요한복음 15장의 주제를 정직으로 잡고, 정직에 대해 우리 교우님들께 전할 좀더 생생한 예가 없을까 고민하고 있을 때였습니다. '아, 하나님께서 나에게 이것을 보여 주시기 위해 이 곳에 이렇게 앉아 있게 하셨구나' 하는 생각이 들지 않을 수 없었습니다. 첫 비행기가 떴더라면 어떻게 '리더스 다이제스트'를 샀겠습니까? 그 기사를 읽고 하나님께서 제게 보여 주신 것에 감사드리는 순간, 비행기가 떠난다는 안내방송이 나왔습니다. 비행기 좌석에 앉았을 때, 얼마나 감격스러웠는지 모릅니다.

인생에 안개가 끼었습니까? 인생의 비행기가 지연되고 있습니까? 원망하지 마십시오. 지연되었기 때문에, 정체되었기 때문에 하나님께서 주시려고 하는 은혜가 있음을 감사함으로 받아들이는 것, 그것이 바로 참된 신앙인의 삶의 자세입니다.

믿음은 용기이다

둘째, 믿음은 용기입니다. 주어진 상황에 대한 순종이 신앙이라면, 내게 어떤 상황이 주어지든지 간에 그 상황에 순종하기 위해 필요한 것은 용기입니다. 그리스도인은 가장 용기 있는 사람이 되어야 합니다.

모세가 가는 길에 홍해가 가로막고 있습니다. 그런데 하나님께서 지팡이로 내리치라고 하십니다. 지팡이로 쳤더니 바다가 갈라져서 좌우의 벽으로 섰습니다. 그 속을 지나간다는 것은 용기가 없으면 안 되는 일입니다. 그런데 구름기둥은 그 속으로 들어가라고 합니다. 이스라엘 백성들은 "매장지가 없어서 우리를 이 곳으로 데리고 왔느냐"고 합니다. 용기가 없었던 것입니다. 그런데 모세는

가자고 합니다. 이것은 참믿음의 사람이기 때문에 가능한 일이었습니다.

거짓말을 하면 100원이 200원 될 수 있음에도 거짓말을 하지 않으려면 용기가 필요합니다. 지금 따귀를 한 대 맞고 두 대를 돌려주고 싶은 상황에서, 오른뺨을 대 주기까지는 못하더라도 올라오는 주먹을 내리는 데는 용기가 필요합니다. 모든 사람들이 다 부정한 방법으로 살아가고, 세상 사람들이 나더러 고지식하다고 놀리는 상황에서 정도를 걷기 위해서는 용기가 필요합니다.

믿음은 용기입니다. 성경에 있는 모든 믿음의 위인들은 용기의 사람들이었습니다. 그 용기 있는 한 사람에 의해 역사는 바뀌는 것입니다. 사도 바울은 쇠사슬에 묶인 채 로마에 가서 토굴 속에 갇혔습니다. 소망이 보이지 않는 상황입니다. 그런데 그는 그 토굴 속에서 신약성경을 썼습니다. 주어진 상황을 수용하는 용기가 없었던들 신약성경을 쓰기는커녕 토굴 속에서 비참하게 죽는 것으로 끝나 버리고 말았을 것입니다.

우리는 정말 용기 있는 자들이 되어야 합니다. 그렇다면 신앙이 용기라고 할 때 그 용기의 출처는 어디입니까? 나입니까? 만약 용기의 출처가 나라면 그것은 만용입니다. 용기의 출처가 내가 될 때 나는 언제나 이겨야 합니다. 수단과 방법을 가리지 않고 이겨야 합니다. 질 수 있는 용기를 갖지 못합니다. 양보하는 용기를 갖지 못합니다. 포기하는 용기를 갖지 못합니다. 져 줄 수 있는 용기, 포기할 수 있는 용기, 양보할 수 있는 참된 용기, 참된 신앙을 갖기 위해서는 그 용기의 출처가 언제든지 하나님이어야 합니다.

모세가 죽었습니다. 모세의 카리스마가 어느 정도였습니까? 그가 40일 동안 시내 산에 올라가서 보이지 않자 이스라엘 백성들이 금송아지를 만들어 놓고 하나님이라고 경배할 정도로, 모세는 이스라엘 백성들에게 하나님과 같은 존재였습니다. 그들은 모세의 모습이 보여야 평강을 얻었습니다. 그런데 그 모세가 죽은 것입니다.

당시 이스라엘의 관습은 모든 것을 자식이 물려받는 것이었습니다. 모세가 죽었으니 그 자식이 응당 지도자의 역할을 물려받아야 했습니다. 모세의 자식들은 다 살아 있었습니다. 그런데 하나님께서 모세를 통해 선택하신 지도자는 여호수아였습니다. 여호수아는 모세의 시종으로, 요즘 말로 하자면 대통령의 비서실장입니다. 대통령이 서거한 후 법적 계승권자가 아닌 일개 비서실장이 대통령으로 나선다면 그 명령이 먹혀들겠습니까? 모세의 자식과 제사장들이 시퍼렇게 살아 있는데 전혀 생각지도 않았던 자신에게 그 일을 맡으라는 것을 여호수아는 받아들이기 어려웠을 것입니다.

그런데 여호수아 1장은 어떻게 시작합니까? "두려워 말라. 담대히 하라. 극히 담대하라. 마음을 강하게 하라"는 말씀이 반복해서 나옵니다. 무슨 뜻입니까? 여호수아가 벌벌 떨고 있었다는 것입니다. 여호수아는 자기에게 주어진 직책이 너무 무섭고 부담스러워서 벌벌 떨고 있었습니다. 그런데 하나님께서는 "여호수아야, 믿음은 용기다. 용기를 가져라. 두려워하지 말라"고 하시면서 "내가 모세와 함께 있던 것처럼 너와 함께하리라. 네가 어디로 가든지 나 여호와가 너와 함께하리라"고 약속하셨습니다.

용기의 출처가 어디입니까? 하나님입니다. 우리가 어떻게 세상을 용기 있게 살아갈 수 있고, 용기 있게 남에게 질 수 있습니까? 그 용기의 출처가 천지를 창조하신 여호와 하나님이시기 때문입니다. 그 하나님이 함께하시기 때문에, 그 하나님이 제시하신 방법이기 때문에 우리는 용기 있게 그 길을 걸어갈 수 있습니다.

지구상에서 인간이 살 수 있는 장소로서 가장 높은 곳은 티벳에 있는 '꼴라란둥'이라는 지점인데, 그 곳은 무려 해발 6,300미터로서 한라산의 3배가 넘습니다. 그 곳이 유명한 또 한 가지 이유는 그 곳에서 떨어지는 물방울이 거대한 양쯔 강을 이루기 때문입니다. 말하자면 양쯔 강의 발원지인 것입니다. 몇 해 전에 KBS 취재팀이 그 꼴라란둥을 취재하러 갔습니다. 취재팀이 도착한 날은 기온이 영하 20도였습니다. 취재팀이 촬영을 하려고 꺼낸 카메라가 얼어서 작동하지 않을 정도였습니다. 취재팀은 카메라를 열기로 녹여서 찍어야 했습니다. 그런데 바로 그 날, 텐트 속에서 함께 식사를 끝마친 뒤 잘 시간이 되자 텐트 주인 까르마 씨가 취재팀에게 이렇게 말했습니다.

"당신들은 모두 다 여기서 주무십시오."

그러더니 자기는 모포 한 장만 들고 텐트 밖으로 나가는 것입니다. 그래서 기자가 어디서 자려고 나가느냐고 묻자 까르마 씨는 이렇게 대답합니다.

"나는 내 양을 지키기 위해서 밖에서 잡니다."

그는 자기 말대로 카메라가 얼어붙을 정도의 혹한 속에서 가죽모포 한 장으로 깔고 덮고 잤습니다. 행여라도 맹수가 나타나서 자기 양떼들을 채어 갈까 봐서입니다. 저는 그 장면을 보고 혼자 울었습니다. 6,300미터 고지의 양떼는 영하 20도에도 아랑곳 않고 곁에서 지켜 주는 목자 때문에 밤을 편안히 지새울 수 있는 것입니다. 용기 있게 살아갈 수 있는 것입니다.

그렇다면, 우리와 함께하시는 하나님이 까르마보다 못합니까? 그 하나님이 우리와 함께하고 계시다면 우리는 정말 이 세상을 진리의 길대로 용기 있게 살아가는 참신앙인이 될 수 있지 않겠습니까?

믿음은 시선이다

셋째로, 믿음은 시선입니다. 믿음은 용기이며 그 용기의 출처가 나와 함께하시는 여호와라고 할 때, 믿음이 과연 무엇이겠습니까? 나와 함께하시는 하나님을 늘 내 눈으로 바라보면서 사는 것입니다. 내게 아무리 용기가 있어도 하나님이 의식되지 않는다면, 매번 일을 저질러 놓고 나서 후회만 한다면, 어떻게 신앙인의 자세라고 하겠습니까?

믿음은 하나님을 향한 시선입니다. 만약 누군가 저더러 한 달 동안 시간을 줄 테니 어디에 가겠느냐고 묻는다면, 저는 두 군데를 가고 싶습니다. 한 군데는 바로 이스라엘 광야입니다. 또 한 군데는 시나이 반도에 있는 시내 산입니다. 저는 그 곳에 갔을 때의 감격을 지금도 잊지 못합니다.

이스라엘 광야에는 정말 아무것도 없습니다. 풀 한 포기, 물 한 방울이 없습니다. 예수님께서는 그 곳에서 금식기도를 하셨습니다.

가고 싶어서 가신 것이 아닙니다. 성령께서 강권하여 이끌었기에 가신 것입니다. 다윗은 사울의 칼날을 피해 광야에서 살았습니다. 그 역시 거기서 살고 싶어서 산 것이 아닙니다.

광야에서는 아무것도 눈에 보이는 것이 없기 때문에 오직 하나님만 보입니다. 산이라도 뾰족뾰족 솟아 있다면 스카이라인이라도 보며 감상할 텐데 그것도 없기 때문에 온통 새파란 하늘에서 하나님을 느낄 수밖에 없습니다.

하나님께서는 평지에서도 얼마든지 모세와 이야기할 수 있었을 것입니다. 그런데 왜 땀을 뻘뻘 흘리며 올라가야 하는 해발 2,285 미터의 시내 산 꼭대기로 모세를 부르시고 40일 동안 거하게 하셨겠습니까?

저는 2,285미터보다 높은 산을 많이 올라가 보았습니다. 백두산도 올라가 보았고, 마우이 섬의 할레아칼라 산과 미국 옐로우 스톤의 워쉬부쉬 산, 시애틀 근교의 그르니에 산에도 가 보았습니다. 백두산을 제외하고는 모두 3,000미터 이상 되는 산들입니다. 그리고 굉장히 아름답습니다. 그러나 제게는 시내 산이 더 감동적입니다. 시내 산 위에서는 나무 한 그루 보이지 않습니다. 감상할 것이 아무것도 없습니다. 그 곳에서 생각할 수 있는 것은 오직 하나님밖에 없습니다. 하나님께서는 예수 그리스도를 광야로 부르심으로, 다윗을 광야로 부르심으로, 모세를 시내 산 위로 부르심으로, 하나님을 향한 시선을 고정시켜 주셨습니다.

방주의 구조를 가만히 생각해 보십시오. 노아의 방주에는 분명히 문이 있습니다. 그 문으로 들어가면 하나님께서 밖에서 문을 잠

그서서 사람들이 열지 못합니다. 그런데 그 방주에는 창문이 없습니다. 딱 하나 뚫려 있기는 하지만 그 창문은 천장에 있습니다. 이러한 방주는 어떤 곳입니까? 세상을 향한 시선을 막고 하나님을 향한 시선만 강화하는 곳입니다.

예전에 제가 사업을 한 적이 있습니다. 하나님께서 은총을 베푸셔서 사업을 번성하게 해 주셨을 때, 저는 그 영광을 하나님께 돌려 드리지 않고 그 돈 때문에 하나님을 잃고 정말 타락한 삶을 살았습니다. 참 부끄러운 과거입니다. 그런데 예수님을 인격적으로 만나고 나서 그분을 위해 살려고 결심하면서 한 가지 결단한 것이 있습니다. 예전에 돈 때문에 타락한 과거가 있으므로 다시는 돈 때문에 예수님을 배신하지 않겠다는 마음으로, 제 개인 집을 소유하지 않고 돈을 모으는 통장을 갖지 않겠다고 결단한 것입니다. 아이를 키우며 살다 보니 때로는 목돈이 필요합니다. 그런데 제게는 돈이 없기 때문에 그것이 정말 필요한 목돈이라면 하나님이 필요한 때에 하나님의 방법으로 주실 것을 믿고 기다립니다.

한 번은 아이들이 자기들도 다른 애들처럼 공부방을 좀 꾸며 달라고 했습니다. 침대도 놓고 책상도 꾸며 달라는 것입니다. 그런데 그 비용을 계산해 보니 결코 적은 돈이 아니었습니다. 여력이 없었던 우리 부부는 아이들을 달랬습니다.

"그래, 좀 기다려 보자. 때가 되면 하나님께서 해 주실 거야."

그런데 아이들이 개학하기 전에 느닷없이 한 사람이 찾아왔습니다. 그는 약 20년 전에 제가 경영했던 회사에 근무한 적이 있는 사람이었는데, 회사에 근무할 당시 상당한 공금을 횡령했습니다.

제가 고발하기만 하면 완전히 형사범으로 잡혀 들어갈 상황이었습니다. 그런데 그는 당시 신학교를 졸업한 청년이었습니다. 저는 신학교를 졸업한 청년을 고발해서 인생을 막아 버리는 것이 무언가 잘못하는 일인 것 같아서 제 개인 돈으로 변상하고 없었던 일로 해 주었습니다.

그는 그 때 일로 인해 20년을 죄책감 속에서 살았다고 하면서, 당시 횡령한 돈에는 미치지 못하지만 일부라도 돌려 주어야 하나님 앞에서 떳떳할 것 같았기 때문에 찾아왔노라고 했습니다. 그 돈을 받고 보니 아이들의 방을 꾸미는 데 드는 비용에서 1원도 모자라지도, 남지도 않았습니다.

그 일이 있고 난 뒤 제가 아이들 방을 드나들면서 침대를 볼 때 그냥 침대로 보겠습니까? 아이들의 책상을 볼 때 그냥 책상으로 보겠습니까? 아닙니다. 그것은 저에게 '나와 함께하시는 하나님의 손길'입니다. 어찌 그 책상, 그 침대만 그렇겠습니까?

시인 구상 선생님의 시 중에 "내 손가락이 열 개라는 것이 기적이다"라는 구절이 있습니다. 하나님께서 움직이게 하지 않으시면 내 손가락이 어떻게 움직이겠습니까? 왜 손가락을 손가락으로만 봅니까? 왜 내 손가락 위에서 나와 함께하고 계시는 하나님을 보지 못합니까?

다윗은 "밤마다 내 심장이 나를 교훈한다"고 고백했습니다(시 16:7). 그는 결코 자신이 건강해서 심장이 움직인다고 생각하지 않았습니다. 오히려 심장이 울릴 때마다 자기 심장을 움직여 주시는 하나님을 느꼈습니다. 그 심장 소리를 통해 하나님의 교훈을 듣고 은혜 가운데 살았던 것입니다.

오늘 하루 세 끼를 다 드셨습니까? 하나님께서 우리의 건강을 지켜 주시지 않았더라면 어떻게 우리가 세 끼를 다 먹고 소화시킬 수 있었겠습니까? 병원에 가 보십시오. 은행에 수없이 많은 돈을 넣어 두고 있는 사람들 중에도 하루 한 끼도 못 먹고 누워 있는 사람이 많습니다.

내가 하나님을 향한 시선만 갖고 있다면 하나님은 도처에 계십니다. 그래서 다윗은 이렇게 고백했습니다.

"내가 사망의 음침한 골짜기를 다닐지라도 해를 두려워하지 않을 것은 하나님께서 나와 함께하심이라 주의 지팡이와 막대기가 나를 안위하시나이다"(시 23:4).

그런 믿음의 소유자가 되시기 바랍니다.

믿음은 다루어지는 것이다

넷째, 믿음은 다루어지는 것입니다. 앞서 믿음은 하나님에 대한 시선이라고 했습니다. 하나님에 대한 나의 시선을 강화하면서 하나님을 바라보면, 하나님보다 더 크신 분은 없다는 사실을 알게 됩니다. 대단히 쉬운 이야기 같지만 사람들은 이것을 깨닫지 못합니다.

우리는 자신이 세운 계획이 이루어지지 않으면 금방 하나님을 원망합니다. 그 원망의 밑바탕에는 무엇이 깔려 있습니까? 하나님보다 내가 더 큰 것입니다. 내 계획이 더 큰 것입니다. 내 생각이 더 큰 것입니다. 그래서 자꾸 내가 하나님을 컨트롤하는 법을 배우려고 하고 내가 하나님을 다루려고 합니다. 대부분 부흥회를 보면 '이렇게 이렇게 하면 네가 기도하는 바가 이루어진다'는 식으로 이야기하면서 하나님을 다루는 테크닉을 가르쳐 줍니다.

다윗이 하나님을 잘 다루었기 때문에 이스라엘의 왕이 되었습니까? 그렇지 않습니다. 하나님에 의해 철저하게 다루어진 결과, 이스라엘의 왕이 되었습니다. 우리 자신에 의해서 하나님이 다루어진다면 하나님을 믿지 마십시오. 그런 하나님은 우리보다 못한 분입니다. 하나님은 절대 우리들에 의해 다루어지지 않습니다. 하나님보다 더 크신 분이 없으며 하나님의 방도보다 더 큰 방도가 없다는 사실을 깨닫고, "진흙과 같은 날 빚으사 당신의 형상 만드소서"라는 고백으로 그분의 손에 나를 전적으로 의탁하며 매일매일 하나님에 의해 다루어지는 것, 그것이 믿음입니다.

몇 년 전 삼풍백화점이 무너진 참사가 있었습니다. 참으로 많은 물의를 빚은 사건이었습니다. 수백 명이 목숨을 잃었으며 많은 사람들이 경영주를 공격하고 그의 도덕성을 비난했습니다. 더욱이 그 경영주가 교회 집사였기 때문에 교계의 모든 신문이 비난 일색이었습니다.

그런데 그 때 백화점이 무너진 터를 보며 저는 다른 생각을 했습니다. 그리스도인인 그 경영주를 하나님이 버렸기 때문에 그런 사건이 일어났다고 생각하는 대신, 오히려 그 사건 때문에 그분의 삶이 180도 달라질 것이라고 믿었습니다. 이제껏 믿어 온 것보다 더 진실된 그리스도인이 될 것이라고 믿었습니다. 그 사건에서 그를 다루고 계시는 하나님의 손길을 본 것입니다.

제주도에 가면 '파라다이스'라는 이름의 호텔이 있습니다. 객실은 많지 않지만 세계 어느 나라에 내 놓아도 손색이 없을, 절경을 끼고 있는 아름다운 호텔입니다. 그 파라다이스 호텔 경영주가 전낙원 씨라는 분입니다. 그는 몇 해 전 카지노 사건에 걸려 징역 5년의 중형을 선고받았다가 집행유예로 풀려난 바 있습니다. 그런데 그분의 이름이 '전낙원'이기 때문에 자기 이름을 따서 파라다이스 호텔이라고 한 것입니다. 서울에 있는 전낙원 씨 소유의 면세점 이름도 모두 파라다이스입니다. 왜 이름이 '낙원'인지 아십니까? 그분의 아버님이 목사님이어서, 세상에서 낙원을 이루며 살라고 그렇게 이름을 지어 준 것입니다. 그런데 그 아들은 물질적인 낙원을 이루고 살았습니다.

그 카지노 사건을 통해서도 저는 하나님을 신실하게 믿었던 그리스도인의 자식을 다루고 계시는 하나님의 손길을 봅니다. 그리고 언젠가 그가 정말 하나님의 손에 다루어진 새로운 피조물이 될 것을 믿어 의심치 않습니다.

우리의 계획이 어그러질 때, 우리에게 뜻하지 않았던 상황이 일어날 때, 제발 하나님을 원망하지 마십시오. 그 상황 속에서 나를 다루시는 하나님을 만나십시오. 그분에게 맡기십시오. 하나님에 의해 다루어지지 않으면 우리는 절대로 거룩해질 수 없습니다. 우리에게는 거룩한 씨가 없습니다. 내가 하나님을 다루려고 하면 나는 하나님을 무당으로 만드는 사람밖에 되지 않습니다. 하나님의 손에 내가 다루어질 때, 우리의 삶은 날로 날로 성숙한 경지 속으로

몰입되어 가는 것입니다.

믿음은 신실이다

다섯째, 믿음은 신실입니다. 앞에서 믿음이란 하나님에 의해서 다루어지는 것이라고 말씀드렸습니다. 내가 정말 내 삶을 하나님께 맡기고 하나님에 의해 다루어진다면, 나는 매일 매일 신실한 사람으로 바뀔 수밖에 없습니다. 왜냐하면 하나님께서 신실하시기 때문입니다.

'믿음'이라는 말을 그리스어로 '피스티스'(pistis)라고 하는데, 그 의미가 '신실'입니다. 그러니까 "저 사람 참 믿음 좋다"는 말은 "저 사람 참 신실하다"는 의미입니다. 만일 내가 주님을 믿으면서 신실해지지 아니한다면 아직까지도 나는 성숙한 믿음을 갖고 있지 못함을 의미합니다.

요한복음 15장 7절을 보면 그리스도를 믿는 사람들이 굉장히 좋아하는 구절이 나옵니다.

"너희가 내 안에 거하고 내 말이 너희 안에 거하면 무엇이든지 원하는 대로 구하라 그리하면 이루리라."

원하는 대로 구하면 무엇이든지 다 해 준다고 하시니 얼마나 좋습니까? 그러나 사람들은 뒤의 말씀만 생각하고, "너희가 내 안에 거하고 내 말이 너희 안에 거하면"이라고 하는 앞의 말씀은 생각하지 않습니다. 만일 내가 그리스도 안에 거하고 예수 그리스도의 신실한 말씀이 내 안에 거한다면, 내가 정욕을 위해 구할 수 있습니까? 내 욕망을 위해서 구할 수 있습니까? 과부 된 내 딸 좋은 남편 얻자고 신학대학 교수 빨리 상처하고 자식도 낳지 말라는 그런 기도를 할 수 있겠습니까? 내가 간을 이식 받기 위해서 누군가를 빨리 뇌사 상태에 빠지게 해 달라는 기도를 할 수 있겠습니까? 불가능할 수밖에 없습니다.

마태복음 21장 22절에 나오는 "믿고 구하는 것은 다 받으리라"는 구절도 그리스도인들이 굉장히 좋아하는 구절입니다. 그래서 무조건 "믿습니다"고만 하면 다 된다고 생각합니다. 그러나 그 구절에다 앞서 말한 '피스티스', 즉 '신실'을 대입하면 무슨 말이 됩니까? "너희가 신실해지고 구하면 다 받으리라"입니다. 왜 신실해지고 구하면 다 받습니까? 신실한 자는 헛 것을 구하지 않습니다. 남에게 해가 될 것을 구하지 않습니다. 신실한 자는 신실한 것만을 구합니다. 그러니 하나님께서 안 이루어 주실 리가 있습니까?

그렇다면 우리가 신실해진다는 것은 무엇을 의미합니까? 자기부인을 의미합니다. 예수 그리스도께서는 "누구든지 나를 따라오려거든 자기 십자가를 지고 자기를 부인하고 나를 따라오라"고 말씀하셨습니다. 자기부인 없이는 신실해지지 않습니다. 욕망과 감정대로 살고 싶은 나를 자꾸 못박아 가고 부인해 가는 것이 신실해지는 것입니다.

프랑스 작가이며 외교관으로서 60년대에 주일대사까지 지낸 뽈끌로델이라는 분이 있습니다. 그가 이런 말을 했습니다.

"예수 그리스도를 믿는다는 것은 십자가의 삶에 동참하는 것이고, 예수 그리스도의 삶에 동참한다는 것은 십자가 위에서 예수 그리스도의 사지가 찢어진 그 고통에 동참하는 것이다. 그분의 사지가 찢어졌다 함은 첫째 선과 악이 찢어진 것이요, 둘째 미움과 사랑이 찢어진 것이요, 셋째 영혼과 육체가 찢어진 것이요, 마지막으로 로고스와 파토스, 곧 감성과 이성이 찢어진 것이다."

내가 정말 미워할 수밖에 없는 자를 사랑할 때 고통이 없을 수 있습니까? 내가 정말 남이 가는 사도(邪道)를 버리고 정도(正道)를 가려고 할 때 선악이 찢어지는 고통이 없을 수 있습니까? 우리는 그 과정을 거쳐야 합니다. 진실해지는 데 부전승은 없습니다. 우리가 노력하지 않고 가만히 있는데 신실한 신앙인이 되는 길은 성경 어느 곳에도 없습니다.

사람들은 대부분 사도 바울이 예수님을 만나자마자 180도 확 바뀌어서 새로운 사람이 되었다고 생각합니다. 그러나 정말 성경이 그렇게 이야기합니까? 그렇지 않습니다. 갈라디아서를 보면, 바울은 예수님을 만나고 나서 아라비아에 가서 3년 동안 예수님을 향한 시선을 고정시키면서 자기 훈련을 거듭한 결과 사도 바울이 되었습니다. 우리는 하나님에 의해 다루어져야 합니다. 그 가운데 우리의 삶이 신실한 삶으로 바뀌어야 합니다.

믿음은 눈에 보이는 것이다

여섯째, 믿음은 눈에 보이는 것입니다. 신실하게 변화되어 가는 사람의 믿음은, 다른 사람의 눈에 보이게 되어 있습니다. 우리는 백부장의 이야기를 알고 있습니다(마 8장). 백부장이 예수님을 찾아와서 간청합니다.

"우리 하인이 중풍병에 걸렸으니 좀 고쳐 주십시오."

예수님께서 쾌히 응락하시고 가서 고쳐 주시겠다고 합니다. 그러자 백부장은 예수님을 만류하면서 말합니다.

"오시지 마십시오. 저도 종을 부리는 사람으로서, 어떻게 예수님께 친히 저희 집까지 오시라고 하겠습니까? 그냥 명령만 하십시오. 그러면 우리 집 하인이 나을 것입니다."

그 말을 듣고 예수님은 "내가 이스라엘에서 이만한 믿음을 보지 못하였다"고 하십니다. 백부장의 믿음을 눈으로 보신 것입니다.

사도 바울이 루스드라에서 복음을 전할 때 어떻게 했습니까? 앉은뱅이에게 나을 만한 믿음이 있는 것을 보고 일어나 걸으라고 했습니다(행 14:9).

우리는 벌써 다 알고 있지 않습니까? 누가 진실된 그리스도인이고 누가 아닌지를 말입니다. 그걸 어떻게 압니까? 믿음은 눈에 보이는 것이기 때문입니다. 이것은 참으로 중요한 말입니다. 그렇다면 우리가 다른 사람의 믿음을 보듯이 우리 믿음 역시 다른 사람의 눈에 보이고 있다는 사실을 잊어서는 안 됩니다. 다른 사람도 우리를 보고 우리가 진짜 그리스도인인지 아닌지 평가하고 있을 것입니다. 그러므로 다른 사람에게 우리가 어떤 모습으로 보이고 있는지 생각하는 자들이 되어야 합니다.

도마가 예수님께 물었습니다.

"나는 당신이 부활하셨다는 사실을 믿지 못하겠습니다. 내 눈으로 보아야겠습니다."

그 때 예수 그리스도께서 당신이 부활하신 증거를 무엇으로 보여 주셨습니까?

"보아라, 내가 못박힌 손을 보아라. 창에 찔린 자국을 보아라. 보고서 믿는 자가 되어라."

나에게는 보여 줄 못자국이 있습니까? 창자국이 있습니까? 내가 예수를 믿고 회사가 번창했다면 그것도 아름답게 보여 줄 거리가 될지도 모르겠습니다. 그러나 번창하는 것만이 보여 줄 거리가 된다면 예수 안 믿는 정주영 회장이 더 낫지 않습니까? 삼성물산 이건희 회장 앞에서는 더 이상 자랑할 것이 없지 않겠습니까? 그리스도인이 참으로 보여 줄 수 있는 것은 십자가의 흔적입니다. 우리가 교회에서 존중하는 사람은 아무 소리 없이 남모르게 헌신하시는 분, 궂은 일 마다하지 않는 분, 자기의 것을 포기하면서도 주님의 의를 드러내는 못자국이 있는 분이 아닙니까?

오늘 우리들의 삶을 믿음의 눈으로 되돌아보시기 바랍니다. 우리들의 삶 속에 타인을 향해 보여 줄 못자국이 없다면 우리는 아직까지 성숙한 삶을 살지 못한 것입니다. 만약 못자국이 보인다면 자랑하지 말고 더욱더 그런 삶을 지속적으로 살아가시기 바랍니다. 그럴 때 우리를 통해 하나님의 역사가 아름답게 이루어지는 것입니다.

믿음은 자기 발견이다

일곱째, 믿음은 자기 발견입니다. 믿음은 눈에 보이는 것이라고 했습니다. 타인의 눈에만 보이는 것이 아닙니다. 자기 눈에도 보이는 것입니다. 믿음은 자기를 발견하는 것입니다.

창세기 4장에서, 인간은 자기가 '에노스'(죽을 수밖에 없는 존재)라는 사실을 발견함으로써 믿음을 시작한다고 말씀드렸습니다. 에노스라는 사실을 발견한 후에 무엇을 발견합니까? 구원자 예수 그리스도를 발견합니다. 예수 그리스도를 발견한 다음에 어떻게 됩니까? "누구든지 그 이름을 믿는 자는 하나님의 자녀 되는 권세를 주셨으니"라는 말씀처럼 하나님의 자녀가 된 나를 발견하게 됩니다.

〈뿌리〉의 작가 알렉스 헤일리가 아프리카에 가서 킨타 쿤테의 후예라는 자기 뿌리를 찾고 얼마나 기뻐합니까? 대단한 족보도 아닌 것 같은데 말입니다. 마태복음 1장 17절을 보면 그리스도의 족보가 나옵니다.

"아브라함부터 다윗까지 열네 대요 다윗부터 바벨론으로 이거할 때까지 열네 대요 바벨론으로 이거한 후부터 그리스도까지 열네 대러라."

이것을 모두 합하면 42대가 되어야 합니다. 그러나 마태복음 1장의 족보를 아무리 세어 보아도 한 대가 빠져 있습니다. 그래서 비판론자들은 "자, 봐라. 성경은 이래서 틀렸다. 42대가 나와야 되는데 41대만 나오지 않느냐? 어떻게 복음서 1장부터 틀릴 수가 있는가?" 하고 말합니다. 그러나 그 족보에는 한 대가 없어야 합니다. 그래야 그 공란에 내 이름이 들어갈 수 있는 것입니다. 마태복음 1장은 내 이름을 위해 공란을 비워 두었습니다. 그 예수님의 족보에 우리 이름이 들어갈 수 있도록 말입니다.

예수 그리스도 안에서 하나님의 자녀 된 정체성을 발견하는 것은 대단히 중요합니다. 미운 오리 새끼가 한 마리 있습니다. 다른 오리들은 다 오리처럼 걷고 잘생겼는데 자기는 전혀 오리처럼 생기지 않았습니다. 얼마나 불평과 콤플렉스가 많았겠습니까? 얼마나 그 삶이 고통스러웠겠습니까? 만족이 없습니다. 그런데 어느 날 하늘에서 백조가 날아오더니 이렇게 말합니다.

"너 왜 거기 있니? 넌 백조야."

백조라는 자기 자신의 정체성을 발견한 후 그 삶이 이전과 같았겠습니까?

이처럼 예수 그리스도께서 오리 새끼들 중에 살고 있는 우리에게 "너는 왜 거기 있느냐? 너는 백조 새끼다" 하시며 우리들을 선택하셔서 예수님의 족보에 올려 주셨다는 이 정체성을 깨닫는 데서부터 우리는 정말 하나님의 자녀다운 삶을 살아갈 수 있는 것입니다.

믿음은 자기 사랑, 자기 가꿈이다

여덟째, 믿음은 자기 사랑, 자기 가꿈입니다. 하나님의 자녀 된 자기 정체성을 발견했다면 그 다음부터는 하나님의 자녀 된 자신을 사랑하고 가꾸어 가는 것입니다.

우리가 가진 자동차가 아주 낡았다고 합시다. 그러면 주차도 아무렇게나 하고 누가 와서 차 문을 열다가 벽에 부딪쳐도 별로 신경 쓰지 않을 것입니다. 그런데 비싼 값을 주고 새 차를 샀을 때는 혹시라도 누가 와서 긁지 않도록 조심하고, 주차도 아주 신경 써서 안전하게 합니다. 왜 그러겠습니까? 새 차이기 때문입니다.

우리가 그리스도 안에서 하나님의 자녀요 새로운 피조물 된 자신을 발견한다면, 또다시 더러운 욕망이나 죄로 우리 자신을 더럽힐 수 있겠습니까? 우리는 참으로 하나님의 자녀 된 자신을 가꾸고 사랑해야 합니다. 말씀으로, 진리로 계속 아름답게 일구어 가야 합니다. 중요한 사실은, 정말 나 자신을 사랑하고 가꾸는 법을 익히기 전까지는 진정으로 남을 사랑할 수 없다는 것입니다.

마태복음에서 율법사가 제일 중요한 계명이 무엇이냐고 물었을 때 예수님께서 어떻게 대답하셨습니까? "하나님을 사랑하는 것이 첫째요, 둘째는 네 이웃을 네 몸과 같이 사랑하는 것"이라고 하셨습니다(마 22:34-40). 나 자신을 정말 사랑할 수 있어야 이웃을 사랑할 수 있다는 의미입니다.

매일 술 먹고 자기 인생을 탕진하는 자가 이웃의 인생이 소중한 것을 알겠습니까? 모릅니다. 매일 내 욕망에 찌들어 사는 사람이 이웃의 인생을 가치 있게 대해 주는 법을 알겠습니까? 절대로 알 수 없습니다. 신앙은 자기를 사랑하는 것입니다. 이 때 자기를 사랑한다는 것은 이기심(selfish)이 아닙니다. 자기존중(self esteem)입니다. 즉 하나님께서 새로운 피조물로 점찍어 주시고 선택해 주신 하나님의 자녀로서 자기 자신을 존중하는 것입니다.

나를 존중히 여기는 자가 타인의 인생을 존중히 여길 줄 압니다. 내 가정을 존중히 여기는 자는 타인의 가정에 해를 끼치는 자가 되지 않습니다. 전도서 8장 1절에는 이런 말씀이 있습니다.

"지혜자와 같은 자 누구며 사리의 해석을 아는 자 누구냐. 사람의 지혜는 그 사람의 얼굴에 광채가 나게 하나니 그 얼굴의 사나운 것이 변하느니라."

여배우들이 나이가 들면 대중 앞에 나서지 못합니다. 미국 배우들은 주름이 많아서 더욱 그렇습니다. 이처럼 겉만 가꾸면 반드시 추해질 때가 옵니다. 그런데 성경은 무엇이라고 말씀합니까? 하나님의 말씀으로 가꾸는 사람은 그 얼굴에 광채가 나고 그 얼굴의 사나운 것이 변한다고 합니다. 우리 자신을 사랑하고 말씀으로 가꾸어 가면 정말 내적으로 아름다워집니다.

과거에 제가 자동차를 몰고 가다가 위반하면 경찰관이 으레 제게 묻는 질문이 있었습니다.

"검사님이십니까?"

얼마나 날카롭게 생겼으면 그렇게 묻겠습니까? 제가 목회를 시작한 초기에 교회 근처의 식당에 갔을 때의 일입니다. 벽에 성경 구절이 적혀 있길래 주인에게 "교회 다니시나 보지요?" 하고 물었더니 그분이 제게 되물었습니다.

"아저씨도 교회 다닙니까?"

얼마나 목사처럼 안 보였으면 그렇게 물었겠습니까? 제가 창피해서 다시는 그 밥집에 가지 않았습니다. 그러니까 몇 년 동안 그 집 주인과 일면식이 없었던 것입니다. 그러다가 얼마 전에 그 식당에 오랜만에 가게 되었습니다. 아무 말도 하지 않고 있는데 주인이 오더니 묻습니다.

"혹시 목사님이십니까?"

제가 안식년 동안 아이들과 지방 여행을 하다가 식당에서 식사를 하면, 종업원들이 꼭 "목사님이세요?" 하고 물었습니다. 그런 말을 들으면서 '이제야 비로소 사나워 보이는 것이 좀 변했나 보다' 생각했습니다.

진정 말씀으로 우리를 가꾸어 가야 합니다. 어디에 가서 말 한 마디를 하더라도 정말 자기를 존중하듯 남을 존중하는 말을 해야 합니다.

예전에 제가 술 먹고 돌아다닐 때는 누구한테든 반말을 했습니다. 술집 지배인이 저보다 아무리 나이가 많아도 반말을 했고 여자 종업원에게도 반말을 했습니다. 그런데 은혜를 체험한 후에는 사람들에게 함부로 반말을 못 하고 꼭 존대말을 합니다. 정말 인척간이나 잘 아는 사이가 아니고는 꼭 존대말을 하고, 교회에서도 제가 잘 알지 못하는 청년들한테는 다 존대말을 합니다. 한 번은 어떤 청년한테 존대말을 했는데 굉장히 어색해 했습니다. 제가 보기에는 나이가 들어 보였는데, 나중에 알고 보니 초등학교 5학년이었습니다.

나를 존중하면 다른 사람에게 하는 말 한 마디도 존중을 담아 할 수 있습니다. 그런 말을 통해 나도 가꾸어지고 남도 가꿀 수 있으며, 주님의 말씀을 바르게 전하는 통로가 될 수 있습니다.

믿음은 자유이다

아홉째, 믿음은 자유입니다. 나를 진리로 가꾸어 가다 보면 정말 자유하는 그리스도인이 됩니다. 구원이 무엇입니까? 자유입니다. 죄의 속박, 유혹, 죽음, 모든 것으로부터의 자유입니다. 내가 나를 진리로 가꿀 때에만 유혹으로부터 자유할 수 있습니다. 내가 영원한 진리 안에 있을 때에만 죽음의 공포로부터 자유할 수 있습니다. 왜 그렇습니까? 그 진리 자체가 영원하기 때문에, 내가 영원한 생명 속에 있는 것이기 때문에 그렇습니다.

진리 안에 있을 때 우리는 자신의 모든 감정으로부터 자유하는 그리스도인이 될 수 있습니다. 주님을 믿는다고 하면서도 감정에 집착하고, 사람에 대한 증오심에 집착하고, 우리가 계획한 일 자체의 성패에 집착한다면, 성숙한 그리스도인이 될 수 없습니다.

'빠삐용'이라는 영화를 잘 아실 것입니다. 그 주인공이 수차례 탈출을 시도한 끝에 악마의 섬에서 뛰어내려 탈출에 성공을 합니다. 주인공인 스티브 맥퀸은 탈출하기 전, 자기 친구인 더스틴 호프만에게 같이 도망가자고 하지만 그의 친구는 가지 않겠노라고 합니다. 그런데 드디어 주인공이 조류의 흐름을 이용하여 악마의 섬에서 벗어나는 데 성공하여 자유를 얻었다고 외칠 때, 남아 있던 친구는 이렇게 독백을 합니다.

"네가 아무리 탈출에 성공해도 네 마음의 감옥에서 벗어나지 않으면, 너는 여전히 감옥 속에 갇혀 있는 것이리."

이 영화는 실화입니다. 스티브 맥퀸이 연기한 주인공의 실제 인물은 프랑스의 앙리 샤리에르라는 사람입니다. 그런데 소설 〈빠삐용〉을 보면 왜 앙리 샤리에르가 목숨을 걸고 탈출하려고 했는지 그 이유가 나타나 있지 않습니다. 그 이유는 앙리 샤리에르가 쓴 〈빠삐용〉의 속편 〈방꼬〉(Banco)에 나옵니다.

1930년 앙리 샤리에르가 스무 살 때 빠리 시내에서 술을 먹고 있던 시간에 근처에서 살인사건이 일어납니다. 앙리 샤리에르는 그 사건과 아무 관련이 없었지만, 실적에 눈이 먼 검사가 그 현장 근처에 있던 샤리에르를 범인으로 지목합니다. 그리고 거짓 증인을 내세워 살인자로 감옥에 집어넣습니다. 그래서 그는 자신의 인생을 망친 검사에게 복수하기 위해서 탈출을 시도합니다.

결국 그는 아홉 번의 탈출 시도 끝에 14년 만인 1944년에 악마의 섬에서 탈출합니다. 영화에서는 여기까지가 끝입니다. 실제로 샤리에르는 그 후에 남미 곳곳을 다니면서 갖은 일을 하며 돈을 모았습니다. 그리고 프랑스 형법상 30년이 지나 범죄 시효가 만료된 1967년에 그 검사를 죽이기 위해 빠리로 돌아갑니다. 그리고 자기가 젊었을 때 지나다니던 거리, 부모님과 함께 지나다니던 장소들, 어릴 때 꿈꾸던 미래를 떠올리면서 마음을 바꿉니다. 샤리에르는 살인범으로 억울하게 체포당했던 그 자리, 자기 청춘을 감옥에서 다 보내게 만든 그 자리에서 이렇게 말합니다.

"나는 하나님께 기도했다. 내가 복수를 포기한 대가로 다시는 이런 비극이 생기지 않게 해 달라고. 그리고 나 자신에게 이렇게 속삭였다. '너는 이겼다, 친구여. 너는 자유롭고 사랑받는 네 미래의 주인공으로 여기에 있다. 그들이 어떻게 살고 있는지 더 이상 알려고 하지 말라. 그들은 과거의 한 부분일 뿐이다. 너는 여기에 있다. 마치 기적처럼. 그리고 너는 지금 확인하고 있다. 이 일에 관계된 사람 중에 네가 가장 행복한 자임을.'"

샤리에르는 복수하러 간 그 곳에서 복수와 증오로부터 자유함을 얻었습니다. 37년 동안 스스로를 가두고 있던 '자기'라는 감옥으로부터 자유함을 얻었습니다. 그 순간부터 샤리에르는 정말 행복한 자유인이 된 것입니다.

이와는 반대되는 이야기가 있습니다. 뒤마의 전기소설 〈몬테크리스토 백작〉입니다. 그 소설의 주인공 에드몽 당테스도 억울하게 누명을 쓰고 투옥되었다가 14년 만에 탈출을 합니다. 그는 섬에 들어갔다가 보물을 발견하여 몬테크리스토 백작으로 변신합니다. 그리고 자기를 모함했던 사람들을 철저하게 다 죽입니다. 그가 가는 곳마다 피가 튀었습니다. 그렇게 복수하고 나서 그는 다시 에드몽 당테스 섬으로 들어갑니다. 그는 '자기'라는 감옥으로부터 자유하지 못했습니다. 자기 하고 싶은 대로 다 한 것 같은데도 그에게는 자유가 없었습니다. 결국 그는 죽을 때까지 자기를 탈출하지 못한 채 자기의 감옥 속에서 불행하게 인생을 끝내고 말았습니다.

자기 감정에 자신을 가두지 마십시오. 자기 불안에 자신을 가두지 마십시오. 자기 욕심에 자신을 가두지 마십시오. 자유하십시오. 진리는 자유하는 것입니다.

예수 그리스도께서 십자가 위에서 돌아가시면서 일곱 마디의 유언을 남기셨는데, 그 유언 중의 한 마디가 "요한아, 너의 어머니시다"였습니다. 이것은 요한에게 자신의 어머니를 부탁하시는 말씀이었습니다. 예수님의 유언을 그렇게 이해한 요한은 20대 청년시절부터 70대까지 근 50년을 예수님의 모친을 봉양하는 일로 소진합니다. 요한이 자유하는 진리의 사람이 아니었다면 어떻게 할머니 봉양하는 일을 평생 할 수 있었겠습니까? 50년이 지난 후 마리아가 죽었을 때, 주께서는 그 자유하는 요한에게 요한복음과 요한1·2·3서, 그리고 요한 계시록을 기록하게 하십니다. 그 요한이 요한복음 8장 32절에서 이렇게 말합니다.

"진리를 알지니 진리가 너희를 자유케 하리라."

그는 자유하는 그리스도인이었기 때문에 그 사실을 알고 기록할 수 있었던 것입니다.

이 요한에 관하여는 제가 쓴 〈새신자반〉 속에 상세하게 설명한 바 있는데, 이와 관련하여 한 독자로부터 다음과 같은 편지를 받았습니다.

"저는 19개월 된 뇌성마비 아들을 둔 엄마이자, 교회에서 고등부를 맡고 있는 전도사의 아내입니다. 저희 부부는 하나님의 은혜와 사랑 가운데 아름다운 가정을 이루며 행복하게 살고 있습니다. 그러나 제 마음 가운데 언제나 아쉬운 것이 있었습니다. 뇌성마비 아들이 걸림돌이었으며 가시였던 것입니다. 내 아들이 건강하기만 하면 얼마나 더 행복할까? 그렇게만 된다면 세상에 정말 부러울 것도 없고 또 주님의 일도 더욱 열심히 할 것 같았습니다.

같은 교역자 아내들이 좀더 나은 내조를 위하여 간호학원, 신학대학, 혹은 직장생활을 하며 열심히 사는 것을 볼 때마다 왠지 저는 초조해졌습니다. 나는 언제쯤이면 저런 뜻 있는 일을 할 수 있을까? 제가 하는 일이라고는 오늘은 이 병원, 내일은 저 병원, 그 저 병원 문턱을 뛰어다니는 일뿐이었습니다. 달력은 온통 병원 예약표시로 가득 차 있었고, 밤이면 밤마다 칼날처럼 예리하게 울어대는 아이를 달래느라 밤잠을 설치면서 그저 처량하게 앉아 있곤 했습니다.

설상가상으로, 뇌성마비 아들이 흠이 된다 하여 남편이 전임 교역자로 결정된 교회로부터 거절을 당할 때마다, 그래서 한국 교회의 현실에서는 뇌성마비 아들을 데리고 목회하기란 어려우니 다른 방향으로 돌려 보라는 주위의 충고를 받을 때마다 말도 하지 못한채 얼마나 울었는지 모릅니다. 그럴 때마다 저는 이렇게 기도를 드렸습니다.

'하나님 아버지, 제발 저와 아이를 데려가 주십시오. 너무 힘이 들어 견딜 수가 없습니다.'

이런 저를 남편은 탓하지 않고 늘 말씀으로, 더 큰 사랑으로 위로해 줍니다. 어느 날 남편이 제게 선물로 준 〈새신자반〉을 펼쳐 든 저는 눈을 뗄 수가 없었고, 가슴은 마구 벅차 올랐습니다. 주님께서 사랑하시는 사도 요한에게 부탁하신 그 명령이야말로 바로 제자신의 사명이요 삶이었습니다. 요한의 동창생들이 주님의 일로 이름을 날리며 승승장구하고 있을 때, 요한은 오직 늙은 할멈 돌보는 일로 청춘을 흘려 보내고 있었습니다. 단지 주님의 부탁이었기 때문에, 처량하기 짝이 없어 보이는 삶을 살았습니다.

저는 울고 또 울었습니다. 저는 요한 사도의 마음을 누구보다도 더 잘 이해할 수 있었습니다. 가장 사랑받는 제자였기에 어떤 친구들보다 더 크게 성공할 수 있었을 요한, 더 많은 주님의 일을 멋지게 감당할 수 있었을 요한, 그럼에도 불구하고 고작 할머니 수발이라는 하찮게 보이는 일을 묵묵히 감당해 내었던 요한, 그 요한 사도가 마침내 '진리의 사람'이 되어 제 앞에 우뚝 서 있습니다. 나의 선배 요한 사도, 그 옆에 제가 서 있음을 보게 됩니다. 그제서야 주님께서 얼마나 절 사랑하고 계시는지 비로소 깨닫고, 하나님께 눈물을 흘리며 감사드렸습니다.

그리고 울고 보채는 뇌성마비 아들을 바라보니, 더 이상 나의 짐도, 가시도 아니었습니다. 그 아들이야말로 나의 보배요 나의 보석이자 나를 항하신 하나님의 은총이었습니다. 그 이후, 제 기도와 찬송의 내용이 달라졌습니다. 무엇보다도 사명을 깨달은 지금 제 삶이 분명히 달라지고 있습니다."

뇌성마비 아들 때문에 고통과 괴로움 속에서 살고 있던 그 부부는 진리 안에서 아들에 대해 자유함을 얻은 것입니다. 그 후에 이분의 남편은 주님의교회 부목사님으로 사역하게 되었습니다. 그 부부는 예전에는 아들이 부끄러워서 남에게 보여 주기를 꺼렸습니다. 그러나 지금은 자유를 얻었습니다. 그분들은 주일날 그 아이를 가슴에 안고 와서 교인들이 안아 보겠다면 누구든지 안아 보게 해 줍니다. 이제 그 아이는 더 이상 수치가 아닌 것입니다.

믿음은 자유입니다. 믿음은 모든 상황으로부터, 모든 걱정과 불안으로부터 자유하는 것입니다. 이럴 때 우리의 신앙은 성숙해지고 완숙해집니다.

믿음은 삶이다

마지막으로 믿음은 삶입니다. 지금까지 믿음을 아홉 가지로 정리해 보았습니다. 이것을 한 마디로 귀결짓는다면 믿음은 삶이라는 것입니다. 믿음은 단발적인 행사가 아니라 지속적인 삶입니다. 믿음은 점이 아니라 선입니다. 누가복음 18장 1절부터 8절 상반절을 보면 억울한 일을 당한 과부 이야기가 나옵니다.

"항상 기도하고 낙망치 말아야 될 것을 저희에게 비유로 하여 가라사대 어떤 도시에 하나님을 두려워 아니하고 사람을 무시하는 한 재판관이 있는데 그 도시에 한 과부가 있어 자주 그에게 가서 내 원수에 대한 나의 원한을 풀어 주소서 하되 그가 얼마 동안 듣지 아니하다가 후에 속으로 생각하되 내가 하나님을 두려워 아니하고 사람을 무시하나 이 과부가 나를 번거롭게 하니 내가 그 원한을 풀어 주리라 그렇지 않으면 늘 와서 나를 괴롭게 하리라 하였느니라 주께서 또 가라사대 불의한 재판관의 말한 것을 들으라 하물며 하나님께서 그 밤낮 부르짖는 택하신 자들의 원한을 풀어 주지 아니하시겠느냐 저희에게 오래 참으시겠느냐 내가 너희에게 이르노니 속히 그 원한을 풀어 주시리라."

여기까지는 무슨 말씀입니까? 기도에 대해 말씀하시면서, 불의한 재판관도 과부가 계속 찾아가서 사정하면 들어 주는데 하물며 하나님께서 우리의 억울한 일을 풀어 주시지 않겠느냐는 것입니다. 그런데 주께서 정작 하시고자 하는 이야기는 그 다음입니다. 그 다음 내용이 무슨 접속사로 시작합니까? '그러나'입니다. '그러나'

이후가 더 중요하다는 것입니다. 주께서는 '그러나'의 뒤에 오는 말씀을 하시기 위해서 그 앞부분을 말씀하신 것입니다. 그렇다면 '그러나' 뒤에 오는 말씀이 무엇입니까?

"그러나 인자가 올 때에 이 세상에서 믿음을 보겠느냐 하시니라" (18:8하).

1절부터 8절 상반절까지는 한 번도 믿음이라는 단어를 쓰시지 않았습니다. 아쉬운 일이 있어서 하나님에게 매달리는 것은 사람이라면 누구든지 합니다. 불교 신자도 아쉬운 일이 있으면 우리보다 더 열심히 목탁 치고 기도합니다. 무당을 찾는 사람도 우리보다 더 많이 돈 내고 열심히 굿합니다. 이처럼 아쉬운 일이 있을 때 하나님을 붙드는 것은 누구나 다 하는 것입니다. 그리고 주께서는 그것을 참믿음이라고 하지 않습니다.

그렇다면 "이 세상에서 믿음을 보겠느냐"고 하신 말씀을 이제까지 배운 것으로 표현해 보면 어떻게 됩니까? '네가 원치 않는 상황 속에 빠져도, 네 계획이 어그러져도 하나님께 순종하는 믿음을 갖겠느냐? 하나님을 향해 네 시선을 고정시키겠느냐? 그 상황에서도 신실해지겠느냐? 그 상황에서도 네 믿음이 남에게 보이겠느냐? 그 상황에서도 너 자신을 가꾸겠느냐? 그 상황에서도 네가 정말 자유하는 그리스도인이 되겠느냐?' 하는 말씀인 것입니다.

이제는 우리가 아쉬울 때 내 욕망과 필요만을 위해 주님을 찾는 신앙에서 벗어나야 합니다. 예수 그리스도께서 무엇이라고 하셨습니까? "너희 천부께서 너희에게 있어야 할 것을 미리 아신다"고 하시지 않았습니까? 아이가 꼭 젖 달라고 해야 엄마가 젖을 줍니까?

때가 되면 다 주지 않습니까? 하루 세 끼 아이들이 꼭 밥을 달라고 해야 밥을 주는 부모는 참된 부모가 아닙니다.

한번 생각해 보십시오. 우리가 누리고 있는 것 가운데 정말 귀한 것은 하나도 구하지 않고 얻었습니다. 우리가 숨쉬는 공기를 매일 아침 기도하고 "믿습니다" 해서 얻습니까? 우리가 기도해서 하늘의 태양이 곡물을 여물게 합니까? 우리가 기도해서 이른비나 늦은비가 내립니까? 그렇지 않습니다. 우리 생명과 직결되는 것은 하나도 기도하지 않고 얻습니다.

앞서 말씀드렸듯이 우리가 지금 하나님 앞에 간절히 기도하는 것은 어떤 면에서는 없어도 되는 것들입니다. 우리는 없어도 무관한 것들을 위해서 목숨 걸고 기도합니다. 그러나 우리가 정말 하나님을 믿는다면 내 삶 자체가 신앙이 되도록, 내 믿음이 다른 사람의 눈에 보이는 그리스도인이 되도록 기도해야 합니다. 바로 그 때, 우리는 이 세상을 변화시키는 빛과 소금이 될 수 있습니다. 바로 그 때, 우리는 신앙과 삶 사이에서 갈등하는 이중적인 삶에 종지부를 찍을 수 있습니다. 그리고 무엇보다도 그와 같은 삶을 살아갈 때, 이 세상을 떠나는 날 후회없이 떠날 수 있을 뿐 아니라 내가 이 세상을 떠난 뒤에 나의 삶 자체가 자식을 위한 가장 위대한 유산으로 남게 됩니다.

성의(聖衣)로 물려주는 신앙

출애굽기 29장을 읽어 보면 아론이 죽은 후에 그 아들이 대제사장 자리를 이어받는 장면이 나옵니다. 7일 동안 하나님께 제사를 드리고 기도하는데, 이 때 아론의 아들은 반드시 아론이 입었던 성의를 입어야 합니다. 왜 아버지가 입었던 성의를 자식에게 이어받아 입도록 합니까? 제사장의 옷에는 여러 가지 보석이 달려 있어 물질적인 가치가 있기 때문입니까? 만약 그렇다면 왕의 옷이 더 가치 있을 것입니다.

그 아들이 자기 아버지의 옷을 입고 성막에서 일주일 동안 예배 드리고 기도하면서 무엇을 생각하겠습니까? 아버지가 지켰던 믿음의 삶입니다. 아들은 그것을 유산으로 이어받는 것입니다. 때로는 금송아지를 만들고 하나님 앞에 범죄하기도 했지만, 아론은 하나님의 부르심을 받은 이후에 하나님을 바라보면서 성숙하고 원숙한 삶을 살고자 했습니다. 그 삶을 유산으로 이어받으라는 것입니다. 그 아버지처럼 살아가라는 것입니다.

이처럼 우리의 삶 또한 우리 자식들에게 입혀 줄 성의가 되어야 합니다. 클레어 부츠 루스 여사는 "모든 인간은 단 한 줄로 표현할 수 있다"고 했습니다. 예를 들어 워싱턴 대통령은 '미국 건국의 아버지'이며 링컨은 '노예 해방의 아버지'입니다. 모두 단 한 줄입니다. 닉슨 대통령은 이 말을 인용하면서 참 괴롭다고 했습니다. 자신이 미합중국을 위해 엄청난 헌신을 한 대통령임에도 불구하고 죽은 뒤에 사람들은 단 한 줄의 말, 즉 '워터게이트 사건으로 사임한 미국 최초의 대통령'으로 기억할 것이기 때문입니다.

클레어 여사의 말이 맞지 않습니까? 우리가 다른 사람을 기억할 때 한 권의 책으로 기억합니까? 아닙니다. 한 페이지로 기억하니까? 아닙니다. 단 한 줄로 기억합니다.

"그 사람 어때?"

"아, 그 사기꾼!"

한 줄로 끝납니다.

"그 사람 어때?"

"진짜 예수 같은 사람이야."

단 한 줄입니다.

더 중요한 것은, 자식들도 그 부모를 한 줄로 이야기한다는 점입니다. 자식들이 부모에 대해 이야기하는 것을 한번 들어 보십시오. "우리 아버지 어머니? 아휴!" 하는 자식들이 많습니다. 부모들이 자식들을 위한 성의(聖衣)가 되지 못했기 때문입니다.

제가 이사를 갈 때마다 들고 다니면서 제 방에 두는 것이 있습니다. 저희 아버님이 천국 가시고 난 뒤, 쓰시던 물건은 사람들에게 거의 다 나누어 주고 없습니다만, 남아 있는 것이 세 가지 있습니다. 하나는 아버님이 보시던 성경입니다. 아버님은 그 성경을 보시면서 생각나는 것마다 메모를 해 두셨습니다. 저는 그것을 아직 펼쳐 보지 않았습니다. 아버지가 세상을 떠나실 때 연세가 54세였기 때문에 제가 그 나이가 되면 아버지의 심정으로 그 메모를 느끼면서 읽으려고 귀중하게 덮어 두고 있습니다. 또 하나는 그 성경 위에 메모하던 필기도구를 넣어 두신 자개 상자입니다. 그 상자는 언제나 제 책상 위에 놓여 있습니다. 그리고 마지막 하나는 아버님께서 무릎을 꿇고 기도하시던 조그만 자개 책상입니다. 아버지는 그 책상에 성경을 펴 놓고 늘 그 앞에서 무릎을 꿇은 채 하루에 세 번, 한 번에 한 시간씩 세 시간을 기도하셨습니다. 그리고 하나님의 부르심을 받으실 때도 기도하시다가 돌아가셨습니다. 그 책상과 필기상자는 제게 아버지의 성의입니다. 거룩한 옷입니다. 저는 시간이 있으면 제 방에 있는 그 책상과 상자를 쓰다듬으면서 아버지의 삶을 이어받도록 기도합니다.

우리 모두 성숙한 그리스도인이 되십시다. 그것이야말로 하나님을 사랑하는 길이요 나라와 민족을 사랑하는 길이요, 내 자식을 가장 확실하게 사랑하는 그리스도인의 바른 삶입니다.

하나님 아버지, 믿음이 무엇인지,
어떻게 믿어야 되는지 생각했습니다.
정말 어떤 상황이든지 순종하는 자가 되게 도와 주시고,
주님의 말씀대로 살아가는
용기 있는 그리스도인이 되게 도와 주시며,
주님을 향한 우리의 시선을
날마다 강화하는 자들이 되게 도와 주소서.
다시는 하나님을 달래고 어르려는 어리석은 자가
되지 않게 도와 주시고, 천지를 창조하신 하나님의 손에 의해
다루어질 줄 아는 그리스도인이 되게 도와 주시옵소서.
날로 우리의 삶이 신실하게 변화될 수 있도록 도와 주시고
우리의 신실함이 사람들의 눈에 보이게 하옵시며
나 자신의 정체성을 바르게 발견할 줄 아는 자가

되게 도와 주시옵소서.

하나님의 자녀답게 다시는

남을 미워하는 자가 되지 말게 도와 주시고,

나를 사랑하고 존중하고 가꾸는 자가 되게 하시사

나를 존중하듯 이웃을 진정으로 존중할 줄 아는 자가

되게 도와 주시옵소서.

진리 안에서 자유하는 그리스도인이 되기를 원합니다.

진리가 주는 자유 속에서만 정녕 사랑할 수 있고

양보할 수 있고 기꺼이 질 수 있음을 알겠사오니

오직 자유하는 그리스도인으로,

참된 그리스도인의 삶을 살 수 있도록 도와 주시옵소서.

그리하여 이 세상에서 바른 삶을 살아가는

기쁨을 누리게 도와 주시고

더 이상 이중적인 삶 때문에 고통받고 갈등하는

어리석은 자가 되지 말게 도와 주소서.

또한 주님께서 우리를 부르시는 날

후회 없이 떠나는 그리스도인이 되게 도와 주시고

바로 그 날 참신앙을 살았던 우리의 삶 자체가

우리 자녀들에게 입혀 줄 가장 거룩한 옷,

가장 위대한 유산으로 남을 수 있도록 도와 주시옵소서.

오늘 이 시간 이후부터 참된 신앙인으로 살아가는 희열을

우리 모두가 맛보게 하여 주시옵소서.

예수 그리스도의 이름으로 기도드립니다. 아멘.

어떻게 살 것인가?

참사랑의 회복

… 저희가 조반을 먹은 후에 예수께서 시몬 베드로에게 이르
시되 요한의 아들 시몬아 네가 이 사람들보다 나를 더 사랑
하느냐 하시니 가로되 주여 그러하외다 내가 주를 사랑하는
줄 주께서 아시나이다 가라사대 내 어린 양을 먹이라 하시고
또 두번째 가라사대 요한의 아들 시몬아 네가 나를 사랑하느
냐 하시니 가로되 주여 그러하외다 내가 주를 사랑하는 줄
주께서 아시나이다 가라사대 내 양을 치라 하시고 세번째 가
라사대 요한의 아들 시몬아 네가 나를 사랑하느냐 하시니 주
께서 세번째 네가 나를 사랑하느냐 하시므로 베드로가 근심
하여 가로되 주여 모든 것을 아시오매 내가 주를 사랑하는
줄을 주께서 아시나이다 예수께서 가라사대 내 양을 먹이
라 …   요한복음 21장 1-22절

하나님을 믿는다고 할 때 무엇을 믿는 것입니까? 하나님이 우리
의 아버지 되심과 우리가 하나님의 자녀 됨을 믿는 것입니다. 그
러면 하나님을 무엇으로 믿습니까? 성령 충만함으로 믿습니다. 성
령 충만함으로만 우리는 각각 '카톨릭 처치'가 될 수 있습니다. 성
령 충만함으로만 나오는 아주 이질적인 사람들, 이를테면 예루살

렘 사람, 유대 사람과 심지어는 사마리아 사람, 땅끝 사람까지도 포용하며 더불어 함께 사는 참된 그리스도인이 될 수 있는 것입니다. 그렇다면 그 모든 사람들과 더불어 카톨릭 처치가 되어서 도대체 무엇을 하자는 것입니까? 어떻게 살자는 것입니까? 그것이 이 장에서 규명하고자 하는 주제입니다.

요한복음 21장은 요한복음 자체의 마지막 장인 동시에 4복음서의 마지막 장입니다. 따라서 이 본문의 이야기야말로 요한복음의 결론인 동시에 4복음서의 결론이 되는 것입니다. 이 결론을 통해서 예수 그리스도께서 뚜렷하게 주시는 메시지가 있습니다.

예수님께서는 모든 제자들을 대표한 베드로에게 똑같은 질문을 세 번 던지십니다.

"네가 나를 사랑하느냐?"

"네가 나를 사랑하느냐?"

"네가 나를 사랑하느냐?"

그리하여 베드로가 주님을 사랑한다고 세 번에 걸쳐 고백하자, 주님께서는 그 고백 위에서 이렇게 말씀하십니다.

"내 어린 양을 먹이라."

"내 양을 치라."

"내 양을 먹이라."

이것이 바로 복음서의 결론입니다. 우리가 주님을 사랑한다면 주님의 양들을, 주님의 사람들을 사랑하라는 것입니다. 그러므로 어떻게 살아야 합니까? 사랑하며 살아야 합니다. 카톨릭 처치가 되어서 무엇을 하자는 것입니까? 모여서 예배만 드리고 헤어지자는 것입니까? 아닙니다. 서로 사랑하면서 살자는 것입니다.

아르니온에서 프로바톤까지

한글 성경에는 '양'이라는 단어가 '어린 양'과 '양', 두 가지로만 구별되어 있습니다. 그러나 신약성경이 기록되어 있는 그리스어 여러 사본을 대조해 보면 예수님께서는 세 번 모두 각기 다른 단어를 사용하셨습니다. 처음에 사용하신 단어는 '아르니온'(arnion)입니다. 이것은 '갓 태어난 양'을 말합니다. 두번째로 사용하신 단어는 '프로바티온'(probation)입니다. 이것은 성장 중에 있는, 말하자면 '청년기에 있는 양'을 의미합니다. 마지막으로 사용하신 단어는 '프로바톤'(probaton)입니다. 이것은 '성장이 끝난 양'을 의미합니다.

주님께서 "네가 나를 사랑한다면 내 양을, 내 사람들을 사랑하라"고 말씀하실 때, 어떤 특정한 부류의 사람들, 내 기호에 맞는 사람들만을 사랑하라고 하지 않으셨습니다. 갓 태어난 '아르니온'은 '나보다 유치한 사람, 나보다 수준이 낮은 사람'을 의미합니다. 청년기에 있는 '프로바티온'은 '나와 수준이 비슷한 사람'입니다. 성장이 끝난 '프로바톤'은 '나보다 수준이 훨씬 높은 사람'을 말합니다. 주님은 그들을 다 사랑하라고 말씀하셨습니다.

대체로 우리는 자기 밑에 있는 사람을 경원시하기 쉽습니다. 사랑하는 것 같지만 실제로는 자기 마음대로 대합니다. 또 나하고 비슷한 사람은 경쟁 상대로 생각합니다. 비슷비슷한 사람끼리는 참

사랑하기가 어렵습니다. 그리고 나보다 위에 있는 사람은 질시의 대상이나 굴종의 대상이 되기 쉽습니다. 그런데 주님께서는 그 모든 사람을 구별없이 사랑하라시는 것입니다. 말하자면 정말 카톨릭 처치가 되라는 것입니다.

사마리아 사람, 유대 사람, 예루살렘 사람, 땅끝에 있는 모든 사람들을 위해서 증인이 되게끔 갈릴리 사람들에게 성령이 임하셨습니다. 그런데 변방에 있는 갈릴리 사람들이 볼 때 예루살렘 사람들은 도시 사람들입니다. 자칫 잘못하면 경원의 대상이나 증오의 대상으로서 적개심만 가질 수 있습니다. 또 유대 지방 사람들은 같은 유대인입니다. 비슷비슷한 처지인 것입니다. 그저 농사를 짓느냐, 고기를 잡느냐 하는 차이밖에 없습니다. 라이벌이 되기 쉬운 것입니다. 그러면 사마리아 사람들은 어떻습니까? 갈릴리 사람들은 비록 어부였지만 사마리아 사람들만큼은 짐승처럼 업수이 여겼습니다. 사랑의 대상이 될 수 없었던 것입니다. 땅끝 사람들은 또 어떻습니까? 유대인들은 이방인들을 인간으로 취급하지 않았습니다. 그런데 주님께서는 복음서의 마지막 장에서 그들 모두를 포용하는 주님의 증인이 되라고 말씀하신 것입니다. '아르니온'을, '프로바티온'을, '프로바톤'을 사랑하라고 말입니다.

그렇다면 그리스도인은 어떻게 살아야 합니까? 나의 일상사에서 만나게 되는 모든 사람들, 나보다 수준이 낮은 사람들에서부터 나보다 월등하게 수준이 높은 사람에 이르기까지 모든 사람을 사랑의 대상으로 삼고 사랑하며 살아야 합니다. 이것이 주님께서 우리에게 주시는 결론입니다.

몇 년 전에 소천하신 테레사 수녀를 잘 아시지 않습니까? 그분은 일평생 빈민들의 벗이 되어서 자기보다 정말 수준이 낮은 사람들을 위해 살았습니다. 빈민을 위해서 사는 사람들 중에는 부자에 대해서 적개심을 갖고 있는 사람들이 많습니다. 그래서 빈민 운동을 하는 이들은 부자의 벗이 되지 못합니다. 그러나 테레사 수녀는 경제적으로 월등히 위에 있는 사람도 똑같이 긍휼의 대상으로 보고 적개심을 품지 않았습니다. 그리고 자기처럼 성직을 가지고 있는 동료들도 사랑의 대상으로 보았기에 많은 성직자들이 그 곳에 가서 사랑의 실체를 배우고 올 수 있었습니다. 그것이 주님께서 우리에게 요구하시는 그리스도인의 삶의 실체입니다.

잘못된 사랑

우리와 만나는 모든 사람들을 사랑하면서 살아야 하는 것이 우리에게 주어진 의무라면, 사랑한다는 것은 구체적으로 어떤 행위를 가리킵니까? 오늘날 대한민국에 사는 일천만 그리스도인들은 사랑을 이야기하고, 일천만 불교도들은 자비를 이야기합니다. 그런데 실제로 이 사회에는 사랑이 없습니다. 왜 그렇습니까? 사랑하고픈 마음은 있지만, 구체적으로 사랑한다는 것이 무엇인지 모르기 때문입니다.

앞서 말했지만, 빠리의 엥발리드 성당 안에는 나폴레옹의 무덤이 있습니다. 그리고 성당 한 가운데 놓인 엄청나게 큰 대리석 관 속에는 나폴레옹의 시체가 아닌 재가 들어 있습니다. 나폴레옹은

1821년에 세인트헬레나 섬에서 죽어 매장되었는데, 20년 후에 그의 유해가 프랑스로 돌아올 때 화장해서 그 재를 갖다 넣은 것입니다. 그런데 그 대리석 관에 이르는 입구 위에 다음과 같은 나폴레옹의 유언이 크게 양각되어 있습니다.

"나는 나의 유골이 쎄느 강변, 내가 그토록 사랑했던 프랑스 국민 한가운데서 안식 취하기를 원하노라."

저는 한동안 그 자리에 선 채 그 글을 응시하지 않을 수 없었습니다. 나폴레옹은 프랑스 국민을 사랑했다고 합니다. 그것도 그냥 사랑한 것이 아니라 '그토록' 사랑했다고 합니다. 그는 자기의 야망을 위해서 수없이 많은 청년들을 죽였으며, 남의 귀한 집 자식들을 모스크바로 데려가서 얼어 죽게 만들었습니다. 그리고 이처럼 그의 정복욕을 위해서 수없이 많은 생명들을 죽이고서도 승리의 영광은 자기 가족에게 돌렸으며, 아들과 누이들의 남편들에게 정복한 나라 왕의 자리를 다 내주었습니다. 프랑스 국민은 철저하게 그의 정복욕을 성취하기 위한 도구에 지나지 않았습니다. 그런데도 사랑했다고 합니다. 그리고 프랑스 국민들은 그 말을 믿습니다. 그래서 그 유언과 함께 무덤을 그렇게 크게 만들어 놓았습니다.

히틀러도 살아 있을 때 연설 중간중간마다 독일을 사랑하고 게르만 민족을 사랑한다고 말했습니다. 그러나 그 사랑 때문에 유대인을 비롯한 다른 민족을 죽였을 뿐 아니라 수많은 게르만 민족을 죽였습니다. 그것이 정말 사랑입니까?

우리의 사랑도 그와 같습니다. 우리는 자기 중심적으로 사랑하려고 합니다. 그러나 그것은 결코 사랑이 아닙니다. 이기심입니다. 그런데 그것을 사랑이라고 착각하기 때문에 사랑하면 할수록 사실은 더 많은 사람들과 부딪치게 되는 것입니다.

저에게는 아이가 넷 있는데, 넷 다 아들입니다. 위에 있는 형아들 셋은 막내를 마치 여동생처럼 귀여워해서 틈만 나면 뽀뽀를 합니다. 막내는 제발 뽀뽀 좀 하지 말라고 하는데, 형아들은 그 말을 이해하지 못합니다. 사랑해서 뽀뽀하는데 왜 싫어하느냐는 것이지요. 그러나 그것은 사랑이 아닙니다. 자기 중심적인 것, 이기심의 발로로 빚어지는 것은 결단코 사랑이 아닙니다. 왜 그렇습니까? 그런 사랑은 상대방을 해치기 때문입니다. 우리는 이처럼 사랑에 대해서 무지합니다.

예수 그리스도께서 복음서의 결론을 얘기해 주시면서 "너희가 나를 사랑하느냐? 그렇다면 아르니온에서부터 프로바톤까지 사랑하라"고 명령하실 때에, 단지 사랑하라는 명령만 하신 것이 아니었습니다. 주님은 정말 그리스도인들이 사랑하며 살아야 하는 그 사랑의 행위가 무엇인지를 구체적으로 보여 주시면서 명령하셨습니다. 주님은 "내 계명은 곧 내가 너희를 사랑한 것같이 너희도 서로 사랑하라 하는 이것이니라"(요 15:12)고 말씀하시면서 새로운 계명을 주셨습니다. 그러나 그 사랑은 우리 멋대로 하는 것이 아니라 주님이 보여 주신 것을 표본으로 삼아서 하는 것입니다. 그렇다면 주님께서 요한복음 21장에서 보여 주신 사랑의 실천이 무엇입니까?

사랑: 먼저 찾아가는 것

"그 후에 예수께서 디베랴 바다에서 또 제자들에게 자기를 나타내셨으니 나타내신 일이 이러하니라"(요 21:1).

첫째로 예수님께서는 제자들이 있는 갈릴리로 가서 당신을 나타내 보여 주셨습니다. 누구를 찾아가셨습니까? 당신을 배신한 자들을 찾아가셨습니다. 무엇을 하려고 가셨습니까? 비난하기 위해서였습니까? 질책하기 위해서였습니까? 복수하기 위해서였습니까? 아닙니다. 사랑은 무엇입니까? 우리 주님처럼 먼저 찾아가 주는 것입니다. 같은 장 14절을 보면 "이것은 예수께서 죽은 자 가운데서 살아나신 후에 세번째로 제자들에게 나타나신 것이라"고 되어 있습니다. 예수님께서는 부활하신 뒤에 마가 다락방으로 두 번, 갈릴리로 한 번 배신한 제자들을 찾아가 주셨던 것입니다. 나를 배신한 사람을, 내게 등을 돌린 사람을, 어떻게 웃는 얼굴로 찾아갈 수 있습니까?

이것이 가능한 것은 사랑이야말로 가장 큰 힘이기 때문입니다. 사랑보다 더 큰 힘이 없습니다. 힘 있는 자가 힘 없는 자를 찾아가는 것입니다. 힘 없는 자가 힘 있는 자를 찾아가는 것은 아부이거나 굴종이지 사랑이 아닙니다. 그러나 사랑이라는 힘을 가지고 있는 사람은, 아무리 자신에게 등을 돌린 사람이라도 찾아갈 수 있습니다. 우리가 하나님을 얼마나 배신했습니까? 그럼에도 불구하고 하나님은 먼저 우리를 찾아와 주셨습니다. 하나님은 사랑이시기 때문입니다. 힘 자체이시기 때문입니다.

찾아가는 것이 왜 중요합니까? 왜 사랑은 찾아가는 것으로부터 시작됩니까? 사랑은 시선의 부딪침에서 비롯하기 때문입니다. 전화로만 이야기하다가 서로 오해하는 경우가 얼마나 많습니까? 그러나 내 속에 진실이 담겨 있고 사랑이 담겨 있을 때에는 굳이 말하지 않아도 눈이 마주치는 것만으로 문제가 해결될 수 있습니다.

저는 그 동안 프랑스 빠리에 여섯 차례 정도 다녀왔습니다. 그 중에서 루브르 박물관을 찾아 레오나르도 다빈치의 '모나리자'를 본 것이 세 차례입니다. 맨 처음 보았던 때는 1972년이었는데, 한마디로 실망이었습니다. 워낙 이름난 그림이라서 크기 자체가 대단히 크리라고 생각했는데, 실제로 보니 세로 77센티미터, 가로 53센티미터에 불과했습니다. 저는 저 정도 크기의 그림을 가지고 무어 그리 야단스럽게 구는가 생각하고 왔습니다.

1994년에는 약간의 지식을 가지고 '모나리자' 앞에 섰습니다. 이를테면 그 그림의 가로 세로 비율이 가장 이상적인 '황금비율'이라든지, 최초로 분명한 원근법이 사용된 그림이라서 입체감이 분명히 드러난다든지 하는 지식 말입니다. 그 때는 과거에 없던 방탄막도 설치되어 있었습니다. 처음 볼 때보다 감흥은 있었지만, 들리는 명성만큼 감동을 받지 못하기는 마찬가지였습니다.

최근에 세번째로 다시 가서 그 그림을 보았습니다. 이번에는 빠리에서 작품 활동을 하고 있는 중견 미술가와 함께였습니다. 그분은 "이 그림은 모나리자의 눈을 어느 각도에서 쳐다보더라도 보는 이와 시선이 맞부딪치기 때문에 그 누구도 흉내낼 수 없는 명작"이라고 했습니다. 설마 그럴 리가 있을까 생각하면서, 그림 옆에서 모나리자의 눈을 보았습니다. 그런데 정말 그 말대로 저와 시선이 딱 부딪치는 것입니다. 맞은편에 가서 보아도 역시 마찬가지였습니다. 이번에는 그 눈을 쳐다보면서 걸어 보았습니다. 그림의 시선은 계속 저를 따라 움직이면서, 어느 각도에서도 정확하게 일직선으로 제 눈과 부딪쳤습니다. 마치 살아 있는 사람의 눈 같았습니다.

그렇게 모나리자의 시선이 저의 눈과 부딪치는 순간, 저는 비로소 이해할 수 있었습니다. 왜 그 그림을 세계 최고의 명화라 하는지, 왜 루브르 박물관의 많고 많은 그림 중에서 그 그림만을 방탄유리로 보호하고 있는지, 왜 레오나르도 다빈치가 67세에 죽기까지 그 그림만은 자기 옆에 걸어 두고 있었는지, 왜 그가 사람을 좀 더 정확하게 그리기 위해서 열 번 이상 시체를 해부하면서 특히 얼굴을 세심하게 관찰했는지, 왜 프랑스와 1세가 그 그림을 자기 소유로 만들었다가 온 세계 인류가 다 보도록 루브르 박물관에 기증했는지, 그 모든 것이 이해가 되었습니다. 그 후 다른 그림과도 시선을 맞추려 해 보았지만 되지 않았습니다. 시선이 부딪치는 그림은 오직 '모나리자' 밖에 없었습니다.

한 집에서 사내아이 넷을 키우다 보니 싸움이 잦습니다. 싸우면서 미운 이야기를 할 때는 서로 눈을 쫙 내리깐 채 쳐다보지 않습니다. 그럴 때마다 저는 아이들을 불러 서로 한번 쳐다보라고 말합니다. 그래도 여전히 눈을 내리깔고 있으면 한 번 더 서로 눈을 똑바로 쳐다보라고 합니다. 그러면 쳐다본 지 3초도 안 되어서 둘이 픽 웃어 버립니다.

사랑은 시선을 맞추는 것입니다. 그래서 찾아가야 합니다. 지금 당장 안 된다 할지라도 내가 자꾸 사랑의 시선을 던져 주어야 합니다. 그 때부터 사랑의 열매는 영글기 시작합니다.

사랑: 먼저 말을 거는 것

"날이 새어 갈 때에 예수께서 바닷가에 서셨으나 제자들이 예수신 줄 알지 못하는지라 예수께서 이르시되 얘들아 너희에게 고기가 있느냐 대답하되 없나이다"(요 21:4, 5).

이 상황을 머리 속으로 그려 보십시오. 그리고 자신이 이 무대 속으로 뛰어들어가서 예수님으로 분장해 보십시오. 제자들이 나를 배신했습니다. '그래도 배신한 제자들을 내가 토닥거려 줘야지' 결심하고 찾아갔습니다. 그리고 사랑의 시선을 던졌습니다. 그런데 제자들은 내가 왔는지도 모르고, 계속 자기들 할 일만 하고 있습니다. 나라면 어떻게 하겠습니까? "그래, 너희들끼리 잘 놀아라!" 하고 돌아서 버리지 않겠습니까?

그러나 예수님은 그들에게 말을 걸어 주셨습니다.

"얘들아, 고기가 있느냐?"

사랑은 먼저 말을 걸어 주는 것입니다. 사람들은 저마다 상대방이 먼저 말을 걸어 주기를 기다립니다. 그래서 그렇게 기다리는 기간 동안 불필요한 오해들이 쌓여 가고, 나중에는 치유가 불가능한 상태가 되어 버립니다. 사랑은 작은 것에서부터 시작되는 것입니다. 사랑은 먼저 말을 걸어 주는 것입니다.

아담과 하와가 에덴 동산에서 죄를 지었습니다. 그리고 두려워서 무엇을 해야 할지 모르는 채 벌벌 떨고 있을 때 하나님께서 먼저 말을 걸어 주셨습니다.

"아담아, 네가 어디 있느냐?"

만약 하나님께서 먼저 말을 걸어 주시지 않으셨다면 아담과 하와는 거기에서 끝나 버리고 말았을 것입니다. 하나님께서 어떻게 먼저 말을 걸어 주실 수 있었습니까? 그분은 사랑이시기 때문입니다. 우리는 사랑이신 하나님을 아버지로 모시고 살아가는 사람들입니다 그분의 영이 우리 속에 내주하고 계십니다. 그러므로 우리가 먼저 말을 걸어 주어야 합니다.

사도 바울은 고린도전서 13장 7절에서, 사랑이란 "모든 것을 참으며, 모든 것을 믿으며, 모든 것을 바라며, 모든 것을 견디는 것"이라고 정의했습니다. 모든 것을 바란다는 것은 그리스어로 '엘피조'(elpizo)입니다. 이것은 터무니없이 황당한 것을 공상으로 바란다는 뜻이 아닙니다. 상대방에게 있는 아름다움을 극대화해서 그 아름다움이 그의 주체가 되기를 바란다는 것입니다.

어떤 사람이 나에게 상처를 주었다고 합시다. 그러나 그가 나한테 하듯이 세상 모든 사람을 대하는 것은 결코 아닙니다. 나와 관계가 틀어졌다고 해서 그 사람에게 악만 가득 차 있는 것은 결코 아닙니다. 그 사람에게도 얼마든지 아름다운 것이 있을 수 있습니다. 왜 그렇습니까? 그에게도 하나님의 형상이 있기 때문입니다. 그 아름다움이 그 사람의 모든 것이 되도록, 그 아름다움이 그 사람을 지배하도록, 그 아름다움이 그 사람의 주체가 되도록 바라기 때문에 그것을 믿으면서 먼저 찾아가고, 찾아가서 먼저 말을 거는 것입니다.

저는 신혼여행을 예수원으로 갔습니다. 그 때는 제 믿음으로 간 것이 아니고 아내의 믿음으로 갔습니다. 예수원에서 내려오다 보면 백암온천이 있고, 울진이라고 하는 곳에 종유동굴이 있습니다. 우리도 오는 길에 그 동굴을 가 보게 되었습니다. 수십만 년, 수백만 년 된 종유석들이 희한한 모양으로 뻗어 있는 굴은 참 아름다웠습니다. 그래서 제가 감탄했더니 아내가 이렇게 말했습니다.

"이 동굴이 아무리 아름다워도 하나님이 창조하신 사람이 더 아름다워요."

그 말이 제 심령 속에 박혔습니다. 그 후에 저는 생각했습니다.

'그래, 사람이 가장 아름답다.'

중미의 카리브 해에 갔을 때의 일입니다. 그 곳은 경치가 좋은 곳으로 알려져 있습니다. 자동차를 타고 지나가다가 해변에 내렸는데 끝없이 펼쳐져 있는 백사장과 야자수, 푸른 하늘과 옥빛 물이 한 장의 그림엽서처럼 아름답게 어우러져 있었습니다. 그런데 무언가 허전합니다. 무언가 빠져 있습니다. 그 때 갑자기 왁자지껄한 소리가 나더니 수영복 차림의 여자 세 명이 물 속으로 뛰어들어가 수영을 하기 시작했습니다. 그렇게 사람이 나타난 순간, 그 자연이 살아 움직였습니다. 사람이 자연보다 더 아름다웠습니다.

괌에 갔을 때는 난생 처음으로 스쿠버 다이빙을 해 보았습니다. 텔레비전에서만 보던 산소통을 메고 잠수복을 입은 후 물 속으로 들어가 보니, 총천연색의 열대어들과 산호들이 기가 막힐 정도로 아름다웠습니다. 그 장관을 다 보고 나오자, 함께 잠수했던 일행들이 얼마나 멋지더냐고 제게 물었습니다. 저는 "물고기와 산호도 굉장히 멋있었지만 여러분이 더 멋집디다" 하고 대답했습니다. 물 속에 들어가니 사람이 어떤 물고기보다 아름답고 어떤 산호보다 신비로웠습니다. 이것은 저의 판단이 아닙니다. 하나님의 판단입니다. 하나님께서는 세상을 창조하시고 기뻐하셨습니다. 그런데 사람을 지으시고는 '심히' 기뻐하셨습니다. 인간은 그런 존재입니다.

누구에게든지 심히 기뻐할 만한 아름다움이 있습니다. 사랑은 그것을 극대화시켜 주는 것입니다. 사랑은 시선을 맞추어 주고 말을 걸어 주는 가운데 폭발합니다.

사랑: 필요를 채워 주는 것

"가라사대 그물을 배 오른편에 던지라 그리하면 얻으리라 하신대 이에 던졌더니 고기가 많아 그물을 들 수 없더라… 육지에 올라 보니 숯불이 있는데 그 위에 생선이 놓였고 떡도 있더라… 예수께서 가셔서 떡을 가져다가 저희에게 주시고 생선도 그와 같이 하시니라"(21:6, 9, 13).

제자들이 밤새 애썼는데도 잡지 못했던 고기를 예수님께서 잡게 해 주셨습니다. 그리고 그들을 위해서 조반을 친히 만들어 두셨습니다. 하루 벌어 하루 먹는 가난한 갈릴리 어부들이 밤새도록 고기를 잡지 못했을 때 집에 가서 무엇을 먹겠습니까? 그래서 주님은 그들이 요구하지 않았음에도 불구하고 그들의 필요를 먼저 채워 주셨습니다. 이와 같이 사랑은 필요를 채워 주는 것입니다.

사도 바울은 고린도전서 13장 4절에서 사랑을 "온유하다"고 정의했습니다. 성경에는 '온유하다'는 표현이 많이 나옵니다. 예수님께서도 "나의 마음이 온유하다"(마 11:29)고 하셨고 "마음이 온유한 자는 복이 있다"(마 5:5)고 하셨습니다. 그런데 그 때 쓰인 '온유'와 고린도전서 13장에 나오는 '온유'는 다른 것입니다.

예수님이 말씀하신 '온유'는 그리스어로 '프라우테스'(prautes)로서, 야생동물에게 해당되는 단어입니다. 예를 들어 들에서 잡아 온 야생말은 거친 품성이 없어지지 않고 그대로 있습니다. 그러나 조련사에게 조련을 받으면 그 품성을 더 이상 자기를 위해서 쓰지 않고 주인을 위해서 쓰게 됩니다. 이처럼 내게 있는 기질과 성격을 나의 감정대로 쓰지 않고 주님의 말씀에 따라서 쓰는 것이 '온유'입니다.

그런데 고린도전서 13장 4절에 나오는 '온유'는 그리스어로 '크레스튜오마이'(kreestuomai)라고 기록되어 있습니다. 이것을 '온유'라고 한 것은 부적절한 번역입니다. 이것은 문자 그대로 '필요를 채워 준다'는 뜻이기 때문입니다. 즉 바울은 사랑을 '필요를 채워 주는 것'이라고 정의한 것입니다. 왜 그렇습니까? 예수님께서 그렇게 하셨기 때문입니다.

어떤 사람이 길을 걸어가다가 화살에 맞아 넘어졌습니다. 그 사람에게 필요한 것은 당장 화살을 뽑아 주는 것입니다. 그런데 그 사람에게 가서 "화살이 어느 방향에서 날아왔습니까? 화살을 쏜 사람의 인상착의가 어떻습니까?"라고 묻는 것은 사랑이 아닙니다. 지금 상대가 필요로 하는 것을 채워 주지 않는 사랑은 죽은 윤리입니다.

선한 사마리아인을 보십시오. 사마리아 사람이 길을 가다가 강도를 만나 피투성이가 되어 있는 사람을 보았습니다. 그는 다친 사람에게 "당신 고향이 어디요? 당신을 해친 사람이 권총 강도요, 식칼 강도요?" 하고 묻지 않았습니다. 당장 그 사람에게 필요한 것은 응급조치였고, 사마리아 사람은 그 필요를 채워 주었습니다. 그는 진정한 사랑의 사람이었던 것입니다.

이것이 우리의 삶에서 이루어질 수 있으려면 생명의 등가성(等價性)을 인식하고 있어야 합니다. 즉 저 사람의 생명과 내 생명의 가치가 동일하다는 것을 알아야 하는 것입니다. 대부분의 사람은 자기 생명을 제일 귀하게 생각하며 다른 사람의 생명의 가치는 자기 것보다 열등하게 여깁니다. 누가 화살을 맞아서 넘어져 있는 것을 발견하고, '저 사람의 생명의 가치는 내 생명의 가치와 똑같다. 내가 저 사람의 처지라면 누군가 화살을 뽑아 주길 바랐을 것이다'라고 생각하는 사람은 가서 먼저 화살부터 뽑을 것입니다. 그러나 그 생명의 가치를 내 것보다 못하게 여기는 사람은 화살을 뽑기 전에 범인의 인상착의부터 물을 것입니다.

이런 이야기가 있습니다. 만원버스에서 "그만 태우라"고 소리치는 사람이 누구겠습니까? 차장이겠습니까? 운전수이겠습니까? 그렇게 소리치는 사람은 제일 마지막에 탄 사람입니다. 왜 그렇습니까? 그 사람 뒤에 선 사람과 그는 아무 상관이 없기 때문입니다. 그 자신의 생명이 제일 귀하기 때문입니다. 아무리 영하 10도라고 해도, 자기 뒤에 있는 사람은 얼든 말든 상관없기 때문입니다.

생명의 등가성을 인식할 때 우리는 경제논리를 뛰어넘는 사람이 될 수 있습니다. 경제논리 속에서는 절대로 사랑이 이루어지지 않습니다. 사랑은 경제논리를 뛰어넘을 때 실체화되는 것입니다. 예전에 유럽에 갔을 때는 보지 못했는데, 연전에 독일에서 새로이 발견하게 된 것이 있습니다. 우리 나라 버스는 올라타는 곳이 높기 때문에 연로하신 분들이나 장애자들은 타기가 어렵습니다. 그런데 유럽의 버스나 전차는 누구나 타기 좋게 보도와 높이가 거의 비슷하거나 약간 높습니다.

한 번은 독일에서 만난 분이 마침 버스를 타자고 해서 버스 정류장에 서 있었습니다. 그 곳은 우리 나라처럼 수시로 버스가 오는 것이 아니라 정해진 시간에 맞춰서 낮에는 10분이나 20분마다, 변두리는 1시간마다 옵니다. 그런데 버스가 도착하여 자동문이 열림과 동시에 차체가 보도 쪽으로 스르르 기울어지는 것이었습니다. 그 버스는 보도에 비해 불과 10센티미터 정도만 높았습니다. 그런데 장애자나 노약자가 더 편하게 탈 수 있도록 그 10센티미터까지 기울어지도록 만든 것입니다. 저는 그 정류장에 서서 버스가 여러 대 지나갈 때까지 계속해서 버스의 차체가 기울어지는 모습을 보았습니다. 얼마나 감동적이었는지 모릅니다.

독일 사람들이 바보라서 그렇게 했겠습니까? 돈이 아까운 줄 몰라서 그렇게 만들었겠습니까? 장애자나 노인들을 위해서 버스가 기울어지게 만들려면 개발비와 제작비가 얼마나 들겠습니까? 그런데도 그렇게 한 이유가 무엇입니까? 버스를 이용하는 노인의 생명과 장애자의 생명이 내 생명과 똑같다는 것을 알기 때문입니다.

어떤 분이 제게 이런 이야기를 해 주었습니다. 뉴질랜드의 버스 비가 굉장히 비싸다고 생각했는데, 어느 날 한 장면을 목격한 뒤부터는 오히려 싸다고 생각하게 되었다는 것입니다. 어느 날 그가 탄 버스가 정류장에 섰습니다. 뉴질랜드는 버스의 도착 시간과 출발 시간이 다 정해져 있습니다. 그런데 출발 시간이 되었는데도 버스가 움직이지 않는 것입니다. 기사가 잊어버렸나 해서 앞좌석을 보니까, 그는 유리창 너머로 무언가를 뚫어지게 쳐다보고 있었습니다. 그 시선을 따라가 보니, 백발 노인 한 분이 저벅저벅 걸어 오고 있었습니다. 버스 기사는 그 노인이 자기 버스를 타러 온다는 걸 알고 그가 버스를 탈 때까지 기다린 것입니다. 그는 노인이 버스를 타고 나서도 백미러를 통해 좌석에 안전하게 앉는지 확인한 후에야 출발했습니다. 저에게 이 이야기를 해 준 분은 그 과정을 다 보고 나서, 버스비를 충분히 낼 만한 가치가 있다고 생각했다고 합니다. 왜 그랬을까요? 그가 늙었을 때 자신의 생명 또한 똑같은 대우를 받을 것을 확인했기 때문입니다.

우리 나라 기독교인들이 얼마나 많이 사랑을 이야기합니까? 그런데 장애인들이 휠체어를 타고 마음 놓고 예배드리러 갈 수 있는 교회가 대한민국에 몇 개나 있습니까? 이것이 무슨 뜻입니까? 그 장애인의 생명이 나보다 못하다는 것입니다. 그들은 교회에 들어오지 않아도 된다는 것입니다. 나만 귀한 존재라는 것입니다. 우리는 그만큼 생명의 등가성에 무감각합니다.

그러나 생각해 보십시오. 내가 지금 길을 가다 교통사고를 당하면 곧장 장애인이 됩니다. 처음부터 장애인으로 태어나는 사람은 극소수입니다. 지금부터라도 생명의 등가성을 인식하고 살아가지 않으면 언젠가 나 자신이 사람들로부터 생명의 차별을 받게 될 것입니다.

이십수 년 전에 입양되어 벨기에인으로 살던 사람이 있습니다. '조미희'라는 이름을 가진 그 사람은 몇 해 전 자신이 한국인이라는 사실을 알고 나서부터 한국에 와서 살고 있습니다. 그런데 대한민국 국적이 회복되지도 않고, 그렇다고 비자 문제도 해결되지 않아서 지금도 석 달마다 외국에 나갔다가 다시 입국하는 수고를 해야 합니다.

몇 년 전에 그가 그림 전시회를 했는데, 그 전시회에 출품된 그림들이 모두 특별했습니다. 처음부터 끝까지 여자 자궁 속에 들어 있는 태아 그림이었던 것입니다. 조미희 양이 자궁 속에 들어 있는 태아를 그리면서 대한민국 사람들에게 호소하고 싶었던 것이 무엇이겠습니까? 생명의 등가성을 인식해 달라는 것입니다. 여자의 뱃속에 들어 있는 태아 또한 이미 생명이라는 것입니다. 그러니 버리지 말아 달라는 것입니다. 남의 나라에 팔지 말라는 것입니다. 우리가 정말 깊이 생각해야 할 부분입니다.

사랑은 필요를 채워 주는 것입니다. 이것은 모든 사람들에게 해당되는 것입니다. 내가 가난하기 때문에, 내가 몸이 불편하기 때문에, 지금 내 형편이 어렵기 때문에 남이 나에게 채워 주는 도움만 받고 살아야겠다고 생각하는 사람은 그리스도인이 아닙니다. 내 주머니에 아무것도 없다고 해도 무엇인가로 남의 필요를 채워 주려고 살아가는 사람이 그리스도인인 것입니다. 그것이 사랑의 본성입니다.

불교에 '안시'(顔施)라는 말이 있습니다. 우리가 '나눔'이나 '구제'라고 하는 것처럼 불교도 소위 '보시'(布施)라고 해서 나눔의 행위를 중요시합니다. 어느 날, 손도 없고 발도 없는 자가 석가모니에게 물었습니다.

"저는 무엇으로 보시할 수 있겠습니까?"

석가모니가 대답했습니다.

"네 얼굴로 하거라. 얼굴로도 얼마든지 남의 필요를 채워 줄 수 있단다."

일본의 기독교 여류 소설가인 미우라 아야꼬 여사는 척추 카리에스로 수년을 누워 있었습니다. 그가 누워 있는 병실에는 다른 환자들도 있었습니다. 아야꼬 여사는 '내가 그리스도인으로서 저 사람들을 위해서 무엇을 해 줄 수 있을까? 그래, 그리스도인은 이런 순간에도 절망하지 않고 기쁠 수 있다는 것을 보여 주자'고 생각하고, 병실에 누워 있는 동안 한 번도 원망하는 말을 하지 않았습니다. 간호사가 오면 더 부드럽게 웃었고, 옆에 있던 모든 사람들을 위로해 주었습니다.

남의 필요를 채워 주는 일은 물질만으로 하는 것이 아닙니다. 내게 사랑이 있으면, 팔다리가 불구이고 척추 카리에스로 누워 있다고 해도 눈으로 하늘의 별까지 따다 줄 수 있는 것입니다. 그러므로 내가 누구로부터 어떤 도움을 받을 것인가에 골몰하는 것은 그리스도인의 자세가 아닙니다. 내가 어떤 형편에 있든지 내 옆에 있는 사람의 필요를 어떻게 채워 줄 것인가를 고민할 때 사랑의 기적은 일어나는 것입니다.

사랑: 예의를 갖추는 것

"저희가 조반 먹은 후에 예수께서 시몬 베드로에게 이르시되 요한의 아들 시몬아 네가 이 사람들보다 나를 더 사랑하느냐 하시니 가로되 주여 그러하외다 내가 주를 사랑하는 줄 주께서 아시나이다 가라사대 내 어린 양을 먹이라 하시고 또 두번째 가라사대 요한의 아들 시몬아 네가 나를 사랑하느냐 하시니 가로되 주여 그러하외다 내가 주를 사랑하는 줄 주께서 아시나이다 가라사대 내 양을 치라 하시고 세번째 가라사대 요한의 아들 시몬아 네가 나를 사랑하느냐 하시니 주께서 세번째 네가 나를 사랑하느냐 하시므로 베드로가 근심하여 가로되 주여 모든 것을 아시오매 내가 주를 사랑하는 줄을 주께서 아시나이다 예수께서 가라사대 내 양을 먹이라"(요 21:15-17).

예수님께서 베드로를 세 번 부르셨습니다. 아시다시피 예수님과 베드로는 스승과 제자의 관계입니다. 다르게 표현하면 주인과 종의 관계입니다. 왜냐하면 이들은 예수님을 '주'(Lord)로 믿는 사람들이기 때문입니다. 그런데 예수님은 베드로를 세 번씩이나 부르시면서 "베드로야"하고 부르지 않으셨습니다. 세 번 다 "요한의 아들 시몬아"하고 부르셨습니다.

히브리 사람들은 공식적으로 예를 갖추어서 남을 부를 때, 아버지의 이름을 먼저 불러 주고 그 사람의 이름을 불렀습니다. 그러나 어른이 젊은 사람을 부를 때에는 대개 그냥 이름만 불렀고, 종을 부를 경우에는 아예 그런 배려가 필요 없었습니다. 그런데 예수님은 당신의 제자, 또는 종임에도 불구하고 예를 갖추어서 베드로를 불러 주십니다. 이 때만 그러셨던 것이 아닙니다. 가이사랴 빌립보에서 "내가 누구냐?"고 물으셨을 때 베드로가 "주는 그리스도시요 살아 계신 하나님의 아들이십니다" 하고 고백하자, 그 때에도 "바요나 시몬아" 하고 부르셨습니다. 이것은 "요한의 아들 시몬아"와 똑 같은 말입니다. 그 때도 예를 갖추어서 불러 주신 것입니다. 사랑은 무엇입니까? 이처럼 예의를 다하는 것입니다.

요한복음 13장에는 예수님께서 제자들과 최후의 만찬을 마치시고 세족식을 거행하시는 장면이 나옵니다. 4절은 "저녁 잡수시던 자리에서 일어나 겉옷을 벗고"라고 말씀하고 있습니다. 예수님께서는 제자들의 발을 씻기기 시작하실 때 겉옷을 벗으셨습니다. 그리고 수건을 허리에 차고 대야에 물을 가져와서 열두 제자들의 발을 전부 씻겨 주셨습니다. 그 조그만 밀실에서 무릎을 꿇고 열두 명의 발을 씻겼으니 상당히 더우셨을 것입니다. 그런데 12절을 보면 "저희 발을 씻기신 후에 옷을 입으시고"라는 말씀이 나옵니다. 예수님께서는 제자들에게 말씀하실 때 편하게 웃옷을 벗은 채 부채질해 가면서, 요즘 말로 런닝셔츠 바람으로 얼마든지 이야기할 수 있는 위치에 계신 분이었습니다. 그런데도 그분은 '의관을 정제하고' 말씀하셨습니다. 사랑하는 제자들에게 예의를 갖추어 주신 것입니다.

하나님도 우리에게 예의를 갖추어 주십니다. 우리가 하나님 앞에서 무슨 가치가 있는 존재입니까? 우리가 하나님을 얼마나 배신했습니까? 우리의 죄가 하나님 앞에서 얼마나 추악합니까? 그럼에도 하나님께서는 우리의 죄를 용서해 주시기 위해서, 벌레만도 못한 우리를 살려 주시기 위해서 당신의 아들이신 성자 하나님을 제물로 주셨습니다. 우리를 극진히 높이시고, 예를 갖추어 주신 것입니다.

하나님을 사랑한다는 것은 무엇입니까? 하나님께 예의를 다하는 것입니다. 예배가 무엇입니까? 예를 다해서 경배하는 것입니다. 주일 찬양예배 때에는 편하게 하나님을 찬양할 수 있습니다. 수요 성경공부 때에도 편하게 하나님의 말씀을 배울 수 있습니다. 그러나 주일예배 때에는 예를 다해 의관을 정제해야 합니다. 화려한 옷을 입으라는 말이 아닙니다. 내가 입을 수 있는 옷 중에서 가장 깨끗한 옷을 입고 나오라는 것입니다. 그것이 주님을 사랑하는 중심이 될 수 있습니다.

유럽에 가면 참 이상한 모습을 보게 됩니다. 유럽의 목사님들은 신랑 신부가 결혼할 때 넥타이를 매고 가운을 입고 주례를 합니다. 그런데 주일 낮예배를 인도하고 설교할 때에는 남방 셔츠와 청바지 위에 가운을 입습니다. 신랑 신부는 살아 있는 사람이니까 예를 다하지만, 하나님에 대해서는 예를 갖추지 않는 것입니다. "하나님은 살아 계신다"는 식의 말은 그들 사이에 금기시되고 있습니다. 그처럼 하나님을 살아 계신 분으로 생각하지 않기 때문에 밥을 먹을 때에도 하나님께 예의를 차리지 않습니다. 우리가 식사하기 전에 "쓸모 없는 죄인임에도 불구하고 이처럼 귀한 음식을 주셔서 감사합니다" 하고 기도하는 것은 하나님께 대한 예의입니다.

사람을 사랑한다는 것 또한 사람에게 예의를 다하는 것입니다. 강남에 가면 남자 예복을 전문으로 하는 집이 있는데, 우연히 만난 그 댁 주인이 이런 얘기를 했습니다.

"모든 남성복의 스타일은 예복에서 나옵니다. 남자의 캐주얼복과 유행복을 만들던 사람은 절대로 예복을 못 만듭니다. 그런데 예복을 만들 줄 아는 사람들은 어떤 옷이든지 만들 수 있지요."

옷 만드는 것도 예에서부터 시작한다는 것입니다.

바울이 고린도전서 13장에서 무엇이라고 이야기합니까? 사랑은 "무례히 행치 않는다"고 합니다. 왜 그렇습니까? 사랑은 예의이기 때문입니다. 그러나 우리는 많은 경우, 사랑하면 아무렇게나 대해도 좋은 것처럼 착각합니다.

혹시 누군가를 구제해 주신 적이 있습니까? 언젠가 형편이 어려운 사람을 도와 주신 적이 있습니까? 그들을 예의를 다해서 대하십시오. 우리는 우리에게 도움을 받은 사람을 무례히 대하는 경우가 많습니다. 또한 그리스도인들은 직장에서도 아랫사람에게 예의를 갖추어야 합니다. 함부로 반말하지 마십시오. 예의를 갖추십시오.

남자 성도님들께 당부합니다. 부부 두 분만 계실 때에는 서로 이름을 불러도 상관없고 반말을 해도 괜찮을 것입니다. 그러나 공식 석상에서는 부인에게 존대말을 하십시오. 우리말은 반말과 존대말이 분명히 구분되어 있습니다. 반말을 하려면 두 사람이 다 하든지, 아니면 두 사람 모두 존대말을 하십시오. 오늘날 거의 모든 자녀들이 어머니에게 반말을 하는 것은 아버지 탓입니다. 아버지가 자녀 앞에서 어머니에게 반말을 하는데 자녀가 엄마에게 존대말 할 리가 없지 않습니까?

부모들은 자녀들을 함부로 대하지 마십시오. 주님께서는 자녀를 노엽게 하지 말라고 하십니다. 일본 사람들은 아이들을 '아가짱'이라고 부릅니다. 반말도 함부로 하지 않습니다. 하나님의 사랑을 몰라도 인격 그 자체, 생명 그 자체에 대한 경외심과 예의를 갖추는 것입니다. 그런데 우리는 그리스도인임에도 불구하고 예의를 갖추지 않습니다.

21장 7절을 보면, 예수님인 줄 모르고 있던 베드로가 "저분이 예수시라"는 요한의 말을 듣고 무얼 했다고 되어 있습니까?

"시몬 베드로가 벗고 있다가 주라 하는 말을 듣고 겉옷을 두른 후에 바다로 뛰어내리더라."

베드로는 성격이 급한 사람입니다. 평소 같으면 옷을 벗은 채로 예수님께 먼저 뛰어갔을 것입니다. 그런데 옷을 입고 갔다는 것입니다. 그는 배운 대로 행했습니다. 사랑이 예의를 갖추는 것임을 배웠기 때문에, 그 급한 순간에도 예수님께서 옷을 입으시듯 자기도 옷을 입었습니다.

사랑은 예의입니다. 그리스도인들의 삶이 믿지 않는 사람들을 감동시켜야 한다면, 그것은 지극히 작은 데서부터 시작됩니다. 사랑의 물꼬는 작은 예의를 베푸는 데서부터 터지는 것입니다.

사랑: 기회를 주는 것

예수님께서 베드로에게 물으셨습니다.

"네가 나를 사랑하느냐?"

"사랑합니다."

또 물으셨습니다.

"네가 나를 사랑하느냐?"

"사랑합니다."

한 번 더 물으셨습니다.

"네가 나를 사랑하느냐?"

"사랑합니다."

예수님께서는 같은 질문을 세 번 반복하심으로써 베드로 역시 주님을 사랑한다는 고백을 세 번 하도록 만들어 주셨습니다. 베드로는 어떤 사람이었습니까? 예수님께서 십자가에 못박히시기 직전, 제사장 집 뜰에서 예수님을 세 번 부인했던 사람입니다. 예수님께서는 주님을 저주하고 배신했던 그 베드로에게 사랑하느냐고 세 번 물어 주심으로, 자신의 실수를 만회할 기회를 주셨습니다. 이처럼 사랑은 기회를 주는 것입니다.

아무리 베드로의 믿음이 출중하다 할지라도 이 때 예수님께서 베드로의 면전에서 세 번의 기회를 주지 않고 승천해 버리셨다면, 예수님을 배신했던 사실로 인해 그 영혼은 평생 동안 절고 다녔을 것입니다. 그러나 예수님께서 세 번의 기회를 주셨기 때문에 그는 과거의 허물로부터 자유로워졌습니다.

허랑방탕하던 탕자가 굶어 죽게 되었을 때, '내 아버지의 집에는 먹을 것이 풍족하니 나는 아버지 집에 가서 품꾼으로 살리라'고 생각하고 돌아왔습니다. 그러나 아버지는 그 아들에게 "그래, 너는 그 정도밖에 안 되는 인간이니 종으로 살아라" 하고 말하지 않았습니다. 오히려 다시 아들로 살 수 있는 기회를 주었습니다.

상대에게 기회를 준다는 것은 내 속이 상하는 것을 의미합니다. 내가 기회를 주었는데 요행히 그 다음 날부터 상대가 내 마음에 쏙 들게 행동한다면 얼마나 좋겠습니까? 그런데 기회를 준 후에도 그가 그 기회를 통해 바로 서기까지는 시간이 더 필요합니다. 그 때까지는 내 속이 썩어야 하는 것입니다.

사도 바울은 고린도전서 13장 4절에서 사랑은 "오래 참는다"고 했습니다. '오래 참는다'의 그리스어 '마크로뒤미아'(makrothumia)는 '디오'(dio)라는 동사에서 나온 단어입니다. '디오'는 '희생한다, 나를 제물로 바친다'는 뜻입니다. 기회를 준다는 것은 내가 희생하는 것을 의미합니다. 부모가 자식에게 기회를 주기 위해서 그토록 희생하는 이유가 무엇입니까? 사랑하기 때문입니다.

예수님께서는 죽을 수밖에 없는 우리에게 또 한 번 생명의 기회를 주시기 위해서 자신을 십자가 위에 제물로 바치셨습니다. 중요한 것은, 내가 그리스도의 사랑 때문에 누구에겐가 기회를 주기 위하여 나 자신을 희생제물로 내어 놓을 때 반드시 부활의 역사가 일어난다는 사실입니다. 왜 그렇습니까? 우리 주님이 살아 계시기 때문입니다. 예수 그리스도께서는 우리에게 기회를 주기 위해서 당신 자신이 썩고 희생당했지만, 결국 부활하셔서 우리와 함께하고 계십니다. 우리는 그분을 믿는 사람들입니다.

저는 예수 그리스도 안에서 새로운 삶을 시작하면서 기회 있을 때마다 저의 지난 과거를 되돌아보곤 합니다. 그 때마다 참으로 많은 감사의 조건들이 있지만, 그 중에서도 저는 가족들에게 말할 수 없는 감사를 느낍니다. 제 어머니와 아내와 형제들은 제가 형편없이 방탕한 삶을 살 때 단 한 번도 "넌 틀렸어. 넌 이제 안 돼" 하며 저를 부정한 적이 없습니다. 언제든지 다시 설 수 있도록 기회를 주었습니다. 그 때 모두들 얼마나 속이 상했겠습니까? 그러나 그 희생의 발판 위에 예수 그리스도께서 생명의 역사를 주신 것입니다. 그래서 오늘의 제가 있게 되었습니다.

사랑하기 때문에, 기회를 주기 때문에 속이 상할 수 있습니다. 그 때 나의 상한 속을 보지 마십시오. 나의 그 속상함을 통로 삼아 주님께서 일으키실 부활의 역사를 '엘피조' 하십시오. 바라보십시오. 주님의 역사는 반드시 일어납니다. 우리 주님은 살아 계시기 때문입니다.

사랑: 상대의 수준으로 내려가는 것

우리 나라에는 '사랑'이라는 단어가 하나밖에 없습니다. 그런데 그리스어에는 이 사랑이라는 단어가 매우 구체적으로 세분되어 있습니다. 이를테면 가족들 간의 사랑을 '스톨게'(stolge)라고 하고, 남녀간의 이성적인 사랑을 '에로스'(eros)라고 합니다. 또 친구간의 사랑, 동료간의 사랑, 혹은 스승과 제자 간의 사랑을 '필리아'

(philia)라고 합니다. 스톨게든, 에로스든, 필리아든 공통점은 '조건적'이라는 것입니다. 흔히 가족간의 사랑은 무조건적이라지만 가족간의 사랑도 엄밀히 따지면 조건적입니다. 형제간에도 서로 친한 형제가 따로 있습니다. 그리고 끝으로 '아가페'(agape)가 있습니다. 잘 아시는 대로 이것은 조건이 없는 사랑입니다. 무조건 사랑하고 베푸는 것입니다.

예수님께서는 처음에 베드로에게 "네가 나를 아가페의 사랑으로 사랑하느냐?"고 물으셨습니다. 베드로는 "내가 당신을 필리아의 사랑으로 사랑합니다"라고 대답했습니다. 즉 "나는 당신을 동료애로, 혹은 스승을 섬기는 사랑으로 사랑합니다"라고 대답한 것입니다. 그는 '아가페'라는 말의 뜻을 못 알아들었습니다. 예수님께서 두번째 다시 질문하셨습니다.

"네가 나를 아가페의 사랑으로 사랑하느냐?"

베드로가 또 못 알아듣고 같은 대답을 반복했습니다.

"필리아의 사랑으로 사랑합니다".

그러자 주님께서는 세번째로 이렇게 물어 주셨습니다.

"네가 나를 필리아의 사랑으로 사랑하느냐?"

베드로가 예수님의 수준에 이르지 못했을 때 예수님께서 베드로의 수준으로 내려가 주신 것입니다. 주님은 베드로를 탓하지 않으셨습니다. 그리고 "필리아로 사랑합니다" 하는 그의 고백을 접수해 주셨습니다.

이처럼 사랑은 상대의 수준으로 내려가 주는 것입니다. 지금 올라올 수 없는 자를 올라오라고 하는 것이 아닙니다. 하나님께서 하늘 보좌에 앉아 계시면서 우리에게 하늘나라로 올라와서 구원받으라고 하셨다면 누가 구원을 얻을 수 있었겠습니까? 예수 그리스도께서 우리의 수준으로 내려와 주셨기 때문에 우리가 구원을 얻은 것입니다.

'사랑은 상대의 수준으로 내려가는 것'이라는 말을 달리 표현하면, '사랑은 요구할 수 있는 것을 요구하는 것'입니다. 지금 베드로는 아가페의 사랑을 모릅니다. 그가 아는 것은 필리아의 사랑밖에 없습니다. 그것을 예수 그리스도께서 요구하시고 접수해 주신 것입니다.

조연경 씨라고 하는 작가가 〈세상에서 가장 멋진 프로포즈〉라는 꽁트집을 썼는데, 그 책에 이런 이야기가 나옵니다. 어느 가난한 젊은 부부가 있었습니다. 그런데 아내가 아기를 낳는 출산일이 가까워지고 있습니다. 그래서 남편이 묻습니다.

"당신이 아기를 낳으면 무슨 선물을 해 주면 좋을까?"

아내는 아기를 낳는 순간에 장미꽃을 꺾어다 달라고 했습니다.

어느 날 잠을 자는데 갑자기 아내가 해산을 하려고 합니다. 급히 산부인과로 달려가서 새벽 두세 시경에 아기를 낳았습니다. 그 순간 남편은 아내와의 약속이 생각나서 장미꽃을 가지러 갑니다. 그런데 그 시간에 문을 연 꽃집이 어디 있겠습니까? 그래서 가만히 생각을 해 보니 자기네들이 전세 들어 살고 있는 동네 어떤 집 담 밖으로 줄장미가 나와 있는 것이 생각났습니다. 그래서 밤에 가시에 찔려 가며 장미를 꺾었습니다. 그 장미꽃을 들고 가면서 남편은 찡한 감동을 느낍니다.

'아, 아내가 나를 사랑하는구나. 만약 아내가 아이를 낳는 날 코트를 사 달라거나 보석반지를 사 달라고 했다면 내 형편에 도저히 할 수 없었을 텐데, 새벽이든 밤이든 내가 할 수 있는 것, 가서 꺾기만 하면 되는 것을 요구하다니, 아내는 정말 나를 사랑하는구나!'

바울은 사랑은 "자기의 유익을 구치 않는다"고 했습니다. 우리는 우리의 유익을 구하기 때문에 요구할 수 없는 것을 요구합니다. 점수가 안 나오는 아이에게 좋은 점수를 요구합니다. 돈 못 버는 남편에게 돈 많이 벌어 올 것을 요구합니다. 요구할 수 없는 것을 요구하지 마십시오. 내가 요구하는 그것을 못 할 뿐이지 남보다 잘하는 것이 얼마든지 있습니다. 하나님은 공평하시기 때문입니다. 사랑은 요구할 수 있는 것을 요구하는 것입니다.

예수님께서 베드로에게 아가페의 사랑을 요구하셨을 때 베드로는 그것을 알지 못했습니다. 그러나 예수님께서 필리아의 사랑으로 내려가 주셨을 때 바로 베드로는 아가페의 사랑을 살게 되었습니다. 그는 모든 사람을 위해서 자기 생애를 던졌고, 예수님처럼 십자가 위에서 죽었습니다. 이것이 중요합니다. 그렇다면 사랑이 무엇입니까? 사랑은 상대의 수준으로 내려가 주되, 그 수준에서 서로 노닥거리는 것이 아니라 그 수준에 내려가서 그를 끌고 함께 올라오는 것입니다. 예수님께서는 '필리아'의 수준에 있는 베드로를 품으시고 '아가페'로 끌어올려 주신 것처럼, 이 땅에 내려오셔서 우리 수준에서 우리를 품어 주시고 하나님 나라로 끌어올려 주셨습니다.

사도행전 3장을 보면 베드로가 성전 미문에서 앉은뱅이를 일으키는 장면이 나옵니다. 베드로는 배운 대로 하고 있습니다. 그는 성전 미문에 있는 앉은뱅이에게 "내게 은과 금은 없지만 나사렛 예수의 이름으로 일어나 걸으라" 하고 말만 한 것이 아니라 손을 잡아 주었습니다. 앉은뱅이의 손을 잡아 주려면 어떻게 해야 합니까? 그의 수준까지 내려가야 합니다. 그리고 그는 그 손을 잡고만 있지 않았습니다. 성경이 무엇이라고 말씀하고 있습니까? "잡아서 일으켜 올리니." 베드로는 앉은뱅이를 자기 앞으로 끌어올렸습니다. 그 때 앉은뱅이가 일어났습니다.

사랑: 본이 되어 주는 것

21장 17절부터 23절을 보면, 예수님께서 마지막으로 "나를 따르라"고 말씀하십니다. 왜 "나를 따르라"고 하십니까? 예수 그리스도는 모두의 본이 되셨기 때문입니다. 남을 사랑하는 것은 그 앞에서 본이 되어 주는 것입니다. 이것이 사랑의 피날레입니다. 우리가 더불어 살아가다 보면 원하든 원하지 않든 간에 남에게 영향을 미치게 됩니다. 내 의사와 상관 없이 주위 사람들이 나에게 영향을 받는 것입니다. 그 때 내가 바른 진리의 본이 되어 주는 것, 그것이 크고 적극적인 사랑의 길입니다.

한번 조용히 생각해 보십시오. 진리를 따라 살려고 하는 사람들 중에서 나를 본받으려는 사람이 있습니까? 예수님을 올바르게 믿으려는 사람들 사이에서 본받을 만한 대상이 되고 있습니까? 정말 그리스도인이 되고 싶어하는 사람들이 어떻게 살아야 되는지 나를 찾아와서 상담합니까? 그렇다면 나는 지금 많은 사람들을 사랑하고 있는 것입니다.

프로 바둑기사가 바둑 한 판을 두는 데에는 보통 400여 수를 주고 받습니다. 그런데 프로 기사들은 바둑이 끝나고 나서 그것을 처음부터 끝까지 정확하게 복기(復棋)할 수 있습니다. 물론 그분들의 두뇌가 뛰어난 데다가 강훈련을 한 결과이겠지요. 그러나 실은 프로가 아니더라도 이것이 가능합니다. 제가 신학교에 입학하기 전 바둑실력이 3급이었습니다만 20-30수 이상을 복기할 수 없었습니다. 어느 날 바둑을 잘 두시는 분에게 어떻게 복기가 가능한지 물었습니다. 그분은 이렇게 대답했습니다.

"프로 기사들은 의미 없는 돌을 놓지 않습니다. 의미 있는 돌만 놓기 때문에 그 의미를 따라가면 복기가 가능하지요."

자신의 인생을 돌아보십시오. 30년을 살았습니까? 50년, 혹은 60년을 살았습니까? 그 가운데서 몇 수까지 복기할 수 있습니까? 만약 '내가 어떻게 살았는지도 모르게, 복기할 수도 없을 정도로 순식간에 인생이 끝났구나' 하는 생각이 든다면 지금까지 무의미하게 산 것이고 본이 못 된 것입니다. 이제부터는 의미 있는 돌을 놓아야 합니다. 그 돌 하나 하나가 긍정적인 의미에서 본이 되어야 합니다.

미국의 신학자이자 사회학자인 토니 캄폴로 박사가 95세 이상 된 사람 50명을 대상으로 다음과 같은 내용의 앙케이트 조사를 했습니다.

"만약 여러분에게 또다시 삶의 기회가 주어진다면 어떻게 살겠습니까? 세 가지만 기록하십시오."

가장 많은 응답이 무엇이었는지 아십니까? "날마다 반성하면서 살겠다"였습니다. 무슨 뜻입니까? 지금까지 살아온 삶이 다 잘못되었다는 것입니다. 그래서 날마다 반성하며 살아야 한다는 것입니다. 두번째로 많은 응답은 "용기있게 살겠다"였습니다. 무슨 뜻입니까? 비굴했다는 것입니다. 눈앞의 이득 때문에 양심을 속였다는 것입니다. 불의와 타협했다는 것입니다. 진실을 말하지 못했다는 것입니다. 그래서 정말 한 번만 더 생의 기회가 주어진다면 용기있게 살겠다는 것입니다. 세번째는 "죽은 후에도 무언가 남는 삶을 살겠다"는 것이었습니다. 무슨 뜻입니까? 지금까지 물거품 같은 삶을 살았고 다 없어지고 말 것만을 추구했다는 말입니다. 다시 말해 긍정적인 의미에서 좋은 본이 못 되었다는 것입니다.

1598년 정유재란 때 일본으로 끌려간 심당길의 14대 후손으로, 갖은 고생을 다하면서도 세계적인 도자기 '사쓰마야키'(薩摩燒)를 일궈 낸 심수관 씨가 몇 해 전 한국에 와서 강연을 하면서 아주 감명깊은 이야기를 했습니다. 그가 초등학교 입학식을 마치고 돌아왔을 때 아버지가 작업실로 불렀다고 합니다. 물레 위에 고령토 진흙 한 덩어리를 놓고 그 물레 한가운데 진흙 위에 바늘을 꽂았습니다. 그리고 물레를 돌리면서 어린 아들 심수관에게 물었습니다.

"이걸 보고 뭘 느끼느냐?"

아들이 대답했습니다.

"돌아가는 물레의 중심 속에 움직이지 않는 바늘이 보입니다."

"잘 보았다. 돌아가는 물레 중심의 움직이지 않는 중심, 앞으로 네가 추구해야 할 인생이다."

그 때는 그 말을 못 알아들었습니다. 그리고 나이가 들어서 아버지로부터 도공의 삶을 이어받았을 때에는 '끊임없이 기술을 연마하라'는 의미로 받아들였습니다. 그는 노인이 되어 가는 지금에야 비로소 그 말뜻을 바로 이해하게 되었다고 했습니다. 즉 그 말씀은 '비록 일본 땅에 와서 일본말을 하면서 살아가지만 조선 도공의 얼을 이어받은 조선인으로서의 정체성을 잊지 말고 살라'는 의미였던 것입니다. 돌아가는 물레, 일본이라는 이 물레를 좇아가다가는 아무것도 안 된다는 것입니다. 일본 도공들을 흉내내서는 안 된다는 것입니다. '네 몸 속에 흐르는 조선인의 피, 네가 갖고 있는 조선인의 얼, 네가 갖고 있는 조선인의 손가락, 그것으로 조선인만이 빚을 수 있는 도예품을 만들어야 이 땅에서 살아남을 수 있다'는 것입니다.

그의 말은 우리 그리스도인에게 그대로 적용됩니다. 그리스도인이란 어떤 사람입니까? 돌아가는 세상의 물레 속에서 움직이지 않는 진리의 중심을 바라보는 사람들입니다. 물레의 가장자리는 언제든지 돌아갑니다. 가변적입니다. 때로는 이것이, 때로는 저것이 다가왔다가 거품처럼 사라집니다. 그러나 한가운데의 진리는 불변합니다. 그 진리의 사람으로서의 정체성을 확립해 갈 때, 사도 바울처럼 "내가 그리스도를 본받는 것처럼 너희들은 나를 본받으라"고 말할 수 있는 것입니다.

이 세상에 자식을 사랑하지 않는 부모가 어디 있습니까? 그럼에도 불구하고 수없이 많은 부모들이 자식에게 부정적인 본이 되다가 세상을 떠납니다. 가장 확실한 사랑은 자식을 위한 진리의 본이 되어 주는 것입니다. 내가 죽고 난 뒤에도 그 본이 내 자식들의 삶을 반석 위에 올려 놓을 수 있기 때문입니다.

제네바 한인교회에서 요한복음 21장을 놓고 사랑한다는 것이 구체적으로 무엇을 의미하는지 함께 공부를 했습니다. 성경공부가 끝난 뒤에 한 사람씩 돌아가면서 느낀 점을 나누는 시간을 가졌는데, 한 남자분이 이렇게 이야기했습니다.

"사랑이 구체적으로 무엇인지 배우는 이 시간이 참 유익했습니다. 그런데 이대로 실천하기는 굉장히 어렵겠습니다."

그 이야기를 받아 한 여자분이 말했습니다.

"아니, 저는 그 반대입니다. 저는 이렇게 알고 나니까 오히려 사랑한다는게 굉장히 쉬워졌습니다."

남자분이 왜 어렵다고 했는지 아십니까? 자기 의지로 그렇게 하려고 생각했기 때문입니다. 여자분은 왜 쉽다고 했는지 아십니까? 예수님께서 사랑이 무엇인지 보여 주셨고, 성령님께서 지금 내 속에서 도우시니 그분을 힘입으면 무엇이 불가능하겠느냐고 생각했기 때문입니다. 예수님과 성령님께서 우리가 할 수 없는 것을 왜 요구하시겠느냐고 생각한 것입니다.

아무리 사랑을 배웠어도 자기 의지로 실천하려고 한다면 고작 사흘도 못 갈 것입니다. 그러나 앞서 말씀드린 대로 우리와 함께하시는 성령님, 진리 가운데로 인도하시는 성령님, 예수 그리스도 안에 거하게 하시는 성령님, 우리를 책망하시는 성령님, 주님의 사랑을 힘입어 살아가게 하시는 성령님, 그분과 날마다 교제하며 성령 충만한 삶을 살아간다면 이와 같은 삶을 살아갈 수 있습니다. 사랑의 모든 근거와 동력은 예수 그리스도의 사랑입니다. 그리고 그것을 우리에게 심어 주시는 분은 우리와 함께하시는 성령님이신 것입니다.

제네바에 가면 적십자 본사가 있는데, 그 지하실에 박물관이 있습니다. 많은 한국인들이 제네바를 찾지만 적십자사 박물관에 가 보는 사람은 거의 없습니다. 그 박물관에 가 보면 적십자가 창설된 이래 해 온 일들을 필름이나 비디오로 다 전시해 놓아서 일목요연하게 볼 수 있습니다. 저는 그것을 보면서 이 세상에는 두 부류의 사람들이 있다는 것을 느꼈습니다. 즉 끊임없이 남을 해치고 죽이고도 사랑했다고 하는 사람과, 사랑한다고 말하지 않으면서도 사람을 살리고 사랑하는 사람이 있습니다. 인간의 역사는 이 두 부류의 흐름으로 대변됩니다. 우리 역시 이 두 부류 중의 한 사람일 것입니다.

한때 한국 축구 대표팀 감독을 했던 비쇼베츠라는 러시아 축구 감독이 이런 이야기를 했습니다.

"축구 경기는 90분에 끝나지만 그 결과는 영원히 남는다."

98년 프랑스 월드컵 때 멕시코와의 경기에서 우리가 이기다가 마지막에 역전패하지 않았습니까? 그 경기는 90분 만에 끝났습니다. 그러나 그 결과는 앞으로 월드컵이 있을 때마다 계속해서 사람들 입에 회자될 것입니다.

결과는 영원히 남습니다. 인생도 마찬가지입니다. 평생토록 자기를 위해서 남을 해치며 사는 삶을 살든 사랑의 삶을 살든, 그 결과는 영원히 남습니다. 사랑 아닌 것은 모두 후회로 남습니다. 남되, 모두 통한으로 남습니다. 우리의 호흡이 넘어가는 순간 가장 후회할 일은 바로 사랑하지 못한 것입니다. 사랑만이 영원한 열매로, 생명으로 남습니다.

지금 이 시간 우리와 함께하고 계시는 성령님, 그분을 힘입어서 이 시간부터 사랑의 여정에 나아가심으로, 지금부터 영원한 사랑의 족적을 남기는 참된 그리스도인이 되시기를 바랍니다.

주님, 우리는 사랑하기를 원하면서도
사랑이 무엇인지 잘 알지 못했습니다.
그래서 사랑의 이름으로 사람을 해치고
사랑의 이름으로 많은 사람들의 가슴에 못을 박곤 합니다.
나폴레옹은 오직 자신의 야욕을 위하여
수많은 사람들을 죽였음에도 불구하고
그토록 프랑스 국민을 사랑했노라고 강변하였습니다.
그리고 프랑스 사람들은 그의 말을
의심없이 받아들이고 있습니다.
이처럼 사랑이 왜곡되고 있는 이 시대에
하나님 아버지께서 저희들을 사랑하시사 불러 주시고,
예수 그리스도께서 사랑의 실체가 무엇인지를

일일이 일깨워 주시고,

성령님께서 그 사랑의 삶을 본받아 살아갈 수 있도록

귀한 은혜의 시간을 허락하여 주심을 진심으로 감사드립니다.

주님, 이 시간이 정녕 우리 인생에 분명한 획을 긋는 시간이

될 수 있도록 도와 주시옵소서.

진정으로 사랑하며 살아가는 그리스도인이

될 수 있도록 도와 주시옵소서.

내가 내 몸을 불사르게 내어준다 할지라도

사랑이 없으면 내가 아무것도 아니요 내게 아무 유익이 없다는

성경 말씀을 가슴 속에 새기게 도와 주시옵소서.

이 세상을 떠나는 날, 사랑하지 못한 것 때문에

눈물 흘리며 주님 앞에 서는 자가 되지 않게 하시옵소서.

주님 앞에 서는 날, 이만큼 사랑했노라고

당당하게 설 수 있는 그리스도인이 되게 도와 주시옵소서.

우리의 그 사랑으로 인하여

많은 사람들이 생명을 얻게 도와 주시고,

사랑을 딛고 선 우리의 일거수 일투족을 통해

주님께서 이 땅에 성취하기 원하시는 사랑의 역사가

날마다 이루어져 가게 도와 주시옵소서.

예수님의 이름으로 기도드립니다. 아멘.

무엇이 될 것인가?

사람됨의 회복

이 때부터 예수께서 비로소 전파하여 가라사대 회개하라 천
국이 가까왔느니라 하시더라 갈릴리 해변에 다니시다가 두
형제 곧 베드로라 하는 시몬과 그 형제 안드레가 바다에 그
물 던지는 것을 보시니 저희는 어부라 말씀하시되 나를 따라
오너라 내가 너희로 사람을 낚는 어부가 되게 하리라 하시니
저희가 곧 그물을 버려 두고 예수를 좇으니라

마태복음 4장 17-20절

　무엇을 믿습니까? 하나님이 아버지 되심과 내가 하나님의 자녀
됨을 믿습니다. 무엇으로 믿습니까? 성령 충만함으로 믿습니다. 왜
성령 충만해야 합니까? 성령 충만 속에서만 우리 각 사람이 참된
교회, 카톨릭 처치가 될 수 있기 때문입니다. 어떻게 살아야 합니
까? 주께서 우리를 사랑하신 것처럼 사랑하며 살아야 합니다. 누
구를 사랑하며 살아야 합니까? '아르니온'에서부터 '프로바티온'
을 거쳐 '프로바톤'에 이르기까지, 내가 만나는 모든 사람들을 일
차적으로 사랑해야 될 대상으로 삼고 사랑하며 살아가야 합니다.
　그렇다면 이제 마지막 결론으로, 그리스도인이 된다는 것은 궁
극적으로 무엇이 되는 것을 의미합니까? 이는 여러 가지로 설명할

수 있습니다. 그러나 무엇보다도 '그리스도인이 된다고 할 때 그 분명한 틀이 무엇이며, 우리는 자신을 어떤 틀 속에 맞추어 가야 할 것인가' 하는 점이 여기서 생각해 보고자 하는 주제입니다.

'사람'으로의 회복

창세기 5장 1절부터 2절은 이렇게 증거하고 있습니다.

"아담 자손의 계보가 이러하니라 하나님이 사람을 창조하실 때에 하나님의 형상대로 지으시되 남자와 여자를 창조하셨고 그들이 창조되던 날에 하나님이 그들에게 복을 주시고 그들의 이름을 사람이라 일컬으셨더라."

하나님께서는 그리스도인을 창조하시지 않았습니다. 하나님께서는 대통령이나 목사나 장로나 집사를 창조하시지 않았습니다. 하나님께서는 '사람'을 창조하셨습니다. 그렇다면 우리는 무엇이 되어야 합니까? '사람'이 되어야 합니다. 사람이 되면 좋은 그리스도인이 됩니다. 사람이 되면 좋은 아빠, 좋은 남편이 됩니다. 사람이 되면 훌륭한 대통령이 될 수 있습니다.

우리는 우리를 가리켜서 모두 '사람'이라고 부릅니다. 우리의 겉모습은 분명히 사람입니다. 그러나 하나님께서는 "의인은 없나니 하나도 없으며 깨닫는 자도 없고 하나님을 찾는 자도 없고 다 치우쳐 한가지로 무익하게 되고 선을 행하는 자는 없나니 하나도 없도다"(롬 3:11, 12)라고 말씀하십니다. 하나님이 보시기에는 '사람'이 없는 것입니다.

인간은 에덴 동산의 타락 이후, 외형으로는 사람됨을 그대로 갖추고 있지만 인간성은 상실해 버렸습니다. 욕을 할 때 흔히 "사람 같지 않다. 짐승 같다"거나 "짐승만도 못하다"고 하지 않습니까? 인간성을 상실한 인간은, 실은 도덕적으로 조금 훈련되고 조금 선진화된 동물에 지나지 않는 것입니다.

구원은 자유입니다. 죄로부터의 자유입니다. 어둠으로부터의 자유입니다. 죄에 대한 율법의 저주로부터의 자유입니다. 그러나 그 자유는 향방 없는 자유가 아닙니다. 자유가 향방을 상실할 때 필히 방종으로 타락합니다. 구원은 죄로부터의 자유이지만 반드시 나아가는 방향이 있습니다. 어디로 나아갑니까? 가나안의 사람, 말하자면 인간성을 회복하는 참사람으로 나아가는 것입니다.

우리가 그리스도 안에서 구원을 얻고 새로운 피조물이 된다는 것은 범죄로 말미암아 잃었던 인간성을 회복하는 것을 뜻합니다. 그리스도인이 된다는 것은 참사람이 되는 것을 의미합니다. 예수 그리스도께서 이 땅에 오셨을 때, 당신 자신을 가리킨 호칭 가운데 복음서에 가장 빈번하게 등장하는 용어가 바로 '인자'(人子), 즉 '사람의 아들'이라는 것입니다. 예수님은 늘 자신이 '참사람'이라는 것을 강조하셨습니다. 예수님께서는 참사람이 되는 것이 무엇인지를 보여 주시기 위해, 그리고 인간성을 상실한 인간들이 참사람이신 그리스도 안에서 참사람됨을 회복할 수 있도록 해 주기 위해 이 땅에 오셨던 것입니다.

사도행전 19장 26절은, 안디옥이라는 곳에서 예수님을 믿지 않는 사람들이 예수님을 믿는 사람들을 가리켜 '그리스도인'이라고 불렀다고 최초로 증언하고 있습니다. 이 용어는 교회 안에서 만들어진 것이 아닙니다. 교회 밖 사람들에 의해서 만들어진 것입니다. '그리스도인'은 '그리스도를 좇는 사람'이라는 뜻도 되지만 '그리스도를 닮은 사람'이라는 뜻도 됩니다. 안디옥 사람들은 자신들과 전혀 다른 사람, 정말 사람 같은 사람을 만났습니다. 만나고 보니 그들은 참사람 되신 예수 그리스도를 닮은 사람들이었습니다. 그래서 "저 사람들은 우리와는 다른 사람들, 진짜 사람 같은 사람들"이라고 불렀습니다.

우리는 무엇이 되어야 합니까? 사람이 되어야 합니다. 그렇다면 하나님께서 에덴 동산에서 창조하셨던 그 사람으로 우리가 회복된다는 것, 그 때의 인간성을 우리의 삶 속에서 회복한다는 것은 구체적으로 무엇을 의미합니까?

창세기 2장 7절은 이렇게 증거합니다.

"여호와 하나님이 흙으로 사람을 지으시고 생기를 그 코에 불어넣으시니 사람이 생령이 된지라."

하나님께서는 제일 마지막 날 마지막 순간에 사람을 창조하셨습니다. 그 때는 이미 이 세상 만물이 다 지어져 있었습니다. 이 세상에 없는 재료가 없었습니다. 단단하기로 말하면 강철이 더 단단하고, 불변하기를 원한다면 금이 더 불변하며, 값으로 따진다면 다이아몬드가 훨씬 더 비쌉니다. 그런데 하나님께서는 인간을 만드실 때 그 어떤 재료도 사용치 아니하시고 흙으로 빚으셨습니다.

그렇다면 흙은 어떤 특성을 가지고 있습니까? 그 특성을 찾는다면 흙으로 우리를 지으신 하나님께서 어떤 사람을 참사람으로 규정하셨는지 알 수 있을 것입니다.

생명성을 회복하라

첫번째로 흙은 두말 할 것도 없이 생명의 상징입니다. 모든 생명은 흙에서 잉태됩니다. 초식동물도, 육식동물도 흙에서 나는 열매를 먹고 삽니다. 어떤 사람은 물 속에 있는 어족은 다르다고 말할 것입니다. 그러나 물을 담고 있는 밑바닥 역시 흙입니다. 흙이 물을 담아 주지 않으면 어족도 살 수가 없습니다.

이처럼 흙은 생명입니다. 이 생명으로 하나님께서는 사람을 만드셨습니다. 참사람이 된다는 것은 무엇을 의미합니까? 이 생명성을 회복하는 것입니다. 생명성을 회복한다는 것은 무엇을 뜻합니까? 쉽게 말하면 생명의 법칙을 알고 살아가는 것을 뜻합니다.

우리는 오늘 아침에 일어나서 이 시간에 이르기까지 하루를 살았습니다. 그러나 "하루를 살았다"는 이 말을 다르게 표현하면 어떤 말이 됩니까? "하루를 죽었다"가 됩니다. 매일매일 산다고 하는 것은 실은 매일매일 죽어 가는 것입니다. 그러나 10년이든 20년이든 혹은 6개월 후든 그 때가 언제인지는 모르지만 내게 다가올 죽음을 분명히 인식하고 그 죽음을 향해 하루하루 나아간다는 것은, 실은 하루하루 사는 것을 의미합니다. 쉽게 말해서, 내가 죽는 존재라는 사실을 모를 때에는 매일매일 사는 것 같아도 실은 매일매일 죽어 가는 것입니다. 그러나 내게 언젠가 반드시 죽음이 온다는 것을 생각하면서 살아가는 사람들은, 이 땅에서 남아 있는 모래시계의 윗부분을 영원한 생명으로 채워 가게 되며, 또 죽음 이후를 대비하게 됩니다. 이처럼 죽음을 알면 매일 삽니다. 그러나 죽음을 모르면 매일 죽습니다.

앞서 말했듯이 창세기 4장 26절에 의하면, 인간이 최초로 여호와의 이름을 불렀던 것은 에노스 때부터입니다. 성경을 면밀하게 읽어 보면 아시겠지만, 창세기 1장 1절부터 4장 25절까지 그 어떤 인간도 하나님을 자발적으로 불렀던 적이 없습니다. 그런데 왜 인간들이 에노스 때부터 여호와의 이름을 불렀습니까?

'에노스'는 사람의 이름이기도 하지만, 보통 명사로 쓰이는 히브리말이기도 합니다. 히브리 사전에서 '에노스'라는 단어를 찾아보면 '죽을 수밖에 없는 존재'라고 적혀 있습니다. 에노스 이전까지 인간은 자신이 죽을 수 있다는 사실에 대해서 전혀 무지했기 때문에 하나님을 찾을 필요가 없었습니다. 그래서 그들은 실은 매일매일 죽어 갔습니다. 그러나 자신들에게 죽음이 온다는 사실을 깨달았을 때, 그들은 비로소 생명의 근원 되시는 영원하신 여호와의 이름을 불렀습니다. 그들은 매일매일 죽음을 향해 나아가는 것 같았지만 실은 매일매일 영원한 생명 속에서 살았던 것입니다.

한자에 '죽을 사'(死)자가 있습니다. 이것을 풀어서 보면, 제일 위에 '한 일'(一)자가 있고, 그 밑에 '저녁 석'(夕)자와 칼을 가리키는 '비'(匕)자가 있습니다. 이처럼 죽음이란 '어느 날 저녁에 느닷없이 날아오는 비수'와 같은 것입니다. 한낮에 비수가 날아온다면 피할 여유라도 있을 것입니다. 그러나 밤에는 동서남북 어디에서 비수가 날아올지 아무도 모릅니다. 이것이 죽음입니다.

죽음은 때와 장소가 따로 없습니다. 태어날 때는 순서가 있지만 죽을 때는 순서가 없습니다. 늙었다고 빨리 죽는 것이 아니고 젊다고 늦게 죽는 것이 결단코 아닙니다. 이 사실을 깨달아 내가 어느 곳에 있든지 죽음이 비수처럼 내게 꽂힐 수 있다는 사실을 인식하고 살아간다면, 매일매일 그리스도 안에서 생명의 참사람으로 살아갈 수 있는 것입니다. 그러나 이것을 망각한다면, 그 사람의 매일매일은 욕망으로 오염되고 말 것입니다.

구약성경을 보면 "인생은 헛되다"는 표현이 수차례에 걸쳐서 나타납니다. 히브리어로 '헛되다'를 '하벨'(habel)이라고 합니다. 이것은 '숨', 즉 호흡을 의미하는 '헤벨'(hebel)이라는 단어에서 파생되었습니다. 왜 '숨'이라는 단어로부터 '헛되다'는 말이 파생되었겠습니까? 살아 있다는 것이 무엇입니까? 지금 제가 "후―"하고 숨을 내쉽니다. 그리고 다시 들이쉽니다. 이것이 살아 있는 것입니다. 그러나 제가 내뿜었던 숨을 들이마시지 못하는 순간, 저는 죽은 것입니다. 죽음은 절대로 거창한 것이 아닙니다. 이사야의 표현처럼, 우리의 생명은 코끝에 있습니다. 내쉬었던 숨을 들이마시지 못하면 그것으로 모든 것이 끝나는 것입니다. '헤벨'은 헛된 것입니다. 이것을 아는 자가 생명성을 회복하는 참사람으로 진리 안에서 살아갈 수 있는 것입니다.

2년 전 가을, 영국 왕세자비였던 다이애나가 이집트 출신 재벌의 아들 도드 파예드와 빠리에서 벤츠를 타고 가다가 교통사고로 즉사하는 불행한 사건이 있었습니다. 마침 그 해 빠리를 들를 기회가 있어 일부러 그 사고현장을 찾아가 보았습니다. 그 때는 사고가 터진 지 약 두 달이 지났을 때입니다.

신문보도나 TV 화면을 통해서 보았던 알마 터널이라는 곳은 사고가 날 수밖에 없는 장소이겠거니 생각하고 갔습니다. 그러나 실제로 그 사고 현장을 보고 깜짝 놀라지 않을 수 없었습니다. 그 곳은 결코 사고가 날 장소가 아니었기 때문입니다. 그 곳은 터널 속이 휘어져 있거나 터널의 길이가 긴 곳이 아니었습니다. 터널을 내려가면 곧바로 끝이 보이는 곳이었습니다. 엄밀하게 말하면 위에 차도가 있기 때문에 땅을 조금 파 둔 곳으로서, 굳이 우리말을 붙인다면 '반지하 차도'라고 할 수 있습니다. 그 속에서 세계 최고의 재벌과 세계 최고의 명예를 지닌 여인이 즉사한 것입니다. 제가 갔을 때에도 그들이 탔던 자동차가 벽과 기둥에 부딪치면서 긁었던 자국이 선명하게 남아 있었습니다.

만약 다이애나 비가 그 날 죽음이 비수처럼 자기에게 꽂힐 줄 알았더라면, 도드 파예드가 그 날 내쉬었던 숨을 다시 들이쉬지 못할 줄 알았더라면, 그들은 그 날 밤 리츠 칼튼 호텔에서 술을 마시지 않았을 것입니다. 그러나 그들은 그 사실을 몰랐습니다. 그들에게는 돈이 있었고 젊음이 있었습니다. 죽음은 남의 이야기였던 것입니다. 그래서 그들은 결국 가장 허망하게 죽은 자들의 대명사가 되었습니다.

이미 말씀드린 바 있는 엥발리드는 본래 전쟁 때 부상당한 군인들을 치료하기 위하여 지은 일종의 병원이었습니다. 그런데 지금은 성당을 제외한 모든 건물들이 군사박물관으로 사용되고 있습니다. 이 박물관에는 나폴레옹이 프랑스의 실권을 잡고 황제가 된 이

후에 유럽을 정복하면서 이루었던 여러 가지 승전 기록들과 유물들이 화려하게 전시되어 있습니다.

　그 박물관의 제일 마지막 전시실에 들어가면 나폴레옹이 세인트헬레나 섬에 유배당했을 때 사용하던 유품들이 전시되어 있습니다. 그 곳의 제일 마지막 전시품은 세인트헬레나 섬에서 화장된 나폴레옹의 재를 넣어 온 유골함입니다. 저는 그 전시실을 거꾸로 걸어 보았습니다. 만약 나폴레옹이 자기 인생이 한 줌의 재로 끝날 것을 먼저 알고 인생을 거슬러 살았더라면, 자신의 욕망을 위해 그토록 수많은 프랑스 젊은이들을 죽이지는 않았을 것입니다. 그러나 불행히도 그는 그 사실을 몰랐습니다.

　맹자의 어머니는 어거스틴의 어머니 모니카와 함께 동서양의 대비되는 현모로 인정받고 있습니다. 우리가 잘 아는 '맹모삼천지교'라는 이야기가 있습니다. 맹자를 데리고 장의사 옆에 살았더니 아이가 장의사 흉내를 냅니다. 시장바닥으로 이사를 갔더니 장사꾼 흉내를 냅니다. 그래서 학교 근처로 데리고 갔더니 공부를 하게 되었다는 것입니다. 이것으로 인해서 맹자의 어머니는 현모의 대명사가 되었습니다.

　그런데 근자에 와서 이 맹모삼천지교에 대한 새로운 해석이 나왔습니다. 맹자의 어머니는 그야말로 동서양의 모든 사람이 현모라고 인정하는 분인데 그렇게 지혜로운 어머니가 왜 아무 생각도 없이 사랑하는 아이를 장의사 곁에 살게 했겠습니까? 그리고 이왕 이사를 갈 것이면 처음부터 학교 옆으로 갈 것이지 왜 장의사나 시장 옆으로 갔겠습니까? 그래서 새로운 해석을 하는 사람들은 맹모가 맹자에게 먼저 인생의 죽음을 가르쳤다고 말합니다. 처음에 장의사 옆에 산 것은 매일 장의사를 통해서 이루어지는 장례식을 보면서 인생이 언젠가는 끝난다는 사실을 가르치기 위함이었다는 것입니다. 그 다음에 맹자를 데리고 시장바닥으로 이사간 것은 죽음을 알아야 생존의 현장에서 바르게 살 수 있다는 사실을 가르치기 위함이었다는 것입니다. 마지막으로 학교 옆으로 데리고 간 것은, 생과 사를 분명히 아는 자만 그 속에 참된 교육을 담을 수 있다는 사실을 가르치기 위함이었다는 것입니다. 저는 전적으로 이 해석에 동의합니다.

자녀를 사랑하십니까? 비관적인 의미에서가 아니라 그들의 사람됨을 위해서, 인간은 죽는 존재라는 사실부터 가르쳐야 합니다. 그럴 때 그 아이들의 일평생 중에 20대든 30대든 귀한 한 부분을 탕진함 없이 사람답게 살아갈 수 있습니다.

로마에서 초기 기독교가 카타콤베에서 시작되었다는 사실에 주목하십시오. 카타콤베는 지하묘소입니다. 한국 사람들은 그들이 도대체 어떻게 땅을 파서 무덤을 만들 수 있었는지 얼른 이해하기가 힘듭니다. 그것은 그 곳의 토질이 우리 나라와는 전혀 다른 응회질이기 때문에 가능한 일입니다. 이 응회질 토질은 간단한 기구를 사용해서 파든지, 힘이 있는 사람은 맨손으로도 팔 수 있다고 합니다. 그러나 일단 공기가 닿으면 세월이 흘러가면서 돌처럼 굳어집니다. 그리고 이렇게 응회질이 공기와 맞닿아서 굳어 가는 가운데 시체에서 흘러나오는 모든 썩은 물을 완벽하게 흡수하고 악취를 완전히 없애 버린다고 합니다. 그러니까 우리 나라 사람들이 굳은 땅을 삽으로 파서 봉분 있는 무덤을 조성하는 것보다 당시 로마 사람들이 땅을 파고 내려가서 지하묘소를 만드는 것이 훨씬 더 쉽고 위생적이었던 것입니다.

카타콤베를 가 보신 분은 아실 것입니다. 지하묘소로 내려가면 복도 좌우에 무덤이 4층이나 5층으로 이루어져 있고, 그 중간중간에 조그만 홀들이 있습니다. 초기에 박해받던 그리스도인들은 그 홀에서 예배를 드렸습니다. 이 얼마나 엄청난 메시지입니까? 초기 그리스도인들은 시체를 보면서 '나도 언젠가는 저렇게 누울 것이다. 내게도 언젠가 저 시간이 비수처럼 다가올 것이다' 하고 생각하면서 영원한 생명이신 그리스도를 믿었습니다. 그래서 그들은 로마 원형극장의 사자도 두려워하지 않고 하나님 앞에서 참사람 되기를 주저하지 않았던 것입니다.

예수 그리스도의 십자가가 골고다 위에 세워졌다는 점을 상기하시기 바랍니다. 이스라엘 천지에 십자가를 세울 지점이 얼마나 많이 있습니까? 그러나 예수님의 십자가는 유독 골고다 산상에 세워졌습니다. '골고다'라는 단어의 뜻은 '해골'입니다. 왜 그곳 지명이 '해골'이 되었는가에 대해서 적어도 세 가지 설이 있습니다.

첫번째는 그 동산의 모양이 사람의 해골처럼 생겼기 때문이라는 것입니다. 지금은 그 언덕에 세계 여러 기독교 종파들이 예배당을 세워 두었기 때문에 정말 해골 모양인지 아닌지 확인할 길이 없습니다. 두번째 설은 예로부터 그 언덕이 죄수들의 사형집행장으로 사용된 까닭에 해골들이 많이 뒹굴고 있었기 때문이라는 것입니다. 세번째 설은 유대인의 전승으로, 하나님께서 최초로 창조하셨던 아담의 무덤이 바로 그 곳에 있었고, 그의 유골이 거기에서 발굴되었기 때문이라는 것입니다.

이스라엘로부터 아득하게 멀리 떨어져 있는 우리로서는 그 세 가지 설 중에 어느 것이 정확한지 알 도리가 없습니다. 사실 이 세 설 중에서 어느 설이 정확하냐는 것은 우리에게 전혀 문제가 되지 않습니다. 중요한 것은, 어느 설이 정확하든 상관없이 예수 그리스도의 십자가는 '해골'이라고 불리는 곳 위에 세워졌다는 사실입니다.

믿음의 눈으로 이 장면을 머리 속에 그려 보십시오. 얼마나 위대한 메시지가 그 속에 숨어 있습니까? 해골이 있습니다. 그 해골의 정수리에 예수 그리스도의 십자가가 꽂힙니다. 그 십자가를 통해서 위로부터 그리스도의 보혈이 해골을 타고 내립니다. 그리고 모든 사람이 생명을 얻습니다. 그렇다면 누가 예수 그리스도의 십자가를 자신의 정수리에 꽂겠습니까? 자신이 해골이 될 것이라는 사실을 아는 사람입니다. 자신이 에노스라는 것을 아는 그 사람만이 예수 그리스도의 십자가를 심령의 정수리에 꽂고 그분의 생명 속에서 참사람으로 회복될 수 있는 것입니다.

사랑을 회복하라

두번째로 흙의 특성은 무엇입니까? 사랑입니다. 무엇을 버리든지 흙은 다 수용해 줍니다. 말하자면 카톨릭 처치입니다. 흙은 배척하지 않습니다. 모든 것을 수용한 뒤에 자기 품으로 품습니다.

함께 더러워질 뿐 아니라 정화시켜 줍니다. 흙은 사랑이기 때문입니다. 만약 흙이 이 세상의 쓰레기와 오물을 받아들이지 않는다면 세상은 이미 온통 쓰레기장이 되어 버리고 말았을 것입니다. 우리가 사람이 된다는 것, 참된 인간성을 그리스도 안에서 회복한다는 것은 사랑을 회복하는 것을 의미합니다.

이 사랑과 관련해서 한국의 그리스도인들이 한 가지 짚고 넘어가야 될 부분이 있습니다. 구한말에 한국에 와서 선교 사역을 하다가 〈대한제국멸망사〉라는 책을 쓴 헐버트 선교사는 그의 책 속에서 한국 사람에 대하여 이런 평가를 하고 있습니다.

"한국인들은 사회적으로는 유교도이며, 철학적으로는 불교도이고, 고난을 당할 때에는 영혼 숭배자, 즉 미신적이 된다. 따라서 어느 한국인의 종교가 무엇인지 알려면 그가 고난에 빠졌을 때 어느 쪽으로 기우는지 살펴보면 된다."

대단히 탁월한 분석입니다. 한국인의 철학적인 구조는 불교적입니다. 1,500년 동안 그런 사고 구조를 가지고 살아왔기 때문에 피할 수 없는 일일 것입니다. 그러나 그 철학적인 구조가 대한민국 사람들의 모든 삶을 지배하는 것은 결코 아닙니다. 한국인들은 어떤 종교를 갖고 있든지 자기가 뜻하지 않은 고난이 닥칠 때 미신적이 됩니다. 많은 그리스도인들도 뜻하지 않은 사고가 발생했을 때 그런 상황을 주신 하나님의 뜻을 분별하려고 하기 전에, 그 상황으로부터 벗어나기 위해서 무슨 짓이든지 하는 경우가 있습니다. 단군교 교주를 하다가 예수님을 믿게 된 김해경 씨가 쓴 책에는, 그가 단군교 교주로서 서울시내에서 용한 역술가로 활동할 때 그의 고객들 중 상당히 많은 사람들이 크리스천이었다는 내용이 나옵니다. 사고만 터지면 와서 돈 내고 묻는 것입니다. 미신적이 되는 것이지요.

또한 헐버트 선교사가 볼 때 한국인들은 사회 관습적으로는 유교적입니다. 이것이 문제입니다. 사회 관습이라는 것은 삶과 직결되는 것입니다. 그래서 많은 그리스도인들이 몸은 교회당 안에 있지만 그 의식 구조와 삶의 구조는 유교를 따르고 있습니다.

어떤 분이 제네바까지 와서 제게 상담을 청했습니다. 상담 내용은 아내와의 이혼 문제였습니다. 그는 아내와 함께 10년 정도를 정말 단란하게 살았습니다. 그런데 10년이 지난 뒤에 아내에게 시어머니를 모실 것을 제의했습니다. 아내는 흔쾌히 받아들였습니다. 그래서 시어머니를 모시고 살게 되었는데, 세월이 지나면서 문제가 생겼습니다. 시어머니는 시어머니대로 며느리를 보지 않겠다고 선언하고, 며느리는 며느리대로 시어머니를 모시지 못하겠다고 주저앉고 만 것입니다. 며느리라면 어떤 경우에도 시어머니를 모시고 살아야 한다고 생각했던 남편은 아내에게 시어머니를 모실 것을 권했습니다. 그러나 아내는 그 말을 듣지 않았습니다. 다른 모든 것은 남편의 말을 들으면서도 시어머니에 관한 한은 듣지를 않았습니다. 심각한 불화가 생겼습니다. 그래서 남편이 이혼을 제의하기에 이르렀고, 이에 아내는 다른 제의를 했습니다. 이제껏 살던 연분을 생각해서 앞으로 3개월만 서로 별거를 해 보자는 것이었습니다. 만약 그러고도 생각에 변함이 없으면 3개월 후에 이혼하자고 했습니다.

그가 저를 찾아온 시점은 그 3개월이 끝나기 일주일쯤 전이었습니다. 그에게서 이혼할 수밖에 없는 사연을 다 들은 뒤 저는 다섯 가지 질문을 드렸습니다. 첫째로 얼마나 아내를 사랑하고 있는지 물었습니다. 남편과 아내는 본래 남남입니다. 남편과 아내가 남남이라면 남편의 어머니 또한 아내에게는 남입니다. 그런데 남에 불과한 남편의 어머니를 내 어머니처럼 모셔야 되는 이유가 있다면 그것은 남편의 사랑 때문입니다. 남편의 사랑이 없다면 남편의 어머니를 모셔야 될 까닭이 없습니다. 태양보다 더 따뜻한 남편의 사랑 때문에 남편의 아버지도 어머니도 귀한 존재가 되는 것이고, 그분들 앞에서 자식의 도리를 다하게 되는 것입니다. 그래서 남편이라면 누구든지 아내에게 시어머니에 대한 의무를 강조하기 전에 정말 내 아내가 자발적으로 내 어머니를 사랑할 수밖에 없도록 아내를 진정으로 사랑하고 있는지 점검해 보아야 합니다.

　둘째로는 아내를 위하여 얼마나 '울'이 되어 주고 있는지 물었습니다. 하나님의 모든 명령은 절대로 일방적이지 않습니다. 하나님의 모든 명령은 언제든지 상호적입니다. 하나님께서는 틈이 있을 때마다 성경을 통해서 하나님을 믿으라고 요구하십니다. 그러나 동시에 하나님께서는 하나님으로서 우리에 대한 의무를 다하실 것을 천명하십니다. "나는 너의 하나님이 될 것인즉, 너는 나의 백성이 되라"고 하시는 것입니다.

　하나님께서는 아내에게 남편을 머리로 모시고 순종하라고 명령하십니다. 동시에 남편에게 아내를 자신의 몸처럼 여겨 그리스도께서 교회를 사랑하시듯 사랑하라고 명령하십니다. 그리스도께서 교회를 어떻게 사랑하셨습니까? 죽기까지 사랑하셨습니다. 부모 자식 간도 마찬가지입니다. 하나님께서 주신 "네 부모를 공경하라" 는 제5계명 속에는, 부모는 자식에게 공경을 받을 만해야 한다는 대전제가 이미 깔려 있는 것입니다. 왜 그렇습니까? 자식을 먼저 만드신 것이 아니라 부모를 먼저 만드셨기 때문입니다. 그래서 성경은 부모를 공경하라고도 말씀하시지만 모든 부모들에게 자녀를 노엽게 하지 말고 주의 교양과 훈계로 양육하라고 말씀하십니다. "네가 먼저 좋은 부모가 되라"는 것입니다.

좋은 부모 밑에서 좋은 자식이 나옵니다. 저는 이제껏 좋은 시어머니 밑에서 불효하는 며느리가 나왔다는 말을 들어 본 적이 없습니다. 그러나 그런 평판을 받는 시어머니는 흔치 않습니다. 오히려 교회를 열심히 다니고 있음에도 불구하고 며느리를 자기의 부속물 정도로 생각하는 상전으로서의 시어머니가 더 많습니다. 그 때 남편은 아내의 울이 되어 주어야 합니다. 남의 집에 들어와서 모든 삶이 정착될 때까지 울이 되어 주지 않을 때, 아내는 결국 몇 년을 버티지 못하고 주저앉게 되는 것입니다.

셋째로 제가 물었던 것은 얼마나 그리스도의 법칙을 존중하느냐는 것이었습니다. 많은 사람들이 그리스도의 사랑을 이야기하면서 실제로는 공자의 말씀을 따르고 있습니다. 무조건 여자에게 여필종부(女必從夫)라는 것은 공자를 머리로 모신 사람의 생각입니다. 며느리만 무조건 시어머니에게 최선을 다해야 한다고 생각하는 시어머니는 공자를 머리로 모신 사람입니다. 예수 그리스도께서는 갈라디아서 5장 13절을 통해서 우리가 정말 그리스도인이라면 "서로 사랑으로 종 노릇 하라"고 말씀하십니다. 시어머니는 서툰 며느리를 위해서 종 노릇 할 수 있어야 합니다. 이런 사람이 그리스도인입니다. 유교는 힘 없는 자가 힘 있는 자를 섬기는 제도입니다. 기득권을 가지고 있는 자들을 보호해 주기 위한 제도입니다. 그러나 기독교는 힘 있는 자가 힘 없는 자를 섬겨 주는 도리입니다. 예수 그리스도께서 우리에게 보여 주신 것이 그것입니다. 만약 공자를 머리로 모신 사람이라면 여필종부하지 않는 아내를 포기해야 될 것입니다. 그러나 그리스도를 머리로 모신 사람이라면 아내가 사랑으로 종 노릇 하는 사람으로 성숙되기까지 그의 수준으로 내려가서 섬겨 주어야 할 것입니다.

넷째로는 아내에게 시어머니에 대한 효도를 강요하고 요구하는 것만큼 본인도 처가댁 부모님에게 효도하는지를 물었습니다. 하나님께서 부모를 공경하라고 하실 때, 그 계명은 아들과 며느리에게만 하신 것이 아닙니다. 그 계명 속에는 딸과 사위도 포함되어 있는 것입니다. 내 아내가 내 어머니에게 효도하기를 원한다면 나도 아내의 부모에게 효도할 수 있어야 합니다. 만약 아내에게만 자기 부모에 대한 효도를 강요한다면 그는 전형적인 한국인일지는 모르지만, 성경에서 말하는 그리스도인일 수는 없는 것입니다.

마지막으로 얼마나 성령님 안에서 기도하는지 물었습니다. 많은 사람들이 사람과의 관계를 두고 기도할 때 상대가 변하기를 기도합니다. 그것은 성령 밖에서 하는 기도입니다. 성령 안에서의 기도는 내가 변화되는 것입니다. 그래서 내가 품어 가는 것입니다.

저는 그분이 한국 교회에서 신실한 믿음의 소유자임을 알고 있습니다. 그러나 유교 사상과 그리스도의 법칙을 혼돈할 때 이와 같은 착각이 생기게 되는 것입니다. 그분이 서울에 가서 저에게 장문의 편지를 보내 왔습니다. 저는 그 편지가 그분이 아내와 더불어 서로 사랑으로 종 노릇 하게 되었다는 메시지임을 믿고 있습니다. 만약에 저를 찾아온 사람이 남편이 아니라 아내였다 할지라도 저는 똑같은 이야기를 했을 것입니다. 그리고 시어머니가 찾아오셨더라도 똑같이 이야기했을 것입니다.

한번 우리 자신에게 질문해 봅시다. 나는 정말 그리스도인으로서 시어머니에게 사랑으로 종 노릇 하고 있습니까? 나는 공자의 제자입니까, 그리스도의 제자입니까? 우리는 결단코 공자의 제자가 아닙니다. 공자의 사랑으로는 생명의 역사가 일어나지 않습니다. 예수 그리스도의 사랑, 내가 죽는 사랑, 내가 제물 되는 십자가의 사랑을 통해서만 사랑의 역사는 일어나는 것이고, 그 때에만 우리는 공자의 사람이 아닌 진리의 사람, 하나님의 사람, 예수 그리스도의 사람으로 회복되는 것입니다.

고린도전서 13장을 보면, 우리가 몸을 불사르게 내어 줄 정도로 구제를 하고 모든 것을 내어 주어서 남을 도운다 할지라도 사랑이 없으면 "너는 아무것도 아니라"고 합니다. 무슨 말입니까? "너는 사람이 아니다"는 것입니다. 왜 그렇습니까? 참사람은 사랑을 회복한 사람이요, 한국적인 상황에서 참사람이 되는 것은 유교적인 사고방식을 버리는 것으로부터 시작되기 때문입니다. 저는 그리스도인이 이 유교적인 사고방식을 해결하지 않으면 고부간의 문제, 부모 자식 간의 갈등이 절대로 해결되지 않는다고 확신합니다.

봉사성을 회복하라

세번째로 흙의 특징은 인간을 위한 모든 봉사의 도구가 되어 준다는 것입니다. 인간이 만든 그릇들은 다 흙이었습니다. 인간이 만든 벽돌의 재료도 흙이었습니다. 흙은 만들어지는 대로 자신을 내어 주어서 인간을 위하여 온전히 봉사하기를 주저하지 않았습니다. 참사람이 된다는 것은 이러한 봉사성을 회복하는 것입니다.

흙으로 지음 받은 우리 인체의 구조를 살펴보십시오. 모든 우리 인체의 구조는 봉사하기 위해서 존재합니다. 자기 자체를 위해서 존재하지 않습니다. 왼손으로는 가려운 왼쪽 등을 긁을 수 없습니다. 오른손이 긁어 주어야 합니다. 제가 교인들 앞에 서서 말씀을 전하려면 두 발이 저를 지탱해 주어야 합니다. 또 제가 살아 움직이기 위해서는 입으로 먹어야 합니다. 그러나 음식을 씹어 준 그 입은 음식의 영양가를 독차지하지 않고 위(胃)로 보내고, 위는 그것을 모든 지체에 운반합니다. 흙으로 만들어진 우리의 모든 인체는 이처럼 봉사를 위해서 만들어져 있습니다. 그럼에도 불구하고 봉사를 위해 지음 받은 지체인 우리가 봉사를 망각하고 살아가고 있으니 우리의 삶이 어찌 사람다울 수 있겠습니까?

신학자 지오반니 빠삐니가 〈예수의 생애〉라는 책을 썼습니다. 그는 그 책 속에서 스스로 이렇게 질문합니다.

"예수 그리스도께서는 이 넓은 천지에서 왜 하필이면 짐승의 구유에 태어나셨는가?"

성화나 성탄절 카드에는 외양간이 멋지게 그려져 있습니다. 그러나 실상 생각해 보십시오. 짐승의 외양간은 더러운 곳입니다. 오물투성이입니다. 외양간 구유가 무엇입니까? 짐승의 밥통입니다. 아무리 가난한 사람이라도 소의 여물통에 자기 자식을 눕히려 하지는 않을 것입니다. 그런데 예수님께서는 바로 그 더러운 곳에서 태어나셨습니다. 왜 예수님께서는 그 곳을 선택하셨습니까? 지오반니 빠삐니는 스스로의 질문에 이렇게 자답합니다.

"예수 그리스도께서 외양간에서 태어나셨던 것은, 그 곳이 그분이 이 세상에서 선택할 수 있는 가장 깨끗한 곳이었기 때문이다."

무슨 말인지 이해가 되십니까? 인간은 겉으로만 깨끗해 보일 뿐 실상은 짐승의 외양간보다 더 더러운 존재들이라는 것입니다. 지금까지 20년, 30년, 40년을 살아오면서 깨끗한 물을 얼마나 마셨습니까? 그 물이 다 어디로 갔습니까? 소변으로 다 버려졌습니다. 깨끗한 음식은 얼마나 먹었습니까? 그 음식은 다 어디로 갔습니까? 오물로 버려졌습니다. 지금까지 살아오는 동안 얼마나 많은 휴지를 버렸습니까? 몇십 벌의 옷을 쓰레기로 버렸습니까? 봉사하지 않는 인간은 이 세상에 태어나서 죽을 때까지 이처럼 세상을 더럽히다 갑니다. 지오반니 빠삐니는 그 말을 하고 싶은 것입니다. 그 더러운 인간의 세상보다는 차라리 짐승의 외양간이 더 깨끗하다는 것입니다.

우리는 봉사해야 합니다. 그런데 봉사라고 하면 그리스도인들은 교회 안에서의 봉사만 생각합니다. 그러나 참된 그리스도인의 정체성은 교회 안에서 드러나지 않습니다. 살인 강도도 교회 안에서는 거룩한 모습을 보일 수 있습니다. 진정한 그리스도인은 세상 밖

소용돌이 한가운데에서 그리스도인일 수 있어야 합니다. 우리의 봉사는 세상 속에서 이루어져야 합니다. 그 동안에는 수없이 많은 물, 음식, 옷, 종이를 버려서 세상을 오염시켰지만, 이제부터는 이 세상 한 부분을 나의 봉사로 정화시켜 가는 자들이 되어야 하는 것입니다.

셋째 아이가 초등학교 1학년 때의 일입니다. 학교에 갔다 엉엉 울면서 돌아왔습니다. 이유를 물었더니 그 날 1학년 2학기 반장 선거에 출마했는데 떨어졌다는 것입니다(초등학교 1학년 1학기 때는 반장 선거가 없습니다). 그래서 부반장 선거에 다시 출마했는데 또 떨어졌답니다. 이 아이는 자기 형들이 반장, 부반장을 하니까 자기는 출마만 하면 당연히 될 것이라고 생각했던 것입니다. 그 날 저녁, 형들이 이 동생을 교육시킵니다.

"출마만 한다고 뽑아 주는 게 아니야. 너 말이야, 이제부터 친구들에게 열심히 봉사해. 좋은 일도 많이 해. 그러면 언젠가는 꼭 반장이나 부반장이 될 거야."

이 아이가 와신상담 끝에 2학년 2학기 때 드디어 부반장이 되었습니다. 그리고 한 사나흘 동안 뽐내고 다니더니 그 다음부터는 아무 말이 없습니다. 그래서 어느 날 저녁을 먹으면서 "너 부반장 생활 어떠냐?"고 물었습니다. 그랬더니 "부반장은 할 게 하나도 없어요. 꼭 반장 한 번 해먹고 말 거야" 하며 결심을 굳게 하는 것이었습니다.

이 아이가 3학년 1학기 때 마침내 반장이 되었습니다. 몇 명이 출마했냐고 물었더니 무려 16명이 출마를 했답니다. 그래서 연설도 했느냐고 물었더니 했다고 대답합니다. 어떻게 연설했느냐고 했더니 아이의 말이 걸작이었습니다.

"여러분이 저를 반장으로 뽑아 주시면 저는 여러분을 위한 걸레가 되겠습니다!"

그랬더니 몰표가 쏟아졌다는 것입니다. 물론 아이가 뭘 알고 한 이야기는 아니었을 것입니다. 그저 어떻게 하면 표 좀 얻을까 궁리하던 끝에 나온 지혜였겠지요. 그런데 그 말을 듣는 순간, 제게는 큰 깨달음이 있었습니다. 저는 저녁식사 후에 아이를 무릎 위에 앉혔습니다. 그리고 그 머리 위에 손을 얹고 기도했습니다.

"주님, 이 아이가 1학기 동안 친구들을 위해서 참된 걸레가 되게 해 주십시오. 그리고 이 아이가 커서도 일평생 이 사회를 위한 걸레가 되게 해 주십시오."

예수 그리스도는 어떤 분이십니까?

"인자가 온 것은 섬김을 받으려 함이 아니라 도리어 섬기려 하고 자기 목숨을 많은 사람의 대속물로 주려 함이니라"(마 20:28).

그분은 우리를 위한 걸레였습니다. 그분이 우리의 죄를 닦아 주시지 아니하셨다면, 그분이 우리의 온갖 추한 허물을 훔쳐 주시지 아니하셨다면 어떻게 우리가 생명을 얻을 수 있겠습니까? 그러므로 그리스도인 역시 사회의 걸레가 되어야 합니다.

몇 해 전에 운보 김기창 화백의 팔순 기념전이 예술의 전당에서 열렸습니다. 그 전시회를 보러 갔는데, 마지막 홀에 전시된 열 폭 병풍에는 'ㅡ'자만 크게 쓰여 있었습니다. 그것은 그림이라고 할 수가 없었습니다. '저 정도 크기의 글씨를 쓰려면 엄청나게 큰 붓이 있어야겠다'는 생각 이상은 들지 않았습니다. 전시장을 다 돌아서 나오는데, 그 그림의 의미를 운보 선생이 직접 설명해 주는 비디오가 방영되고 있었습니다.

"미술가는 자기의 마음을 붓으로, 그림으로 보여 주는 사람입니다. 나는 내 마음을 보여 줄 수 있는 붓이 없었던 것이 늘 아쉬웠습니다. 내가 보여 주고 싶은 마음은 이만큼 큰데, 붓은 다 작았습니다. 그런데 어느 날 마루에서 봉걸레를 들고 마루를 닦았습니다. 그리고 방향을 바꾸어서 돌아서는데 물묻은 봉걸레 자국이 마루에 선명하게 남아 있었습니다. 그 봉걸레야말로 세상을 향해 보여 주고 싶은 내 마음을 표현할 수 있는 붓이었습니다. 그래서 나는 봉걸레를 먹으로 찍어서 한 일(一)자를 썼습니다."

하나님을 향한 내 마음이 크면 클수록, 사도 바울의 말처럼 헬라인에게나 야만인에게나 내 빚진 마음이 클수록, 우리의 걸레는 커지지 않겠습니까? 어떤 교회가 좋은 교회이겠습니까? 걸레가 많은 교회입니다. 어떤 사회가 선진 사회이겠습니까? 걸레가 많은 사회입니다.

정직성을 회복하라

네번째로 흙은 정직합니다. 흙은 어떤 경우에도 거짓말을 하지 않습니다. 팥을 심으면 팥이 나고 콩을 심으면 콩이 납니다. 권력자의 마당에 사과나무를 심었는데, 그 권력자가 바나나를 좋아한다고 해서 사과나무가 아부하려고 바나나를 배태하지는 않습니다.

흙은 정직합니다. 하나님은 그 흙으로 사람을 지으셨습니다. 인간성을 회복한다는 것은 무엇입니까? 정직성을 회복하는 것입니다.

정직에 대해서는 할 말이 너무나 많습니다. 그리스도인들이 정직하지 않다면 그것은 결국 무엇을 의미합니까? 시편 25편 8절은 "여호와는 선하시며 정직하시니 그 도로 죄인을 훈계하시도다" 하고 노래합니다. 그 정직한 하나님의 도로 훈계받는 우리가 부정직하게 살아간다면 결과적으로 하나님이 부정직하다는 이야기밖에 되지 않는 것입니다.

우리 한국인들은 너무나 부정직하기 때문에 부정직에 대해서 만성이 되어 있습니다. 보도를 보아서 아시겠지만, 미 국세청이 미국에서 살고 있는 수많은 민족 가운데서 가장 믿을 수 없다고 판정한 민족이 바로 한국인입니다. 한국인의 수퍼마켓에 가면 물건에 붙여 놓은 정찰과 계산기 속에 입력해 놓은 가격이 다른 경우가 허다하고, 한 상품의 가격을 두 번 찍는 일도 있다는 것입니다. 상표를 위조하는 것은 이제 고전이 된 이야기입니다.

호주에서도 가장 부정직한 민족으로 한국인을 꼽고 있습니다. 호주 국세청이 그렇게 발표했습니다. 또 아르헨티나에서도 이민 온 사람들 중에 가장 혐오받는 민족으로 한국인이 뽑혔습니다. 한국인은 부정직하고 교만하다는 것입니다. 독일에서 불시에 버스나 전차표를 검사하는 검표원이 덮쳤을 때 제일 많이 발각되는 사람도 한국인입니다. 스위스에는 버스나 전철을 탈 때 표를 냈는지 확인하는 절차가 아예 없습니다. 양심에 맡기는 것입니다. 그런데 한국인들 중에는 표 없이 타는 사람들이 있습니다.

얼마 전에 우리는 IMF 사태를 맞았습니다. IMF가 어떤 나라와 합의문을 만들면서 그 나라 대통령을 믿지 못해 대통령 선거에 출마한 후보들의 서명까지 받은 적이 있습니까? 또한 그 합의문에 '투명성 있게 해야 한다' 는 용어가 10여 차례 등장한다는 것은 무엇을 의미합니까? 한국인이 꾸미는 서류는 다 가짜로 생각한다는 것입니다.

자신을 한번 생각해 봅시다. 내가 세무서에 내는 서류는 진짜입니까? 내가 공직자라면 상사에게 쓰는 보고서가 진실입니까? 기업을 경영하거나 장사를 하고 있다면 내가 꾸미는 장부가 진실입니까? 그리스도인은 정직해야 합니다. 물론 정직하기 위해서는 대가를 치러야 합니다. 그러나 그 대가가 두려워서 정직하지 아니한다면 결국 더 큰 대가를 치르게 될 것입니다.

호주에 갔을 때 교민 회장을 지낸 분이 이런 이야기를 했습니다.

"20년 전에 우리가 호주에 이민 왔을 때 호주는 천국이었습니다. 우리가 말만 하면 다 믿어 주었습니다. 몇만 달러어치 물건을 들고 왔어도 가방 속에 아무것도 없다고 하면 다 믿어 주었어요. 그런데 그렇게 20년 간 거짓말을 하고 산 지금, 우리는 그 대가를 톡톡하게 치르고 있습니다. 호주의 관리들이 도무지 우리를 믿어 주지 않는 것입니다."

부정직하게 모은 재산은 반드시 이 세상에 화근으로 남게 되어 있습니다. 모든 사람은 무엇인가 남기고 죽습니다. 거지도 죽을 때 깡통을 남기고 죽습니다. 그런데 불의한 재물을 남기면 남아 있는 사람들 사이에 화근이 됩니다. 우리 주변을 둘러 보면 형제간에 재산 싸움이 붙어 있는 분들이 많이 있을 것입니다. 제 주변에도 서로 친하게 잘 지내다가 아버지의 유산 때문에 서로 등을 돌리고 재판하는 사람들이 많이 있습니다.

홀로 대답해 보십시오. 나의 지갑 속에 얼마가 들어 있습니까? 등기 권리증은 몇 개가 있습니까? 그것이 나의 재산이 되기까지 전 과정을 내 자식 앞에서 부끄러움 없이 밝힐 수 있습니까? 그것을 밝힐 수 없다면 우리는 오늘부터 정말 정직해져야 합니다.

열왕기하 9장에 나오는 이세벨 왕비의 말로는 우리에게 중요한 메시지를 전해 주고 있습니다. 예후의 쿠데타로 이세벨은 죽음을 맞게 됩니다. 내시가 왕궁 2층에서 이세벨을 아래로 던져서 죽였습니다. 쿠데타에 성공한 예후 장군이 자기의 공신들과 술을 마시다가 '그래도 이세벨이 왕비인데 예를 갖추어서 장례식은 치러 주어야 되지 않겠는가' 하여 병사를 보내서 시체를 수습해 주라고 했습니다. 그런데 가서 보고 온 병사가 이렇게 대답을 합니다.

"개들이 이세벨의 시체를 다 뜯어 먹고 남은 것이라고는 두골과 손, 발밖에 없습니다."

이것은 대단히 중요한 메시지입니다. 이 세상을 떠나는 순간에 우리는 하나님 앞에 나의 머리로 했던 일, 손으로 했던 일, 그리고 내가 서 있었던 곳을 보여 드려야 합니다. 그것이 정직한 사지였는지, 부정직한 지체였는지 보여 드려야 합니다.

죽음은 비수처럼 찾아옵니다. 그 날, 우리는 마치 벌거벗은 듯이 하나님 앞에 서게 될 것입니다. 그 자리에서 우리가 과연 이 땅 위에서 참사람으로 살았는지, 하나님께서 선물로 주신 손과 발과 머리로 얼마나 바르게 살았는지 보여 드려야 합니다. 그리스도인들의 목적은 결코 잘사는 데 있지 않습니다. 바르게 살아가는 데 있습니다. 그것만이 영원합니다.

겸손을 회복하라

다섯번째 흙의 특징은 언제나 사람의 발 밑에 들어간다는 것입니다. 산꼭대기에 흙이 있다고 해서 흙이 사람의 머리 위에 있는 것은 아닙니다. 어린아이가 올라가든 누가 올라가든 흙은 언제나 사람의 발 밑에, 짐승의 발 밑에 존재합니다. 흙의 특성은 겸손입니다. 겸손을 영어로 'humility'라고 합니다. 이 단어는 라틴어 '휴무스'(humus)에서 나왔는데, 이것은 '흙'이라는 말입니다. 흙으로 지음 받은 인간은 겸손해야 된다는 뜻입니다. 그래서 인간을 무엇이라고 부릅니까? 'human being'이라고 합니다. 흙 같은 존재라는 뜻입니다. 겸손하지 아니하면 참사람일 수가 없습니다.

사람들은 내가 할 수 있지만 할 수 없다고 사양하는 것이 겸손의 전부라고 착각합니다. 그러나 성경은 그렇게 이야기하지 않습니다. 예수님께서 최후의 만찬을 마치신 뒤에 대야를 가져다 놓고 제자들의 발을 씻어 주시려 합니다. 그 때 베드로가 말합니다.

"주님, 제 발을 씻기지 마십시오. 이런 일을 하시면 안 됩니다."

얼마나 겸손한 말입니까? 그러나 요한복음 13장을 보면 예수 그리스도께서는 이렇게 말씀하십니다.

"베드로야, 내가 너의 발을 씻겨 주지 않으면 너와 나는 상관이 없다."

무엇이 겸손입니까? 그 경우에는 앉아서 예수님께 발 씻김 당하는 것이 겸손입니다.

하나님께서 늙은 노인 모세를 부르십니다.

"모세야, 이집트로 가서 내 백성을 구원해 오너라."

"하나님, 안 됩니다. 저는 늙었습니다. 이미 현역에서 떠난 지 오래 되어서 감각이 사라졌습니다. 그리고 저는 말도 잘하지 못합니다."

"말 잘하는 네 형 아론을 함께 보내 줄 테니 가거라."

"그래도 못 갑니다. 다른 사람을 뽑으십시오."

출애굽기 4장 14절은 그 때 하나님께서 모세에게 분노를 발하셨다고 말하고 있습니다.

"너는 도구이고, 내가 너를 들어서 역사하겠다는데 왜 네가 간다 안 간다 하느냐?"

우리가 생각하는 겸손과 차원이 다른 것입니다. 그렇다면 하나님께서 보시는 겸손은 무엇입니까? 흙이 가장 낮은 곳에 있기 때문에 이 세상 모든 것을 수용할 수 있듯이 가장 낮은 곳에서 하나님을 온전히 담는 것입니다. 하나님께서 더 크게 역사하실 수 있도록 나 자신을 더 큰 그릇으로 드리는 것입니다. 하나님께서 하라고 하시면 대통령도 할 수 있습니다. 그러나 겸손한 사람은 대통령이 되어서도 그 권력의 근원이 하나님이심을 알아 권력의 청지기로서 그분의 뜻에 맞게 권력을 사용할 것입니다. 하나님께서 하라고 하시면 재벌도 될 수 있습니다. 그러나 겸손한 사람은 재벌이 되어서도 돈이나 경제논리의 노예가 되는 것이 아니라, 하나님의 청지기로서 하나님의 방법대로 행할 것입니다. 하나님의 역사는 그런 사람을 통해서 이루어집니다.

영성을 회복하라

마지막으로 흙의 특징은 그 자체로서는 사람이 될 수 없다는 것입니다. 하나님께서 흙으로 사람을 빚으신 뒤에 하나님의 생기를 불어넣어 주셨습니다. 그래서 사람은 생령이 된 것입니다. 그러므로 사람이 된다는 것은 흙으로 `지음 받은 이 육체적인 존재가 영성을 회복하는 것을 의미합니다. 영성을 갖지 않을 때 우리는 짐승과 구별되지 않습니다. 창세기 2장 18절에 의하면, 하나님께서는 짐승도 똑같이 흙으로 지으셨기 때문입니다. 단지 차이가 있다면 짐승에게는 하나님의 생기, 영성을 주시지 않았다는 것입니다.

제가 있는 스위스는, 당국의 발표에 의하면 국민들의 47.6%가 가톨릭 신자, 44.3%가 개신교 신자라고 합니다. 합치면 무려 91.9%의 국민이 스스로 크리스천이라고 응답한 것입니다. 한 번은 스위스 목사님들과의 모임이 있었습니다. 그래서 목사님 한 분에게, 스스로 개신교 교인이라고 응답한 전체 국민 44.3% 가운데 주일날 실제로 교회에 출석하는 사람들은 몇 %인지 여쭈어 보았습니다. 그랬더니 그 목사님의 대답이 이러했습니다.

"1, 2퍼센트라고 알고 있습니다."

그러나 제가 알기에 그 수치는 과장된 것이었습니다. 사실은 그보다 수치가 더 낮습니다. 제가 다시 물었습니다.

"그렇다면 목사님은 개신교 신자를 어떻게 정의하고 있습니까?"

이 질문에 그분은 침묵으로 답했습니다.

일주일에 두 번씩 만나 저의 프랑스어 회화를 돕고 있는 부인은 제가 목사인 것을 알자, 스스로 가톨릭 신자라고 밝혔습니다. 그래서 제가 물었습니다.

"성당에 다니십니까?"

"결혼식 이후에는 가 본 적이 없어요."

"그렇다면 당신은 가톨릭 신자를 어떻게 정의하길래 스스로 가톨릭 신자라고 합니까?"

그 부인 역시 얼른 대답하지 못했습니다. 그러더니 한참 생각한 끝에 다음과 같이 말을 하는 것이었습니다.

"태어날 때부터 나는 가톨릭 신자였습니다. 그리고 어릴 때 부모님을 따라서 영세를 받았습니다. 그리고 이런 경우에 모든 사람이 가톨릭 신자라고 말하기 때문에 나도 가톨릭 신자인 것입니다."

이 부인의 말이 맞습니까? 그렇지 않습니다.

스위스 사람들은 대단히 정직합니다. 신문 판매대에 사람이 없습니다. 그냥 동전을 넣고 가져갑니다. 앞서 말한 것처럼, 버스나 전철을 탈 때에도 확인하는 절차가 없습니다. 그들은 인권을 존중하며, 한국 고아들을 천 명이나 입양했을 정도로 사람을 사랑합니다. 그들은 영성은 없지만 우리보다 훨씬 더 정직하고, 훨씬 더 사랑을 행하며, 훨씬 더 봉사하면서 살아갑니다.

그러나 정직을 가장 강조하는 스위스의 은행에는 세계의 모든 불법적인 돈이 다 들어와 있습니다. 그리고 그 돈에 대해서 조금도 양심의 가책을 갖지 않습니다. 또한 그들은 어느 나라 민족보다도 자연을 보호하고 깨끗한 산하를 유지하기 위하여 노력하면서도 온 도시를 개똥으로 더럽힙니다. 개를 데리고 나왔다가 개가 똥을 싸면 주인이 비닐로 싸서 들고 가서 버리라고 법에 분명히 명시되어 있지만, 그 법을 지키는 스위스 국민은 없습니다. 법을 강조하는 그들이 횡단보도의 신호등을 지키지 않습니다. 사랑을 이야기하는 그들이 같이 사는 아파트에 파키스탄 사람들이 카레 냄새를 피운다고 주저없이 쫓아냅니다. 밤 9시나 10시 이후에 아파트에서 큰 소리를 내는 사람은 즉각 경찰에 고발합니다. 그래서 제가 사는 아파트는 밤 8시 반 이후에는 수도원이 되어 버립니다.

보십시오. 아무리 정직한 것 같고 사랑하는 것 같아도, 영성이 없는 그 정직과 사랑은 그들 자신의 기준대로 하는 것입니다. 그래서 사람들을 해칩니다.

제가 스위스에 가기 전에 이런 일이 있었다고 합니다. 콩고에서 현재 집권자의 반대편에 선 사람이 망명을 신청했습니다. 스위스 정부는 그의 입국을 일정 기간 동안 허락해 주었습니다. 그런데 현 집권자가 스위스 정부에 압력을 넣었습니다. 그를 콩고로 되돌려 보내지 않으면 은행의 예금을 다 빼내 가겠다고 말입니다. 그 예금이란 두말 할 것도 없이 부정한 돈입니다. 결국 스위스 정부는 그 압력에 굴복하여 당사자를 추방하려고 했습니다. 콩고로 추방되면 목숨이 위태로울 게 뻔한데도 말입니다. 유엔인권위원회를 제네바에 두고 있을 정도로 세계적으로 인권을 강조하는 스위스 정부가 부정한 예금 때문에 오히려 인권을 유린하는 결정을 내린 것입니다. 그 때 법을 어기면서까지 그 사람을 보호해 준 것은 스위스 교회였습니다.

영성을 상실하면 정도의 차이만 있을 뿐 그 속에 참된 사람됨이 있을 수 없습니다. 그리고 참된 사람됨이 없을 때 그 곳에는 여전히 그들 나름대로 사람을 해치는 결과만 나타나게 됩니다. 모든 기준이 자기 중심적이기 때문입니다. 영성을 회복해야 하나님의 기준 속에서 참사람으로 회복될 수 있고, 그 때 비로소 사람을 해치지 않게 되는 것입니다.

아담과 하와는 죄를 짓고 사람됨을 상실했습니다. 그 때 하나님께서 아담을 부르셨습니다.

"아담아, 네가 어디 있느냐?"

'아담'(Adam)이라는 히브리어의 뜻은 '사람'입니다. 인간이 사람됨을 상실한 이후, 하나님께서는 사람을 찾고 계십니다.

"사람아, 네가 어디 있느냐?"

그리고 참사람이신 예수 그리스도를 보내 주셨습니다. 하나님께서는 사람답게 살지 못했던 우리의 모든 죄를 예수 그리스도 안에서 용서해 주시고, 그 예수 그리스도 안에서 참사람으로 살아갈 수 있도록 우리를 구원해 주십니다.

마태복음 4장 18절부터 20절을 보면, 예수 그리스도께서 갈릴리 바닷가를 지나가시다가 베드로와 안드레를 보고 그들을 부르시는 장면이 나옵니다.

"나를 따라오너라. 내가 너희로 사람을 낚는 어부가 되게 하리라."

사람을 낚는 어부가 '되라' 고 하신 것이 아닙니다. 사람을 낚는 어부가 '되게 하리라' 고 하셨습니다. 예수께서 도와 주시겠다는 것입니다. 물고기는 미끼로 잡지만, 사람은 사람만이 건질 수가 있습니다. 인간 같지 않았던 베드로와 안드레가 예수 그리스도를 따라가면서 그 안에서 참사람됨을 회복했을 때, 그들에 의해 사람의 역사는 새로워졌습니다. 주님께서는 오늘 우리들을 사람으로 세워 주시기 위하여 부르고 계십니다.

1998년 12월 31일 밤에 신년 예배를 드리기 위해 제네바 한인교회가 예배당을 빌려 사용하는 오비브 교회에 갔습니다. 마당에 들어서니 한 여집사님이 낭패스러운 얼굴로 나오면서 말했습니다. 예배가 끝난 뒤에 교육관 친교실에서 모든 교인들이 떡국을 먹기로 예정되어 있었는데, 오비브 교회측에서 그 교육관 건물을 망년회하는 사람들에게 빌려 줘서 떡국 끓일 장소가 없다는 것입니다.

살다 보면 본의 아니게 일이 중첩되는 경우가 있습니다. 그러려니 하고 친교실로 사용되는 교육관으로 들어가 보았습니다. 거기에 들어가 본 저는 깜짝 놀랐습니다. 1층 홀이 온통 술집으로 변해 있었기 때문입니다. 그 때가 밤 11시 20분경이었는데, 도대체 몇 시부터 술을 먹었는지 남녀가 모두 취해 있었습니다. 그들은 담배를 피우고 몸을 부비면서 춤을 추었습니다. 지하실로 내려갔습니다. 거기에는 다른 팀들이 똑같은 모습을 연출하고 있었습니다.

유럽 교회가 아무리 재정적으로 어렵다 할지라도, 하나님께 예배드리는 예배당을 빌려 줄 수 있는 상대가 있고 빌려 줄 수 없는 상대가 있습니다. 그런데 돈을 받고 그 날 하루를 술집으로 이용하려는 자들에게 예배당을 빌려 준 것입니다.

예배당으로 들어가 혼자 눈을 감고 생각에 잠겼습니다. 하나님의 교회 한쪽에서는 지금 광란의 술판이 벌어지고 있습니다. 그 술판을 벌이고 있는 사람들은 이방인들이 아닙니다. 그들의 국기에 십자가를 그려 둔 스위스 국민들입니다. 적어도 그 시간, 그 곳은 더 이상 하나님의 교회일 수 없었습니다.

'오비브'(Eaux-vives)는 프랑스어로 '살아 있는 물', 즉 '생수' 라는 뜻입니다. 그러나 그 곳은 생수가 아니라 '오모르뜨'(Eaux-mortes), 즉 '죽은 물'이었습니다. 한국인들은 하나님의 교회가 교회 되지 않는 그 순간에 그 한 귀퉁이에서 예배를 드렸습니다. 만약 한국인들이 예배를 드리지 않았다면 그 날 그 곳은 결코 교회일 수 없었을 것입니다. 스위스인들이 스스로 교회이기를 포기한 그 시간, 하나님께서는 한국인들로 하여금 그 교회의 정체성을 지키게 하신 것입니다.

그 날 저는 큰 깨달음을 얻었습니다. 전세계적으로 예배당이 텅텅 비어 가는데, 그 텅 빈 곳을 빌려 예배드리는 민족은 오직 한국 민족입니다. 유럽 대륙과 미국에서 공동화된 그 빈 공간을 예배당 되게 하는 사람들은 바로 한국 사람들입니다. 한국 사람들처럼 전세계적으로 이처럼 많은 곳에서 동시에 예배를 드리는 민족은 어디에도 없습니다. 저는 그 날 느꼈습니다. 세계의 모든 사람들이 하나님께 등지고 하나님의 교회이기를 포기했지만, 하나님께서는 한국 사람들을 들어서 교회 되게 하시는구나!

그렇습니다. 우리에게는 하나님께서 맡기신 사명이 있습니다. 우리는 '사람'이 되어야 합니다. 인류의 역사는 사람들에 의해서 새로워졌습니다.

1993년 5월 말, 중국에 간 적이 있습니다. 가기 전부터 일정이 다 끝나면 백두산을 등정하기로 계획되어 있었습니다. 5월 말이라도 백두산은 일기가 매우 차다고 들었기 때문에 겨울 파커와 내의, 장갑 등 철저하게 겨울 등산 준비를 했습니다. 천진에서 일을 다 끝내고 연길로 출발하기 전, 연길에서 저를 안내하기로 되어 있던 분에게 예정대로 떠난다고 전화를 했습니다. 무슨 복장으로 오느냐고 묻길래 제가 준비한 것들을 이야기했습니다. 그랬더니 그 곳은 너무나 날씨가 좋고, 특히 5월 말에는 그런 두터운 옷이 필요 없으니 그저 봄옷만 입고 오라는 것이었습니다. 그래서 저는 한국에서 가져갔던 그 겨울 장비를 천진에 다 두고 봄 점퍼를 하나 입은 채, 혹시나 하는 마음으로 긴 내의 한 장만 들고 갔습니다.

연길에서 택시를 타고 예닐곱 시간을 달려서 그 날 저녁에 백두산 밑에서 잠을 잤습니다. 백두산에는 지프차를 타고 올라가는 아스팔트 길이 있습니다. 지프차를 빌려서 한 15분 정도 올라갔는데 온 세상이 하얗습니다. 폭설이 내렸던 것입니다. 폭포를 거쳐 조금 더 올라가던 중국인 운전기사가 눈 때문에 도저히 더 이상 못 가겠다고 했습니다. 그리고 조선인 안내인을 통해 이렇게 말하는 것이었습니다.

"내가 한국 사람들의 기질을 잘 압니다. 아무리 못 올라간다고 해도 그냥 돌아갈 사람들이 아니니, 난 이 차에서 가만히 기다릴 테니까 백두산 천지를 꼭 보고 싶으면 걸어갔다 오시오."

저는 안내하는 분을 쳐다볼 수밖에 없었습니다. 날씨가 좋다고 큰소리치며 반팔 옷을 입고 온 그는 끄떡없으니 올라가자고 했습니다.

그래서 저는 봄 점퍼를 입고 그는 여름옷을 입은 채로 백두산 천지를 향해서 걷기 시작했습니다. 눈길에 넘어지기도 하고, 때로는 돌풍에 밀리기도 하고, 돌이 굴러 떨어질 때에는 공포에 사로잡히기도 하면서 올라가다 보니, 마침내 바로 앞 능선만 넘으면 천지가 보이는 지점에 이르렀습니다. 목적지에 거의 다 온 것입니다.

그런데 갑자기 옆에 따라오던 안내인의 기척이 느껴지지 않았습니다. 돌아보니 한 발 뒤에 털썩 주저앉아 있었습니다. 올라오면서 "괜찮습니까?" 하고 수시로 물었는데, 그 때는 끄떡없다고 대답하던 사람의 눈동자가 풀려 있고 온몸이 새파랗게 얼어 있었습니다.

저는 그 순간 갈등을 느꼈습니다. 백두산 정상 근처까지 가면 뭘 합니까? 천지를 보지 못하면 백두산을 안 본 것과 마찬가지 아닙니까?

'이 사람이 잘못했으니 이대로 버려 두고 나 혼자 가서 천지를 보고 올 것인가, 아니면 이 사람이 얼어 죽기 전에 품고 내려갈 것인가.'

잠시 고민하고 있는데, 순간적으로 하나님께서 깨달음을 주셨습니다.

'너는 목사다.'

결국 저는 그 사람을 품고 산을 내려왔습니다. 그 청년은 백두산에서 예닐곱 시간 떨어진 연길 사람이었지 백두산 사람이 아니었습니다. 백두산 사람 아닌 사람이 백두산을 안내하려다가 한 사람의 백두산 등정을 망쳐 버리고 만 것입니다.

이처럼 우리가 진리의 사람이 되지 아니하면, 우리가 사람으로 회복되지 아니하면, 내 가장 가까운 데 있는 사람을 진리의 여정 위에서 방해할 수 있다는 사실을 잊지 말아야 합니다. 늘 우리와 함께하시는 그리스도 안에서 우리를 사람으로 세워 주시기 원하시는 그리스도 안에서, 사람됨의 길을 찾아 나서야 합니다. 그래서 사람됨이 회복된 우리 한 사람 한 사람으로 인해 한국 사회가 새로워지고, 온 세계의 공동화된 하나님의 교회들이 살아나는 귀한 역사가 있게 되기를 진심으로 기도합니다.

하나님, 생각해 보건대 저희는 이름만 사람이었지
사람처럼 살지 못했습니다.
그럼에도 불구하고 주님께서는 저희들을 버리지 아니하시고,
참사람의 모습으로 오시고,
사람답지 못하게 살았던 저희들의 모든 허물을
주님 안에서 용서해 주시고,
주님 안에서 사람으로 다시 설 수 있도록
성령으로 도와 주심을 진심으로 감사드립니다.
주님을 사랑하는 주님의 종들이 머리를 숙였사오니,
은총을 베푸시사 성령님의 조명 속에서

이 시간부터 사람으로 회복될 수 있도록 도와 주시옵소서.
'무엇이 될 것인가'라는 명제에 대한 해답은
언제나 사람이 되는 것임을 잊지 말게 도와 주시고,
참사람이 있는 곳에 참 하나님의 역사가 있음을
잊지 말게 도와 주시옵소서.
아직 우리 나라는 여러 모로 어려운 가운데 있습니다.
정치계에서, 경제계에서, 문화계에서, 교육계에서
정말 사람을 필요로 합니다.
이 땅의 그리스도인들이 그 일을 감당하게 도와 주시옵소서.
우리로 인하여 대한민국 역사의 한 부분이
새로워질 수 있도록 도와 주시고,
세계 도처에서 텅 비어 가는 하나님의 교회가
우리로 인하여 생명으로 다시 세워지는
구원의 역사가 일어나게 도와 주시옵소서.
예수님의 이름으로 기도드립니다. 아멘.

회복의 목회–주님의교회 10년 목회를 마치고

믿음의 글들 165/신국판/208면/7,000원

약속한 임기 10년을 마치고 주님의교회를 떠난 이재철 목사가 그 동안의 침묵을 깨고 펼쳐 놓은 '새로운 교회'의 '새로운 역사(歷史)'. 출간되자마자 많은 목회자들의 호응을 불러일으킨 베스트셀러.

새신자반 믿음의 글들 129/신국판/400면/9,000원

그리스도를 더 깊이 알고자 하는 새신자들을 위해 정리해 놓은 기독교의 기본 진리. 신앙과 삶에 관한 질문에 대해 생활을 통한 체험과 변화됨으로 얻은 해답을 차근차근 나누어 준다. 많은 교회에서 선택해 온 스테디셀러.

믿음의 글들, 나의 고백

믿음의 글들 100/신국판/240면/6,500원

청년기에 주식회사 홍성사의 대표로 한국 출판계를 이끌었던 저자가 교만을 꺾고 하나님을 만난 후, 홍성사를 하나님의 기업으로 바치게 되기까지를 기록한 책. 저자

의 회심에 관한 고백이 진한 감동과 깨달음을 준다.

아이에게 배우는 **목사 아빠**

믿음의 글들 137/신국판/252면/7,500원

자녀들을 주의 교양과 훈계로 가르치기를 바라는 부모
들이 어렵지 않게 읽어낼 수 있는 성경적 자녀교육서.
네 아들과 더불어 생활하면서 겪은 이야기와 통찰이 담
겨 있다.

요한복음 설교집 시리즈 ※전 10권 출간 예정

주님의교회 주일예배에서, 장장 6년 2개월에 걸쳐 연속
적으로 요한복음을 전한 내용을 묶은 설교집. 믿지 않는
사람들도 이해할 수 있는 말로 복음을 설명하는 저자의
설교는, 언어의 힘이 실려 있으며 전문 바둑기사가 바둑
돌을 놓듯 의미 없는 돌은 전혀 찾아볼 수 없다.

요한과 더불어 – 여덟 번째 산책(요 18-19장) 신국판/448면/11,000원
요한과 더불어 – 아홉 번째 산책(요 20장) 신국판/336면/10,000원
요한과 더불어 – 열 번째 산책(요 21장) 신국판/336면/10,000원

회복의 신앙

지은이 이재철

1999. 7. 8. 초판 발행
2005. 3. 10. 23쇄 발행

펴낸이 이재철
만든이 정애주
편집 옥명호 이현주 한미영 한수경 김혜수
제작·미술 홍순흥 권진숙 서재은
영업 오민택 백창석
관리 이남진 박승기
총무 정희자 김은오
쿰회원관리 국효숙 김경아

펴낸곳 주식회사 홍성사
1977. 8. 1 등록 / 제 1-499호
121-885 서울시 마포구 합정동 377-9
TEL. 333-5161 FAX. 333-5165
http://www.hsbooks.com
E-mail:hsbooks@hsbooks.com

ⓒ 이재철, 1999

ISBN 89-365-0171-2
값 7,500원 ※잘못된 책은 바꾸어 드립니다.
Printed in Korea

 HONG SUNG SA, LTD.